JN432542

100

| 한국장로교총회창립 100주년기념 표준주석 |

다니엘

대한예수교장로회총회교육자원부 편

한국장로교출판사

100

| 한국장로교총회창립 100주년기념 표준주석 |

다니엘

초판인쇄 2016년 1월 5일
초판발행 2016년 1월 10일

기획·편찬 표준주석편찬위원회 배정훈
편 집 인 대한예수교장로회총회교육자원부
발 행 인 채형욱
발 행 소 한국장로교출판사
주 소 110-470 / 서울 종로구 연지동 135 한국교회100주년기념관 별관
전 화 (02)741-4381 / 팩스 741-7886
영 업 국 (031)944-4340 / 팩스 944-2623
등 록 No. 1-84(1951. 8. 3.)

ISBN 978-89-398-9984-1 / 978-89-398-0434-0(세트)
Printed in Korea

값 14,000원

편 집 장 정현선
교정·편집 원지현 표지디자인 최종혜
업무차장 박호애 영업차장 박창원

※ 이 출판물은 저작권법에 의해 보호를 받는 저작물이므로 무단전재와 무단복제를 할 수 없습니다.

발간사

본 주석서는 대한예수교장로회총회의 신앙과 신학 이념을 따라 평신도와 신학생, 목회자와 신학 교수들이 성경을 바르게 이해하도록 도움을 주는 데 그 목적이 있다.

대한예수교장로회 교단은 1934년 희년에 즈음하여 성경전서 주석의 간행을 총회에서 결의한 바 있다. 그리하여 1937년부터 총회표준주석(1937년, 「욥기」, 「시편」, 「잠언」, 「전도서」, 「아가」; 1939년, 「로마서」, 「고린도전·후서」, 「갈라디아서」)이 간행되기 시작하였다. 그러나 제2차 세계대전의 발발과 일제강점기의 한국 교회 탄압으로 주석 발간 사업은 일시 중단되었다. 1945년, 해방은 되었으나 38선으로 남북이 분열되고, 1950년 6·25한국전쟁의 비극을 겪어야 했다. 1953년, 휴전된 후 총회표준주석 사업이 재개되어 1954~1957년(1954년, 「이사야」; 1955년, 「요한복음」; 1956년, 「창세기」; 1957년, 「레위기」, 「민수기」)에 출판이 있었으나, 1959년에 교단의 분열로 오늘에 이르기까지 총회표준주석 사업은 불가한 형편이었다.

대한예수교장로회 제90회기(2005) 총회는 총회창립 100주년(2012)기념 사업의 일환으로 교단 신학의 정체성 확립과 한국장로교회의 신학적 표준을 제시할 총회표준주석을 출판하기로 결의하고, 총회 산하 신구약성경 신학자들에게 집필을 위촉하게 되었다.

2005년 12월 한국장로교총회창립 100주년기념 표준주석편찬위원회가 조직된 후 집필 원칙을 정하고 집필자를 선정하여, 그 원칙에 충실할 것을 서약하게 하였다. 지난 7년 동안 집필자들의 깊은 기도와 연구의 산고 끝에 이제 그 실체가 드러나 장로교 총회표준주석이 출판되었다. 편찬위원회는 수차례 모임을 갖고 50여 명에 이르는 많은 집필자들을 격려하고 집필 목적과 방향 제시를 수시로 하여 주석서의 통일성과 진정성을 유지하게 하였다. 집필된 원고가 제출된 경우, 검독위원회가 총회의 신학과 신앙에 맞는 주석을 출판하기 위해 내용을 수정 또는 추가할 것을 요청하기도 하였다.

이 주석서가 빛을 보기까지 집필자는 물론이고, 총회교육자원부 김치성 총무와 한국장로교출판사의 수고가 있었고, 전국 교회들의 기도 지원이 있었다. 무엇보다도 출판비 및 연구비 전액을 이름 없이 지원해 준 교회가 있었다. 이에 독자 여러분과 함께 하나님께 찬양을 드리며, 이 일에 헌신하신 분들께 감사를 드린다.

유사 이래 성경보다 더 긴 세월 동안 연구되고 읽혀진 책은 없다. 그렇기 때문에 해석 방법도 시대와 지역에 따라 다양하게 나타났다. 에스라 시대까지 거슬러 올라가서 사용된 미드라쉬(Midrash) 주해 방법부터 시작하여 중세의 종교개혁자들과 현대 비평주의자들의 해석 방법 등 수많은 해석학적 이해가 있어 왔고, 여러 언어로 번역되어 하나님의 말씀인 성경은 읽혀졌다. 그러나 하나님의 말씀은(해석자들이나 번역자들에게) 매이지 않는다(딤후 2 : 9). 성경 주석가와 번역자들은 자기 시대와 문화 속에서 어떤 전제(presupposition)를 갖고 성경을 읽기 때문에 언제나 해석의 한계가 있음을 인정할 수밖에 없다. 그런 의미에서 본 주석서도 예외는 아닐 것이다. 그럼에도 불구하고 본서는 그

한계를 최소화시키기 위해 다양한 신학적 입장, 다른 해석들, 교회사적 해석들, 지리적 상황을 포함하려고 노력했다.

우리의 전제는 신구약성경 66권이 하나님의 영감으로 특별 계시된 말씀이라는 대한예수교장로회의 신앙고백을 준거(準據)로 했다. 그러므로 본서는 집필자 자신의 신앙고백과 신학도 내포되었지만, 그보다 총회의 신앙과 신학의 표준적 입장에서 성경을 주석한 것이다. 즉, 사도신경, 웨스트민스터신앙고백서, 장로교신앙고백을 따르는 개혁주의 신학과 신앙 전통을 따른 것이다.

집필을 하는 데 있어서 학문적 깊이를 외면할 수는 없으나 목회자나 평신도가 성경을 이해하는 데 도움을 주기 위해 설교를 위한 묵상을 삽입하기도 하였다. 그러나 각 권의 기록자, 기록 연대, 문학적 특징, 책의 목적 등을 설명하는 개론적 연구를 할 때에는 그것이 학문적 연구에 꼭 필요하다고 여겨지는 경우에 한하여 최근 많은 성경학자들이 사용하는 비평적 방법도 가설(假說)로는 소개하였으나 결론은 따르지 않았다. 그것이 교회의 신앙적 지도를 위한 적절한 방법은 아니기 때문이다.

영감으로 된 하나님의 말씀인 성경의 해석은 성령의 조명이 가장 중요한 조건이다. 따라서 본서의 집필자들은 종교개혁자들이 채택했던 문법적, 역사적, 신학적 원리를 주된 해석 방법으로 채택하고, 기도하면서 하나님의 계시된 말씀의 원의를 알기 쉽게 해석하려고 힘썼다. 외래어 사용은 가급적 줄이되 히브리어나 헬라어와 같은 원어를 반드시 읽어야 할 경우에는 음역화해서 누구나 원어의 발음으로 읽게 했다. 각주(脚註)도 가급적 줄이되 문장 뒤에 참고로 넣었다. 또한 각 절이 아닌 단락별로 주해를 하여 전체적 파악을 도왔다.

주석 앞에는 대한성서공회가 출판한 개역개정 성경(4판)을 단락별로 제시했다. 히브리어 성경은 BHS(Biblia Hebraica Stuttgartensia)를, 헬라어 성경은 United Bible Societies가 출판한 The Greek New Testament(4thed)를 각각 원문으로 채택하여 사용하였다. 특히 개역개정 성경의 번역에 대한 문제가 있다는 의견을 총회가 받아들여 본 편찬위원회에 수정 의뢰를 하였고,

집필자들이 원문을 바로 번역하여 대한성서공회에 제시함으로 수시 교정 제도를 따라 수정하도록 했다.

우리의 생명이시며 찬양의 대상이 되신 우리 주 예수 그리스도를 계시하시고, 하나님의 공의와 사랑을 그의 십자가를 통하여 실현시켜 우리를 구원하신 하나님의 깊은 뜻을 알게 해 주는 신구약성경을 더 많은 사람들이 더 깊이, 더 분명하게 이해하고, 믿게 하기 위하여 대한예수교장로회총회 창립 100주년을 기하여 한국 교회와 세계 교회 앞에 겸손한 자세로 이 주석을 내어 놓는다.

"내가 온 것은 양으로 생명을 얻게 하고 더 풍성히 얻게 하려는 것이라" (요 10 : 10b).

Soli Deo Gloria!

한국장로교총회창립 100주년기념
표준주석편찬위원회
위원장 이 종 윤

추천사 1

할렐루야! 2012년은 대한예수교장로회(통합)총회가 창립 100주년을 맞이하는 해입니다. 총회가 창립된 이후 1세기가 지난 지금까지 우리 한국 교회를 세계가 주목할 만큼 눈부시게 성장할 수 있도록 도와주신 에벤에셀의 하나님께 모든 찬송과 영광과 감사를 드립니다.

이와 같은 한국 교회의 놀라운 부흥 가운데서도 마음 한구석에 늘 안타까움이 자리하고 있었는데, 그것은 바로 우리 한국 교회만의 권위 있는 주석이 없다는 사실이었습니다. 현재 목회현장에서 사용되는 우리말 주석들은 대부분 오래되었거나 현대의 한국 교회 상황에 맞지 않는 서구 교회의 해석, 또는 성서학 전문가들의 주석이 아닌 짜깁기식 주석이 대다수를 차지합니다.

이러한 현실 가운데 이번 총회창립 100주년기념사업의 일환으로 본 교단에서 「한국장로교총회창립 100주년기념 표준주석」을 출간하기로 결의하고, 주석서를 출간하게 된 것은 대단히 자랑스럽고 의미 있는 일이 아닐 수 없습니다.

이번 「표준주석」의 출판으로 한국 교회는 이전보다 더욱 '개혁주의 신학과 신앙 전통'을 따르는 성경 해석의 기초를 확립하게 될 것이며, 많은 목회자들이 이 주석서를 통해 하나님의 말씀에 중심을 둔 목회를 실천할 수 있을 것으로 기대합니다. 더 나아가 이 「표준주석」은 한국 교회의 신앙을 더욱 견고히 하는 성경 해석의 표본이 될 것입니다.

아무쪼록 이번 「표준주석」 출간을 계기로 우리 한국 교회가 당면한 갖가지 위기를 극복하고 더욱 하나님 말씀으로 충만하여, 평화통일은 물론 주님의 지상명령인 땅끝까지 복음을 전하는 사명을 보다 잘 감당하는 교회로 거듭나게 되기를 기대하며, 한국의 모든 교회와 성도님들께 자랑스럽게 이 주석서를 추천하는 바입니다. 샬롬!

장로회신학대학교
전 총장 장 영 일

추천사 2

「한국장로교총회창립 100주년기념 표준주석」의 발간을 축하합니다. 한국 교회 역사에서 중요한 자리를 차지하고 있는 「총회표준주석」은 한국 교회에 큰 영향을 끼친 박윤선 박사님께서 박형룡 박사님을 도와 「표준주석」의 고린도후서 주석 집필에 참여하면서 평생을 주석 집필에 헌신하게 했던 뜻깊은 주석이었습니다.

그러나 그동안 중단되었던 표준주석 사업을 재개함에 있어 편집위원장 이종윤 목사님이 밝힌 대로 성경이 성령으로 영감된 정확 무오한 하나님의 말씀이라는 분명한 신앙고백 위에 집필토록 하였다는 편집 원칙을 통해 「표준주석」의 맥을 잇고자 하는 의지를 보여 줍니다.

이런 맥락에서 비평적 성서연구가 교회의 신앙적 지도에 적합하지 않다는 인식을 가지고 전통적인 개혁주의 해석 방법을 채택할 뿐만 아니라 복음적이고 목회적인 관심을 드러낸 점도 환영할 만한 일입니다. 또한 성경 자체에 대한 전문적인 지식뿐만 아니라 한국 교회와 성도를 체험적으로 알고 있는 성경학자들이 오랜 기도와 연구 끝에 발간하였다는 점도 높이 사고 싶습니다.

아무쪼록 본서가 많은 이들에게 풍성하고 깊이 있는 신학적 성찰을 제공하는 귀한 책이 되길 소망합니다.

합동신학대학원대학교
전 총장 성 주 진

다니엘
차 례

다니엘

서 론

A. 다니엘서 서론

1. 다니엘서의 중요한 특징들
2. 저자와 저작 연대, 장소
3. 장르의 차이 : 다니엘서 1~6장과 7~12장

B. 다니엘서 읽기

1. 토라와 묵시문학
2. 다니엘서 통일성 있게 읽기
3. 다니엘서를 정경으로 읽기
4. 다니엘서의 해석

C. 다니엘서의 문학적 구조

D. 다니엘서에 나타난 네 왕국 사상

1. 네 왕국 사상의 해석 : 메대 왕국의 딜레마
2. 네 왕국 사상에 대한 결론

서 론

이 주석은 다니엘서에 관한 다양한 학문적인 접근을 일일이 소개하지 않고 다니엘서를 신앙적으로 읽을 수 있도록 지침을 제공하는 데 목표가 있다. 따라서 성경에 관심이 있는 평신도나 신학생, 또는 교회 현장에서 이 본문을 가지고 설교해야 하는 목회자들에게 초점이 맞추어져 있다. 다니엘서는 이스라엘 백성들의 종말론적인 신앙이 담긴 책이다. 이에 다니엘의 말씀이 당대의 독자들에게 어떤 의미가 있었는지 시대적 삶의 정황을 살피고, 다시금 이 본문이 오늘날 우리 신앙인들에게 어떤 의미가 있는지를 살핌으로 다니엘서가 신앙인들에게 가까이 다가갈 수 있도록 할 것이다.

A. 다니엘서 서론

1. 다니엘서의 중요한 특징들

이제 독자들이 다루기 쉬운 다니엘의 내용으로부터 시작해 보자. 첫째, 전체적으로 다니엘서는 다니엘과 그의 세 친구들의 이야기인 1~6장과 다니엘이 본 환상(幻想)과 예언이 담긴 7~12장의 둘로 나누어진다. 1~6장에서는 포로를 경험하는 다니엘이나 그의 세 친구들의 이야기가 삼인칭으로 표현되고 있지만, 7~12장에서는 새로운 포로를 경험할 공동체를 위하여 다니엘이 일인칭 형식으로 등장한다. 이 두 부분에서 다니엘의 역할은 다르게 나타난다. 1~6장에서는 포로로 잡혀온 다니엘이 바벨론 임금들이 꾼 꿈이나 벽에 쓰인 글씨의 뜻을 풀이해 주는 해석자로 나타나지만, 7~12장에서는 다니엘 자신이 직접 꿈을 꾸거나 환상을 보면서도 그 뜻을 이해하지 못하고 천사가 나타나 해석해 준다.

다니엘서 1-6장	다니엘서 7-12장
다니엘과 세 친구의 이야기	다니엘이 본 환상(幻想)과 예언
다니엘이 3인칭으로	다니엘이 1인칭으로
다니엘은 꿈이나 환상의 해석자	다니엘은 꿈을 꾸거나 환상을 보고 천사의 도움으로 해석하는 자

둘째, 일반적으로 다니엘서는 사용된 언어나 표현된 주제를 통하여 구분할 수 있다. 주제로 다니엘서를 나눈다면 1~6장과 7~12장으로 나눌 수 있는데, 1~6장에서는 다니엘을 환상(vision)을 해석하는 지혜자로 묘사하고, 7~12장에서는 하나님으로부터 직접 계시를 받는 사람으로 묘사하고 있다. 또한 한글 성경에서는 드러나지 않지만, 다니엘서를 쓴 언어로 보면 히브리어 부분(1 : 1-2 : 4a와 8 : 1-12 : 13)과 아람어 부분(2 : 4b-7 : 28)으로 나뉜다. 아람어로 쓰인 부분은 처음부터 아람어로 유다 백성들에게 회자되던 이야기였기에 아람어로 전해졌기 때문이다(J. J. Collins, 1993, 12-13). 그리고 다니엘의 예언을 다룬 7 : 1~12 : 13 중에서 7장만 아람어로 되었다는 것은

7장이 다른 예언들보다 더 오래되고, 특히나 2장과 관련이 깊게 가장 먼저 이루어진 예언이기 때문이라고 볼 수 있다. 다른 예언들(8 : 1-12 : 13)은 7장이 형성된 이후에 차례차례 이루어졌다. 그런데 오래된 이야기라고 할 수 있는 모음에 있는 1 : 1~2 : 4a가 아람어가 아닌 히브리어로 이루어졌다는 것은 아마도 이 부분이 2~6장보다는 후기에 형성되었기 때문이라고 여길 수도 있다.

셋째, 다니엘서는 전체적으로 7장이 2~7장과 7~12장의 연결 역할을 하고 있다. 2~7장은 주제를 강조하기 위하여 뒷문장의 어순을 앞문장의 어순과 반대로 배열하는 교차대구적 구조(chiastic structure)를 사용하여 네 왕국에 대한 사상을 담고 있고, 3장과 6장에는 무고한 고난을 믿음으로 이겨내는 디아스포라, 4장과 5장에는 하나님 앞에 선 왕의 이야기가 나온다. 또한 2~7장에는 이방 권력자들이 이스라엘의 하나님을 인정하고 찬양하는 말이 여러 번 나온다(2 : 47 ; 3 : 28-29 ; 4 : 1-3, 34-37 ; 6 : 26-27). 7~12장 역시 동심원적인 구조를 하고 있다. 7장과 12장에는 우주의 종말에 관한 서술이 담겨 있고, 수양과 수염소의 환상을 다룬 8장이 바사 왕국과 헬라 왕국에 대한 환상을 다룬 10~11장과 짝을 이루고 있다. 9장은 예레미야의 예언의 성취로서 종말에 관한 서술이다. 그리고 8~11장에서는 마지막 남은 세 때 반에 관하여 긴박감을 더하면서 임박한 종말에 관하여 서술하고 있다.

넷째, 다니엘서에 표시된 연대를 살펴보자면, 다니엘서는 유다 왕 여호야김 삼 년에 바벨론 왕 느부갓네살이 예루살렘을 함락하고, 성전 기구들을 바벨론으로 가져간 때(1 : 1-4)를 포로기의 시작으로 정의하고, 바벨론 시대를 거쳐 바사(=페르시아)왕 고레스 삼 년에 다니엘이 헬라(10 : 20 ; 11 : 2)시대에 이루어질 예언으로 끝난다(10-12장). 다니엘은 여호야김 삼 년부터 고레스 삼 년에 이르는 기간 동안 예언하였지만, 그가 그의 예언 속에서 다루는 이스라엘의 역사는 시리아의 왕인 안티오쿠스 4세의 핍박이 절정에 이르는 시기까지를 다루고 있다. 이는 다니엘 개인적으로는 기원전 605~536년에 해당되는 기간이고, 유다 백성의 역사는 주전 605~164년대에 이르는 기간이다. 여기에서 주전 605년은 바벨론이 근동지역을 장악하여 처음으로 이스라엘이 포로로 잡혀간 때이며, 536년에 바벨론은 멸망하였지만 역사적 포로 70년은 아직 한 해가 남은 해이다. 또 주전 164년은 바사를 멸망시킨 헬라 왕국의 안티오쿠스 4세가 죽기 직전의 해이다.

느부갓네살은 유다를 벌하기 위해 하나님이 쓰신 심판의 도구로 특히 예레미야서(21 : 1 – 10)에서 자주 나타난다. 고레스는 바벨론에 포로로 끌려간 유다 백성을 다시 유다 땅으로 귀환시켜 예루살렘 성전을 짓도록 한 인물로 특히 이사야서(44 : 24 – 45 : 8)에 등장한다. '헬라'라는 이름은 구약 성경에 여러 번 나오지만(창 10 : 2, 4 ; 사 66 : 19 ; 겔 27 : 13, 19 ; 슥 9 : 13 ; 대상 1 : 5, 7 ; 단 8 : 21 ; 10 : 20 ; 11 : 2), 헬라 왕국, 특히 안티오쿠스 에피파네스(주전 175 – 164년)를 비롯한 셀류시드 왕조의 통치자들에 대해서는 마카베오상하 곳곳에서 다루고 있다.

다섯째, 다니엘서에는 다양한 이방 왕들의 이름이 등장한다. 1~4장은 바벨론 왕 느부갓네살 때 일어난 사건이며, 5장과 7~8장은 바벨론 왕 벨사살 때, 6장과 9장은 바사 왕 다리오 때, 10~12장은 바사 왕 고레스 때 일어난 사건이다. 다니엘서의 순서는 실제 왕들의 연대순으로 배열되어 있지 않다. 고레스는 다리오보다 먼저 살았던 왕이고, 5장과 7~8장은 벨사살 시대를 배경으로 하고 이 사이에 다리오 왕 시대를 배경으로 하는 6장이 들어 있다. 이런 왕들의 이름은 다니엘서를 열왕기상하, 예언서들, 또는 에스라 느헤미야와 역대상하와 이어지게 한다.

2. 저자와 저작 연대, 장소

다니엘서는 언제 누구에 의하여 쓰였을까? 1~6장에서 다니엘과 세 친구에 관한 이야기가 3인칭으로 쓰였다. 즉, 다니엘이 자신이 경험한 일들을 "내가 보니" 또는 "내가 환상 중에" 와 같이 제 3자에 의하여 다니엘과 세 친구에 관한 이야기를 “다니엘은 뜻을 정하여”(1 : 8)와 같이 써내려 간다. 그러므로 다니엘서 1~6장은 다니엘이 직접 쓴 것이 아니라 바벨론에서 디아스포라로 사는 이스라엘 민족 사이에 다니엘과 세 친구들이 어떻게 포로 시대를 살았는지에 대해 전해지던 이야기이다. 다니엘서 1~6장에서 유다의 멸망 자체를 열왕기하 25장에서 서술된 것처럼 상세하게 기록하지 않은 것은 이미 포로를 삶의 일부로 받아들인 사람들이 어떻게 포로 시대를 살아갔는지에 초점을 맞추었기 때문이다. 사용된 언어도 1장은 히브리어로, 2~6장은 아람어로 쓰였다. 아람어는 히브리어와 함께 북서 셈족의 언어이다. 원래 아람 사람들이 사용한 언어이지만 앗수르 제국 시대에 국제 공통어로서 아카드어 대신 멀리 떨어진 지역들과의 정부 공식 서신에 사용되면서 공용 아람어가 되었다. 이후 바벨론 제국과 페르시아 제국을 거쳐 헬레니즘 시대에도 계속 사용되었다. 다니엘서 2~6장의 이야기는 바벨론 포로 시대를 살아간 사람들의 이야기를 당대 사람들을 위하여 아람어로 기록하였다. 아람어로 쓰인 이야기는 아람어가 익숙한 시대에 쓰여 전해진 것임을 보여준다.

7~12장은 1~6장과는 달리 다니엘이 1인칭으로 서술하는 형식이다. 7~12장은 다니엘이 행한 미래의 예언을 말하고 있는데 모든 예언을 할 때마다 예언한 시기, 예언한 사람(다니엘), 예언의 내용의 형식이 담겨 있다. 다니엘은 예언할 때마다 1인칭으로 말한다 : “내가 환상을 보았는데”(7 : 2) ; “곧 내가 기도할 때에”(9 : 21) ; “그때 나 다니엘이 세 이레 동안을 슬퍼하며”(10 : 2). 이는 곧 7~12장에 담긴 예언이 다니엘 자신이 행한 예언임을 보여주는 것이다. 다니엘이 예언한 시기는 벨사살 원년(7 : 1), 벨사살 3년(8 : 1), 다리오 원년(9 : 1), 고레스 3년(10 : 1) 등으로 나타난다. 다니엘이 한 예언은 바벨론부터 시작하여 종말까지 네 왕국의 운명에 관한 것이며 모든 예언이 한결같이 마지막 때까지 남은 기간을 셈하고 있다 : “세 때 반”(7 : 25) ; “이천삼백 주야”(8 : 14) ; “일흔 이레”(9 : 24). 이 예언들의 주된 특징은 박해가 절정에 이르고 아직 안티오쿠스의 죽음을 알지 못할 때의 사건들이라는 것이다.

그리고 7~12장의 대부분의 예언들이 담고 있는 주전 2세기의 시기는 세 때 반이 남은 주전 167년경이다. 그리고 다니엘서 12 : 5~13에서 안티오쿠스의 종말이 실현되었지만 아직 역사적 종말이 오지 않은 시기를 예언하는 다니엘은 여전히 고레스 3년 경에 예언하고 있다고 볼 수 있다. 또한 중요한 것은 다니엘의 예언이 예언직후인 포로 시대부터 만민에게 알려질 것이 아니라 마지막 때까지 감추어져야 할 예언이라는 것이다 : "내가 이 일을 마음에 간직하였느니라"(7 : 28) ; "너는 그 환상을 간직하라 이는 여러 날 후의 일임이라 하더라"(8 : 26) ; "이는 이 환상이 오랜 후의 일임이라 하더라"(10 : 14) ; "다니엘아 마지막 때까지 이 말을 간수하고 이 글을 봉함하라"(12 : 4a). 그러므로 다니엘서 7~12장의 예언은 포로기부터 주전 2세기까지 백성들에게 알려질 예언이 아니다. 이 예언은 처음부터 오직 주전 2세기의 공동체에게 임하는 핍박이 절정에 이르게 될 주전 167년 정도에 읽혀질 책이다.

다니엘서 7~12장의 저작 시기에 대해서는 본문의 증거를 잘 살펴보아야 한다. 앞에서 본 것같이 7~12장의 본문 자체가 종말 직전 세 때 반이 될 때까지는 읽혀지지 않도록 되었기 때문에 주전 167년 이전에 이 내용이 사람들에게 알려질 가능성은 없다. 7~12장은 주전 167년에 공동체에게 읽혀지게 될 책이다. 그러나 그 예언의 내용은 포로기인 주전 6세기에 다니엘에 의하여 비밀스럽게 선포되었을 것이다. 주전 167년은 7~12장이 읽히는 시점이지 쓰인 시점은 아니다. 7~12장에 있는 다니엘의 예언은 주전 6세기에 다니엘에 의하여 예언되고, 이 예언은 주전 2세기의 신앙 공동체에게 들려졌다. 그러나 다니엘서 7~12장이 쓰인 시기는 정확하지 않다. 주전 2세기에 공동체를 위하여 읽혀졌다고 해서 이때 쓰였다고 볼 수는 없다. 주전 6세기에 다니엘이 7~12장을 예언한 후에 주전 2세기에 공동체가 그 예언을 받을 때까지 권위 있는 공동체에 의하여 새롭게 해석될 가능성은 주어진다. 그러나 공동체에 의하여 시도된 해석을 원래 다니엘의 예언에서 정확히 분리하는 것은 가능하지 않다. 모든 예언서가 원래 예언자의 말과 공동체의 해석으로 이루어진 것처럼 다니엘서에 담긴 해석은 다니엘의 원래 예언의 권위를 전제로 예언을 잘 이해하도록 해석되었다. 다니엘서를 읽는 공동체는 어디까지가 다니엘의 예언이고 어디까지가 해석인지를 구분하여 읽지 않았다. 주전 2세기에 핍박을 받는 신앙공동체는 다니엘서 7~12장이 하나님이 주전 6세기에 살던 다니엘을 통하여 주신 하나님의 예언으로 받아들였다.

3. 장르의 차이 : 다니엘서 1~6장과 7~12장

다니엘서 연구에서 중요한 주제 중의 하나는 다니엘서 1~6장과 7~12장이 서로 이질적인데 어떻게 한 권의 책으로 읽을 수 있는가 하는 것이다. 다니엘서를 정경으로 읽는 방법은 먼저 두 부분의 차이점을 살피고 이어서 차이에도 불구하고 하나로 읽는 것이다.

다니엘서 1~6장은 장르 면에서 요셉이야기(창 37－50장)와 에스더서와 유사하다. 이 책들의 공통점은 땅을 잃고 타국에서 디아스포라로서 이방 왕의 지배를 받고 산다는 것이다. 그러나 백성들에게 이방 왕은 타도의 대상이 아니고 하나님이 권세를 허락하셨음을 인정하고 충성해야 하는 존재이다. 주인공이 이방 왕의 꿈을 해석한다는 면에서 다니엘서 1~6장은 요셉 이야기와 유사하다. 이방 나라에는 권위 있는 술객들이 있었지만 모두 꿈 해석에 실패하여 마침내 주인공이 등장하여 꿈을 해석하고 왕에게 인정을 받는다. 그리고 두 이야기에서 꿈 해석의 공은 주인공인 사람에게 있지 않고 하나님에게 돌려진다. 또한 디아스포라들이 이방 땅에서 핍박을 받을 때 어떻게 해야 하는지에 대해서는 다니엘서 1~6장은 에스더서와 유사하다. 다니엘서 3장에서 세 친구가 왕의 권세를 인정하면서도 왕의 신상 앞에서 절하는 것을 거부한 것은 사람 앞에서 절할 수 없는 신앙을 견지한 모르드개와 유사하다. 마침내 세 친구는 풀무불에 던져지지만 기적적으로 살아난다. 6장에는 사자굴에 들어간 다니엘에 관한 이야기이다. 왕의 호의에도 불구하고 다니엘이 적대자들에 의하여 사자굴에 들어가지만 하나님이 보호하시고 마침내 왕에 의하여 적대자들이 죽임을 당한 것처럼, 에스더서에서도 민족의 위기 가운데 하나님이 왕을 움직여 민족을 구원하고 오히려 반대파들이 유대인들에게 내리려는 형벌을 받는 상황이 벌어진다. 이 이야기들은 공통적으로 디아스포라로 살아갈 때에 하나님에 대한 순종의 표시로 토라에 순종할 때 하나님의 기적적인 보호하심이 있음을 확증해 준다. 이와 같이 다니엘서 1~6장은 디아스포라들이 이국 땅에서 어떻게 포로생활을 살아야 하는지를 보여주는 이야기이다.

그러나 다니엘서 7~12장은 1~6장과는 달리 묵시문학이라는 장르로 이루어져 있다. 묵시문학이라는 장르는 유대 묵시문학을 이루는 문헌 군에 속하는 것으로써 신구약 중간기(주전 200년－주후 100년)에 해당하는 기간 동안 독특한 장르의 형태로 나타난 문헌들이다. 묵시문학의 정의에 대하여는 다양한 학자들의 접근이 있었지만 다음과 같은 정의가 가장 적합한 것으로 여겨진다 : "종말론적인 구원을 보여준다는 면에서 시간적이며, 또 다른 초자연적인 세계를 보여준다는 면에서는 공간적으로 초월적인 실재를 드러내면서, 계시가 저 세상의 존재에 의하여 수납자 인간에게 중재되는 설화 구조를 가진 계시 문헌의 장르"(J. J. Collins, "Apocalypse : The Morphology of a Genre. "Semeia14(1979) : 1－20). 모든 묵시문학을 망라한 콜린스(Collins)의 정의는 묵시문학이라는 장르에 관한 공통 핵심을 드러내 주고 있다. 이 정의에 따르면 묵시문학은 두 가지 차원을 다루는데 공간적으로는 이 땅을 초월하는 저 세상을 다루고, 시간적으로는 이 세상의 마지막에 오는 종말을 다루면서 이 세상의 바깥에서 온 중보자를 통하여 이 세상에 계시(啓示)가 전해지는 이야기 구조를 가지고 있는 것을 말한다.

다니엘서 7~12장은 환상과 해석의 형식을 가지고 있는 당대의 전형적인 묵시문학의 장르이다. 묵시문학의 중요한 특징은 1) 고대의 유명한 사람의 이름으로 환상의 이야기 ; 2) 동물 묵시나 숫자와 같은 상징적인 언어의 사용 ; 3) 천상의 존재에 의한 환상의 해석 ; 4) 역사를 여러 세대(period)로 나누어 마지막 시기에 있을 하나님의 궁극적인 승리에서 절정을 이룸을 보여줌 ; 5) 천상의 계시를 드러냄 등이 있다. 7장과 8장은 각각 다니엘이 받은 환상과 천사의 해석을 통하여 네 왕국의 마지막 왕인 안티오쿠스 4세의 행동과 종말을 서술한다. 또한 10~12장에서도 전체적으로 하나의 환상과 해석의 형식을 취하고 있다. 묵시문학의 정의에 따르면 묵시문학을 역사적인(historical) 묵시문학과 저 세상적인(otherworldly) 묵시문학의 두 가지로 구분할 수 있는데, 이러한 묵시문학 중에는 정경에 포함되는 다니엘서와 요한계시록, 신구약 중간사 시기의 유대 묵시문학, 신약 시대의 기독교 묵시문학 문헌들이 있다.

다니엘서는 역사적인 묵시문학에 속하는데, 이러한 묵시문학의 관점에서 다니엘서를 살필 때, 다니엘은 다음과 같은 묵시문학의 특징을 가지고 있다. 세부적으로는 저세상으로의 여행을 포함하지 않고, 사후예언과 우주적인 범위와 정치적인 초점이 있는 임박한 종말론이 특징이다. 계시는 7, 8장에서 전형적인 환상의 형태로 나타나 있고, 9장과 10~11장에서는 천사들의 강화(講話)가 있는데, 천사들이 환상을 해석한다. 계시의 내용은 예언과 종말론적인 위기의 모습으로 역사를 조망하고 있다. 다니엘서 12장에서는 명백하게 죽은 자의 부활에 대하여 언급한다. 천상 세계의 중요성은 7장에 하나님의 보좌에 나타나고, 천사와 거룩한 자에 대한 언급은 7, 8, 10~12장에 나타난다. 이런 점에서 다니엘서를 묵시문학이라는 장르에 포함할 수 있는 것이다.

B. 다니엘서 읽기

1. 토라와 묵시문학

위에서 본 것처럼 다니엘서는 전체가 같은 장르로 쓰이지 않았다. 1~6장은 토라에 대한 순종을 강조하는 전형적인 디아스포라들의 이야기 형태, 7~12장은 묵시문학의 장르를 이루고 있다. 1~6장에도 종말에 대한 간접적인 묘사가 있지만 이것 때문에 묵시문학에 포함될 수는 없다. 그래서 토라와 토라에 순종하는 인물을 강조하는 1~6장과 전형적인 묵시문학의 장르를 가진 7~12장이 전체를 이루고 있다는 것이 다니엘서의 특징이다. 그런데 원래 묵시문학은 천상의 존재로부터 받은 새 계시를 강조하고, 토라는 더 이상의 새 계시를 부정하고 계시를 더하거나 감하지 말 것을 강조한다(신 4 : 2). 그래서 일반적으로 묵시문학은 토라와 긴장을 이루는 것인데 다니엘서 안에서는 토라와 묵시문학이 조화를 이루고 있다. 그래서 일반적으로 묵시문학의 특징은 토라와 긴장을 이루는 것인데 지금까지의 묵시문학 연구는 다니엘서를 이상적인 묵시문학으로 이해하고 다니엘서에 맞추어 다른 묵시문학들을 해석해 왔지만 이러한 방법론은 적절하지 못하다. 토라와 묵시문학의 장르를 대립시키는 다른 묵시문학과는 달리 다니엘서에서는 토라와 묵시문학의 장르를 결합하고 있음을 먼저 설명해야 한다. 즉, 다니엘서는 다른 묵시문학처럼 토라의 권위에 도전하는 책이 아니다. 오히려 다니엘서는 토라의 권위에 도전하는 다른 묵시문학의 도전에 대항하여 토라의 권위를 옹호하고 있다.

그렇다면 다니엘서는 묵시문학이라는 장르를 가지고 어떻게 토라의 권위를 옹호하였을까? 신명기 신학에 근거하여 지금까지는 새로운 계시를 알고자 하는 것은 곧 오묘한 것을 알려는 인간의 교만으로 이해됐다(신 29 : 29). 다니엘서에서의 새로운 계시의 도전에 대한 응답은 새로운 계시의 가능성을 오직 토라에 순종하는 사람에게는 있을 수 있음을 우회적으로 설명하면서 인간도 새로운 계시인 환상을 받을 수 있음을 인정하고 있다(7-8장). 그리고 그 환상을 받을 수 있는 자는 누구인가 하는 질문에 대하여 바로 다니엘같이 토라에 순종하는 자(1-6장)만이 새로운 계시를 받을 수 있다고 자격을 제한함으로 간접적으로 토라의 권위를 옹호하고 있는 것이다. 다니엘서 9장에 이르면 종말을 가리키는 새로운 계시는 다름 아닌 토라에 대한 해석임을 천명함으로, 새로운 계시를 토라에 종속시키고 토라의 권위를 옹호하고 있다. 이와 같이 다니엘서는 기존의 묵시문학의 장르를 사용하면서도 새로운 계시를 토라에 종속시키고 토라에 대한 해석을 통하여 종말에 대한 계시를 밝히는 역할을 하고 있다.

그렇다면 다니엘서 1~6장에서는 토라의 권위를 옹호하고, 7~12장에서는 새로운 계시가 담긴 꿈과 환상이 나타나면서 토라의 해석을 새로운 계시로 이해하는 시도가 등장하는 것을 어떻게 설명할 수 있을까? 이것은 1~6장과 7~12장이 읽히는 공동체의 정황을 이해할 때 설명이 가능하다. 이를 이해하려면 다니엘서를 읽을 때 1장부터 읽지 말고 7~12장을 먼저 읽고 나중에 1~6장을 읽어야 할 것이다. 7~12장에서 공동체는 종말을 기다리고 있다. 현재는 하나님과 사탄의 격전장으로, 사탄의 화신이라고 볼 수 있는 안티오쿠스 4세가 하나님을 대적하며 하나님의 교회를 핍박하고 있다. 이에 하나님의 교회의 구성원들은 신앙을 지키기 위하여 목숨을 버려야 되는 상황이다. 그런데 이때 그들은 두 가지 입장에서 종말을 기다린다. 한 가지는 바로 하나님이 간섭하셔서 안티오쿠스 4세로 대표되는 악의 세력이 결정적으로 멸망당하면서 종말이 임하는 것과 다른 한편으로는 하나님의 나라가 임하여 교회 공동체가 영원한 구원을 얻는 것을 기다린다는 것이다. 그러한 하나님의 간섭을 기다리기 위하여 그들은 무엇을 하여야 할 것인가? 하나님을 향한 신실함 위에서 끝까지 기다리며 하나님의 토라를 지키는 것이다. 여기에서 다니엘서의 예언은 교회 공동체를 위한 진정성 있는 계시인 종말을 전하고 있다.

첫째로, 다니엘서는 계시의 내용으로서 종말을 강조한다. 다니엘서가 읽혀진 시대의 공동체는 지금까지의 역사를 돌아보며 종말까지 남은 시간(한 때, 두 때, 반 때)을 확인한다. 이러한 종말을 강조하기 위하여 묵시문학이라는 장르를 사용하였는데, 당대의 보수적인 유대인들이 염려한 것은 묵시문학에서 강조하는 새 계시라는 개념이 토라와 갈등을 일으킨다는 것이었다. 그래서 다니엘서의 예언은 묵시문학을 사용하여 종말을 표현하면서도 그것을 이스라엘의 전승 안에서 토착화하게 한다. 종말에 관한 사상은 바벨론에서부터 시작되어 당대까지 발전된 네 왕국 사상의 연속성 가운데 나타난다. 그리고 묵시문학에서 강조하는 종말은 하나님의 말씀인 예레미야의 칠십 년간의 포로라는 예언과도 연결되고 있다.

둘째로, 다니엘서의 저자가 해결하여야 했던 것은 묵시문학과 토라의 갈등이었다. 다니엘서는 묵시문학이라는 장르를 통하여 종말에 관한 진정성 있는 계시를 알리기도 하고, 새로운 계시에 맞서서 토라의 권위를 옹호하여야 했다. 그때 묵시문학자들은 다니엘서 1~6장을 통하여 토라의 권위를 옹호한 것이다. 즉, 7~12장에서는 유대인들이 필요한 종말에 관한 새로운 계시를 받을 수 있는 가능성에 대하여 말하고, 1~6장에서는 그러한 계시를 받을 수 있는 자는 다름 아닌 토라에 순종하는 다니엘과 같은 자임을 간접적으로 선포하고 있는 것이다. 결론적으로 다니엘서는 임박한 종말 앞에서 하나님의 종말에 관한 계시의 내용을 인간이 받을 수 있다고 말하면서, 그 계시는 오직 토라에 순종하는 자에게만 허락된다는 것을 통해 토라의 권위를 옹호하는 것이다. 나아가서 7~12장도 처음에는 새로운 계시 자체를 인정했지만, 곧 이어 9장에 들어서면 새로운 계시란 다름 아닌 토라에 대한 해석임을 함께 드러냄으로 새로운 계시를 토라에 종속시키는 일에 성공하였다.

2. 다니엘서를 통일성 있게 읽기

이제 우리는 다니엘서를 1~6장과 7~12장으로 이루어진 통일성 있는 책으로 읽어 보자. 다니엘서에 관하여 들어본 적이 있는 사람들이 막상 다니엘서를 대할 때면 우리에게 그동안 익숙한 부분은 주로 다니엘서 1~6장임을 알게 된다. 7장부터는 지금까지 구약성경을 읽을 때와는 달라진다. 1~6장에서는 다니엘이 천상의 비밀을 알려주고 토라를 지키는 충성스러운 이미지였다면 7장 이후에서는 하나님의 계시를 받아 천사의 도움으로 해석하는 역할을 담당하고 있음을 알게 된다. 다니엘서 읽기에 성공하기 위해서는 다니엘서 7~12장을 포함하여 다니엘서 1~12장을 전체적으로 읽을 수 있어야 한다.

다니엘서의 본문 전체를 살펴보면, 전반부(1–6장)와 후반부(7–12장)가 서로 다른 역사적인 배경을 가지고 있음을 알 수 있다. 전반부는 주전 6세기에 유다가 바벨론에 의하여 멸망되고, 유다 백성들이 바벨론에서 포로살이를 하는 디아스포라의 상황이다. 후반부는 주전 2세기에 그리스의 통치를 받는 가운데 안티오쿠스 에피파네스의 혹독한 박해를 경험하는 상황이다. 전반부와 후반부가 만나는 지점은 주전 6세기의 포로생활을 하는 다니엘이 주전 2세기의 유다 공동체가 앞으로 겪을 일들을 예언하면서 어떻게 이 고난을 이기고 승리할 수 있는지를 보여주는 것이다. 다니엘서의 이러한 구성에서 우리는 두 가지 질문을 할 수 있다. 하나는 자기 시대를 넘어서 400년 후에 자기의 백성을 위하여 예언할만한 권위를 다니엘이 가지고 있는가 하는 것이다. 또 하나는 다니엘서 7~12장은 실제 일어난 사건에 대한 서술이 아니라, 아직 성취되지 않은 주전 6세기에 살았던 다니엘의 예언이라는 것은 어떤 의미가 있을까?

첫째로, 다니엘은 주전 6세기를 살면서 400년 후 시대에 대한 예언을 할만한 권위를 가지고 있는가? 다니엘은 포로생활을 직접 경험한 사람 중의 하나이다. 다니엘서 1~6장에는 포로를 시작하게 하신 하나님, 실제 포로생활, 그리고 그들을 멸망시키고 지배하는 왕들, 마침내 포로생활의 끝이 어떻게 이루어지는지를 경험한 이야기가 담겨 있다. 다니엘은 역사적인 70년간의 포로생활이 시작될 때부터 마치는 때까지 포로의 의미를 새기고 해석하며 마지막까지 굳세게 견딘 디아스포라 중의 하나이다. 그런데 그중에서도 다른 포로민이 아닌 다니엘이 선택된 이유는 무엇인가?

다니엘이라는 이름은 다니엘서 이외에 에스겔서에서 세 번 나타난다(겔 14 : 14, 20 ; 28 : 3). 이 본문에서 나오는 다니엘이라는 이름은 다니엘서에서 나오는 이름인 다니엘(דָּנִיֵּאל)에서 히브리어 자음인 요드(י) 없이 다니엘(דָּנִאֵל)이라고 표기되지만 같은 글자로 볼 수 있다. 그러나 학자들은 에스겔서의 본문에 나오는 다니엘은 다니엘서에 나오는 인물인 다니엘이라기보다는 고대 문헌에 나오는 지혜자[아캇(Aqhat) 이야기에 나오는 우가릿의 전설적인 왕]가 인용된 것으로 보고 있다. 다니엘은 여호야김 3년에 바벨론에 포로로 끌려가서 느부갓네살 왕 때부터 고레스시대까지 관리로 일하면서 포로생활을 충분히 경험하였다. 다니엘서 전체를 읽어 보면 포로 기간 동안 포로민들에게 요구되는 것은 다름 아닌 토라를 신실하게 잘 지키는 것인데, 다니엘은 뜻을 정하여(단 1 : 8) 토라를 잘 지킴으로 말미암아 바벨론의 학문을 깨닫는 지혜뿐 아니라, 모든 환상과 꿈을 깨닫는 은혜를 받은 자이다(단 1 : 17).

그렇다면 주전 6세기를 사는 다니엘이 주전 2세기의 사건에 대하여 예언한 내용은 무엇인가? 우리는 다니엘서 7~12장에 있는 예언의 내용을 유다의 포로에 관한 이야기로 이해할 수 있다. 유다 백성들은 역사적인 70년 동안의 포로를 마치고 가나안 땅으로 돌아와 성전을 재건하고 에스라-느헤미야 개혁을 통하여 새로운 공동체를 건설하였다. 그런데 주전 2세기에 이 공동체가 다시 당면할 문제는 안티오쿠스 4세라는 그리스 왕에 의하여 성전이 훼파된다는 것이다. 다니엘서는 이 상황을 역사적인 포로시대와는 달리 신학적인 포로시대라고 정의한다. 신학적이라고 표현한 이유는 유다 백성들이 더 이상 가나안 땅 바깥에 살지 않고 가나안 땅에 돌아와서, 포로생활은 끝났지만 다시금 예루살렘 성이 훼파되었기에 포로생활을 하는 것과 다름이 없다고 이해했기 때문이다. 이와 같이 주전 6세기를 살아가는 디아스포라들과 유사하게 신학적 포로를 경험하고 있는 주전 2세기의 공동체들이 이 포로기를 잘 극복할 수 있도록 누가 도울 수 있을까? 이미 포로를 충분히 경험하고 포로의 마지막에 서 있는 다니엘이야말로 이 일을 할 수 있는 권위를 가진 인물인 것이다.

둘째로, 다니엘서의 형식이 주전 6세기의 역사적인 포로와 주전 2세기에 일어난 또 다른 포로생활을 단지 병렬적으로 나열했다면 우리는 이 책을 단지 역사가 담긴 구약 성경으로만 해석하면 될 것이다. 그런데 다니엘서 7~12

장이 단순한 역사적인 서술이 아니라 예언의 형식으로 주어졌기에 해석을 위하여 왜 이러한 장르를 선택하였는지 고려해야 할 필요가 있다. 주목할 것은 장차 마지막 날에 일어날 일에 관하여 예언하는 다니엘의 예언은 주전 6세기부터 주전 2세기를 사는 모든 사람들을 위하여 주어진 예언이 아니라는 것이다. 이 예언은 봉함되었다가(12 : 4) 새로운 포로의 마지막이 임박한 한 때, 두 때, 반 때가 남은 때에 읽혀야 할 예언이다. 즉, 예정된 70이레의 포로 기간 가운데(9 : 24) 이미 69이레와 반 이레가 지나고 아직 세 때 반이 남은 시점에 읽게 될 예언이다. 공동체가 이 책(7-12장)을 펼쳐 볼 때는 어떠한 일이 일어나고 있을 것인가? 이 예언은 특히 하늘에서 일어난 것과 같이 땅에서도 이루어진다는 맨티시즘(manticism)의 구조 아래 이루어진다. 포로의 절정을 경험하고 있는 공동체는 현재 고난을 초래하는 악의 세력이 이미 하늘에서 멸망되었으며, 이어서 땅에서도 악의 세력이 끝나고 영원한 하나님의 나라가 올 것이라고 믿으며, 포로의 끝을 확신할 것이다. 또한 주전 6세기에 다니엘이 행한 예언이 성취되고 있음을 알게 될 것이다. 그리하여 70이레에 관한 예언 가운데 69이레와 반 이레에 걸친 예언은 성취되고, 반 이레만이 남았음을 알게 된다. 그렇다면 70이레가 시작되는 시점부터 예언을 듣게 하지 않고, 반 이레가 남은 때에 다니엘서를 읽게 한 이유는 무엇인가? 바로 반 이레가 남은 이때야말로 박해의 절정기로 공동체의 많은 사람들이 신앙을 포기할 위험이 있는 때이기 때문이다. 그리하여 남은 반 이레 동안 악의 화신이 멸망되고 마침내 하나님의 나라가 임할 것인데, 믿음으로 포로의 끝을 바라보면서 견디고 믿음을 포기하지 않기를 요청하는 것이다. 이와 같이 다니엘서를 읽게 될 주전 2세기의 공동체는 그렇게 포로의 끝이 있음을 알고 다니엘과 디아스포라가 주전 6세기에 포로 시기를 극복한 방법으로 마지막까지 견딜 것을 요청받는다. 그들이 깨달아야 할 것은 포로가 하나님의 허락으로 시작되었고, 하나님은 왕을 세우시고, 폐하시는 분이며 토라에 순종하는 자들에게 기적을 베푸실 것이라는 것이다. 이와 같이 다니엘서 7~12장은 예언을 할 만큼 포로를 경험하고, 토라에 신실하며, 꿈과 환상에 은사를 지닌 자인, 다니엘에 의하여 쓰여 장차 주전 2세기의 공동체가 경험하게 될 새로운 신학적인 포로를 견딜 수 있도록 주어진 책이다.

3. 다니엘서를 정경으로 읽기

다니엘서는 칠십인역 성경에서는 예언서로 분류되었지만, 성경 안에서는 성문서로 분류된다. 한국의 개신교회가 정경으로 채택한 개역성경에서 다니엘서는 이사야, 예레미야, 에스겔, 예레미야애가 다음에, 그리고 십이 소예언서 앞에 자리 잡고 있다. 이는 헬라어 구약성경인 칠십인역 성경의 책 배열 순서를 따른 것으로써, 다니엘서를 예언서의 하나로 읽고 다니엘을 예언자로 이해했기 때문이다. 그러나 칠십인역 구약성경 이전의 성경인 히브리어 성경에서 다니엘서는 율법서와 예언서에 이어 셋째 부분으로 나오는 성문서(聖文書)에 속해 있다.

그렇다면 이렇게 다르게 분류되는 것이 책의 해석에 어떤 영향을 주는가? 성경을 해석할 때 본문의 위치는 본문을 해석하는 데 필요한 문맥을 형성한다. 그렇다면 다니엘서가 성문서의 범주로 읽히는 것과 예언서의 범주로 읽히는 것은 어떻게 다른가? 다니엘서를 예언서로 보는 것과 성문서로 보는 것은 해석의 출발점 자체가 다르다. 히브리 성경에서 예언서라는 것은 예언자들에 관한 이야기(신명기 역사)와 예언자들의 글(예언서)로 이루어진바 이는 모세의 율법서인 토라를 설명하는 주석의 역할을 하고 있다. 또한 성문서는 대체로 포로기 이후에 형성된 것으로 토라를 권위 있게 여기며 토라에 순종하며 살았던 공동체의 신앙고백으로 이루어진 것으로 이해된다. 이스라엘 공동체가 다니엘서를 성문서로 분류했다는 것은 다니엘서를 권위 있는 토라에 관한 설명으로서의 예언서가 아니라, 토라의 계명대로 살려고 했던 공동체의 신앙고백을 강조하며 읽었다는 것을 의미한다.

또한 구약의 칠십인역의 배치를 따라 다니엘서를 구약의 예언서로 분류하는 것은 다니엘서의 해석을 위한 또 다른 해석학적인 출발점을 보여준다. 다니엘서를 공동체의 고백이라기보다는 하나님의 예언의 말씀으로 보려는 것이다. 이 예언은 토라의 권위에 근거하여 전해진 하나님의 말씀으로 장차 이루어질 예언인 것이다. 그러므로 개신교의 입장에서 다니엘서를 읽을 때는 히브리 성경의 분류대로 다니엘서를 성문서로 읽지 말고, 칠십인역 성경을 따라 예언서로 읽어야 한다. 우리는 다니엘서가 이사야서, 예레미야서, 에스겔 등의 대예언서와 열 두 소예언서라는 전형적인 예언서들과는 다르게 형성된 것을 인정한다. 그러나 개신교가 사용하는 정경의 순서에 예언서로 분류되었음은 우리가 이 다니엘서를 예언서의 문맥 안에서 해석해야 함을 보여준다. 즉, 다니엘서 안에서 종말에 관한 예언이 어떻게 선포되었고, 이 예언이 어떻게 실현되는지를 살피는 것이 중요하다.

4. 다니엘서의 해석

다니엘서를 어떻게 읽을 것인가에 대하여는 보수적인 입장과 진보적인 입장이 서로 다르다. 19세기까지 보수적인 입장에서 다니엘서는 주전 6세기의 현자인 다니엘의 순수한 예언으로 여겨졌다. 보수적인 입장에서 다니엘서는 주전 2세기 공동체의 위기와는 상관없이 주전 6세기 다니엘을 비롯한 디아스포라의 삶과 다니엘의 미래 예언, 그리고 다가오는 종말에 관한 시간표를 제시하는 것으로까지 해석된다. 18세기부터 시작된 비평적인 이해는 다니엘서의 저작권, 연대규명과 성격의 문제에 집중되었다. 학자들은 언어와 역사와 신학과 논리에 근거하여 다니엘서를 주전 2세기에 안티오쿠스 에피파네스의 박해에 저항하는 유대인들을 격려하기 위하여 마카비 시대에 쓰인 작품으로 여기게 되었다(B. S. Childs, 「구약정경개론」, 586쪽). 비평적인 학자들은 다니엘서에 관한 비평학적인 연구를 통해 다음과 같은 결과에 동의하게 된

다: 1) 다니엘이라는 이름은 거짓 이름(pseudepigraphy)이다. 주전 2세기에 쓰인 다니엘서의 합법성을 위하여 고대 지혜자인 다니엘의 이름을 취하였다. 2) 다니엘서 1~6장의 이야기들은 전설적인 특성을 가지고 있고, 7~12장의 환상들은 마카비 시대에 무명의 저자에 의하여 쓰였다. 3) 1~6장의 이야기들은 7~12장의 환상들보다 오래 되었지만, 다니엘서의 최종본은 마카비 위기 직후에 최종적으로 편집되었다. 4) 다니엘서는 서구의 정치적인 역사나 종말론적인 미래에 관한 예언이 아니라, 당대의 종교성에 관한 증거로 읽어야 한다(John J. Collins, "Current Issues in the Study of Daniel," J. J. Collins (ed), *The Book of Daniel : Composition and Reception*, (Brill Academic Publisher, INC: Leiden, 2002), 2쪽). 이러한 연구들은 다니엘서의 역사적인 특징을 밝히는 데 성공하였지만, 다니엘서를 주전 2세기의 삶의 자리에 초점을 맞춤으로써 주전 6세기의 삶의 자리에 관한 이야기로 주어진 다니엘서 1~6장을 창작된 허구요, 주전 2세기의 편집자에 의하여 원래 의도를 심각하게 훼손한 것으로 이해함으로 최종 본문 입장에서 1~6장에 부여해야 할 권위를 상실하게 만든다.

그러나 이와 같은 비평적인 학자들의 견해에 대하여 보수적인 학자들이 바르게 대응한 것은 아니다. 보수적인 학자들은 다니엘서 1~6장에 나타난 다니엘이 역사적인 인물이며, 다니엘서 7~12장은 주전 6세기의 다니엘이 한 예언임을 강조한다. 다니엘서 1~6장은 없어도 되는 가짜 문헌이 아니라 7~12장을 위하여 본질적으로 중요한 위치를 차지하는 문헌이다. 그러나 대부분 다니엘서 7~12장에 나타난 다니엘의 예언은 주전 2세기의 역사적인 상황보다는 종말론적인 예언의 성취로만 이해하려고 하였다. 그래서 다니엘서 7~12장을 해석하면서 종말에 나타날 역사의 예언으로 읽으려고 시도하는 것이다. 이러한 보수적인 해석의 문제점은 다니엘서에서 주전 2세기의 공동체의 정황이 제거되고 주전 6세기에서 종말로 바로 연결하는 것이다. 반대로 비평적인 학자들의 문제는 주전 6세기의 역사성에 회의를 품고, 다니엘서를 철저히 주전 2세기의 공동체의 작품으로 읽을 뿐 아니라 종말에 대한 예언의 가능성을 차단한다는 것이다.

종교개혁적인 성서해석은 본문이 하나의 역사적인 정황을 드러내고 동시에 미래의 종말론적인 이해를 함께 드러내는 이중적인 해석을 시도하는 것이다. 다니엘서를 이해하기 위해서는 다음과 같은 세 종류의 공동체를 고려해야 한다. 첫째는, 주전 6세기의 디아스포라 공동체이다. 다니엘과 세 친구가 속한 이 공동체는 역사적인 포로 70년을 경험하고, 포로의 끝을 기다리며, 토라에 순종했던 공동체이다. 둘째로, 주전 2세기의 공동체이다. 이 공동체는 주전 6세기에 살던 다니엘이 예언한 종말이 성취되는 시대에 살던 공동체이다. 그러나 이들은 위기의 종말은 경험하였지만 여전히 역사의 종말이 자기 시대에 성취되지 않았음을 깨달은 자들이다. 주전 2세기에 종말이 성취되지 않았다고 해서 이 시대의 공동체를 위한 다니엘의 예언이 무의미한 것은 아니다. 이 예언은 위기의 종말과 역사의 종말에 관한 이해를 풍성하게 할 수 있도록 돕는다. 다니엘의 예언은 단지 역사적인 종말이 성취되었을 때만 의미가 있는 것은 아니다. 다니엘의 예언이 주전 2세기의 공동체에게 어떤 역할을 했는지를 살펴봄으로 오늘날 그리스도인으로서 종말을 이해하는 지평이 넓어지게 되는 것이다. 셋째로, 마지막으로 고려해야 할 공동체는 다니엘서가 정경으로 완성된 후에 다니엘서를 통하여 종말을 기다리는 공동체이다. 물론 주전 2세기 이후에 다니엘서에 근거하여 마지막 왕국을 그리스가 아니라 로마로 이해하는 해석이 나타났지만, 우리가 이해하는 전형적인 세 번째 공동체는 다니엘서를 그리스도의 왕국에 연결시키는 기독교 공동체이다. 기독교 공동체는 주전 2세기를 위한 예언이 종말에 대한 가르침을 기다리는 기독교 공동체를 위하여 어떻게 적용될 수 있는지를 살핀다. 다니엘서를 정경적으로 읽는다는 것은 종말이라는 주제를 주전 6세기와 주전 2세기의 역사적인 정황과 연결시킬 뿐 아니라, 현재의 기독교 공동체의 종말에 관한 적절한 해석학적인 통찰을 제공하는 것까지 고려함을 의미한다.

그리스도인으로서 다니엘을 해석할 때 가장 편한 방법은 다니엘서에 있는 모든 예언을 바로 그리스도의 종말과 연결시키는 것이다. 그러나 이러한 방법은 정직하지 않은 방법이다. 느부갓네살로 인하여 멸망된 포로기의 유다 공동체가 400년 이후에 찾아오는 주전 2세기의 종말만을 기다렸다면 그들에게 무슨 의미가 있었을까? 주전 2세기의 공동체가 당대의 위기와 상관없는 200년 후의 종말만을 기다렸다면 그 종말이 그들에게는 무슨 의미가 있었을까? 종말에는 당대의 위기의 종말과 역사의 종말이 있다. 매 시대마다 종말을 기다릴 때 위기의 종말과 역사의 종말을 함께 이해해야 한다. 주전 6세기의 공동체에게 위기는 바벨론 제국이다. 그러나 바벨론 제국이라는 위기의 종말과 더불어 그들은 역사의 종말을 기다렸으며, 오늘날 그리스도인들에게 역사의 종말은 곧 그리스도로 인한 종말을 의미하는 것이다. 주전 2세기의 공동체들에게 위기는 바로 그리스 제국이다. 그리스 제국의 종말을 기다리면서 그들은 역사의 종말을 함께 기다렸다. 매순간마다 위기의 종말은 찾아 왔지만 역사의 종말은 그리스도의 초림까지 보류되었다.

C. 다니엘서의 문학적 구조

다니엘서는 다음과 같은 구조로 이루어졌다.

1부(1-6장) 역사적인 포로 : 주전 6세기 포로들의 이야기
2부(7-12장) 신학적인 포로 : 주전 2세기 포로들에 관한 예언

다니엘서 1부는 주전 6세기 포로시대 디아스포라의 삶을 다루고 있는 반면에, 다니엘서 2부는 주전 2세기 안티오쿠스 4세 에피파네스 치하에서의 억압받는 공동체의 상황을 다루고 있다. 1부에서 실제적으로 이방제국에서 사

는 디아스포라의 포로 상황을 다루었다면, 2부에서는 백성들이 포로에서 팔레스타인으로 돌아오기는 하였지만 여전히 이방제국의 지배를 받는 상황의 자신들을 포로로 해석하는 것을 보여주고 있다. 1부에서는 왕을 위하여 꿈을 해석해 주는 다니엘의 모습이 나타나고, 2부에서는 직접 꿈을 통해 계시를 받고 천사의 해석을 기다리는 다니엘의 모습이 나타난다.

1부(1–6장)는 주전 6세기 포로기의 디아스포라에 관한 것이지만, 주전 2세기 안티오쿠스 에피파네스 치하에 사는 백성들은 1~6장의 예언을 자신의 시대에 성취될 예언으로 읽었다. 즉, 바벨론 포로기 가운데 종말을 기다리면서 신앙을 지키고 토라를 지켰던 디아스포라의 이야기를 안티오쿠스 4세 치하에서 팔레스타인에 살고 있는 백성들은 왕의 운명과 자신들의 운명을 보여주는 예언으로 읽었던 것이다. 역사적 포로시대를 살았던 다니엘의 예언에 따라 이스라엘 백성들은 성취될 미래를 기다리면서 안티오쿠스의 종말과 이스라엘 백성의 회복을 기다렸던 것이다.

1부(1–6장) : 역사적인 포로–주전 6세기 포로들의 이야기

A. 포로의 시작(1 : 1–21)
B. 느부갓네살 왕의 꿈(2 : 1–49)
C. 풀무불에서의 세 친구(3 : 1–30)
D. 느부갓네살 왕의 고백(4 : 37)
E. 벨사살 왕의 멸망(5 : 1–31)
F. 사자굴에서의 다니엘(6 : 1–28)

2부(7–12장) : 신학적인 포로–주전 2세기 포로들에 관한 예언

A. 그의 나라는 영원한 나라이라(7 : 1–28)
B. 정한 때, 끝에 관한 계시(8 : 1–27)
C. 포로 칠십 년의 비밀(9 : 1–27)

D. 역사 속에 나타난 하나님의 계시(10 : 1 – 12 : 13)
E. 결론(12 : 5 – 13)

D. 다니엘서에 나타난 네 왕국 사상

이제 우리는 다니엘서에서 네 왕국 사상이 어떻게 나타나는지를 살펴보려고 한다. 네 왕국 사상은 하나님 나라가 오기 전에 세상 나라의 종말이 어떻게 올 것인가를 보여줄 때 등장한다. 하나님은 종말에 관한 이러한 계시에 대하여 직접 말씀하지 않고 환상으로 보여주신다. 다니엘은 하나님이 보여주신 이 환상에 대하여 해석을 시도한다. 환상은 변함없지만 이에 대한 다니엘의 해석은 변화된다. 환상에 담긴 것은 역사의 종말과 위기의 종말이다. 역사의 종말이란 하나님의 나라가 임하기 전에 찾아오는 종말이다. 그러나 위기의 종말은 역사의 종말로 나아갈 수도 있고, 역사의 종말이 오기 전에 또 다른 위기의 종말로 나아갈 수도 있다.

다니엘이 받은 환상은 네 왕국 사상으로 여겨지는데, 네 왕국의 실체가 무엇인가 하는 것은 시대에 따라 다르게 해석되었다. 2장에서 환상은 네 금속으로 이루어진 신상이다. 7장에서 다니엘이 본 환상은 네 짐승이다. 8장에서 환상은 네 왕국 중의 일부를 상징하는 숫양과 숫염소이다. 9장에서는 네 왕국이 이루는 기간이 70년이 아니라 70이레임을 보여준다. 10~12장에서는 네 왕국에 존재하는 왕들의 역사를 보여준다. 다니엘은 하나님이 보여주신 환상을 잘 파악하지 못해 당황하였다. 그러나 점차적으로 환상을 이해하게 된다. 다니엘이 환상을 어떻게 이해하게 되었는지 살펴보자.

처음에 다니엘은 하나님 나라가 오기 전에 맞이할 것은 네 왕이라고 생각하였다.

느부갓네살	아멜-마르둑	네리글리살	나보니두스	하나님의 나라

2장에서 다니엘이 본 환상은 네 금속이다. 다니엘은 이 환상을 바벨론이 멸망하기까지의 네 왕인 느부갓네살, 아멜-마르둑, 네리글리살 그리고 나보니두스로 여겼다. 다니엘은 느부갓네살 왕을 포함하여 네 왕이 지난 후에 바벨론이 멸망할 것을 기대하였다. 이때 네 금속의 환상은 네 왕으로 해석되었다. 다니엘이 바벨론의 멸망을 여전히 확신하고 있을 때 다니엘은 네 왕국에 관한 환상을 받는다. 아직 바벨론이 멸망하기 전인 벨사살 왕 원년과 3년에 다른 환상을 받게 된다. 7장에서 네 짐승에 관한 환상을 받고, 8장에서는 두 짐승에 관한 환상을 받게 되는데 이는 모두 네 왕국에 관한 환상이었다. 7장과 8장에서 다니엘이 자신이 받은 환상을 깨닫지 못한 이유는 여전히 바벨론의 멸망과 더불어 종말이 오리라고 생각하였기 때문이다. 연속적인 나라를 상징하는 네 왕국 사상과 네 왕 이후에 오는 바벨론의 멸망이 조화를 이루지는 못하였다.

둘째로, 다니엘이 환상의 의미에 대하여 깨달은 것은 바벨론의 멸망을 경험하고 나서이다. 바벨론이 멸망하였음에도 불구하고 하나님의 나라가 오지 않자 다니엘은 하나님으로부터 계시를 구한다(단 9 : 1-2). 바벨론이 멸망하였는데도 종말이 오지 않았기 때문에 다니엘은 이제 종말이 오기 전에 이루어지는 것은 바벨론의 멸망이 아니라 70년이 지나는 것이라고 생각한다(단 9 : 2). 그래서 다니엘은 포로 70년의 의미를 깨닫기 위하여 기도하였는데 깨달음은 포로 70년이 아니라 포로 70이레였다. 그러나 아직 70이레는 네 왕국 사상과 연결되지 않았다. 단지 70이레는 예순 두 이레와 일곱이레의 구조로 이루어지고 종말까지 반 이레가 남았을 때 핍박의 절정에 이르게 됨을 알게 된다(9 : 27). 여기서 세 때 반이라는 기간은 7장에서는 한 때, 두 때, 그리고 반 때(7 : 25), 8장에서는 2300주야로 불린 기간이다. 11장에 이르게 되면 네 나라와 70이레가 연결되면서 네 왕국이 70이레 동안 어떻게 존재하는지를 보여준다. 11장에 이르기까지 암시하는 것은 네 왕국이 바벨론, 메대, 바사, 그리스라는 것이다. 네 왕국은 다음과 같이 이해된다.

바벨론	메대	바사(페르시아)	그리스	하나님의 나라

여기에서 마지막 왕국을 그리스로 보는 견해에서 로마로 보는 견해로 바뀔 때 메대의 역할이 중요하다.

1. 네 왕국 사상의 해석: 메대 왕국의 딜레마

다니엘서 7~12장에서 네 왕국 사상이 전승으로 형성된 후에는 네 왕국들이 실제로 어떠한 왕국들인가에 초점이 모아졌다. 이스라엘 역사에서 원래 네 왕국 사상의 기능은 현재 통치하는 왕국의 멸망을 제시하는 것이었다. 그러나 네 왕국의 실체는 시대적인 상황에 따라 변화되었다. 근동 국가 문헌들에서도 네 번째 왕국을 그리스로 보거나 로마로 보고 있다. 다니엘서 본문의 네 왕국을 어떻게 해석하는가 하는 문제는 메대 왕국에 대한 이해와 관련된다. 즉, 메대 왕국을 바사(페르시아) 왕국과 분리할 경우에는 네 번째 왕국이 그리스 왕국이 된다. 그러나 메대 왕국을 바사(페르시아) 왕국과 함께 메대-바사 왕국을 한 나라로 여길 때 네 번째 왕국을 로마로 여길 수 있다.

다니엘서 바깥의 역사적인 자료를 가지고 메대 왕국을 논하는 것은 가능하지 않음으로 메대 왕국의 존재를 논할 때는 다니엘서의 본문 안에서 접근하여야 한다. 다니엘서 본문에서 메대 왕국은 독립적인 왕국으로 묘사되기도 하고, 페르시아와 함께 한 나라를 이루는 것으로 표현되기도 한다. 한편으로 다니엘서에서 메대 왕국은 바벨론 왕국과 바사 왕국 사이에 존재하는 왕국으로 이해된다. 바벨론의 벨사살 왕의 뒤를 이어(5 : 31) 메대 사람 아하수에르의 아들 다리오가 62세 때 왕으로 즉위하였고(9 : 1), 뒤를 이어 바사 사람 고레스가 왕위에 올랐다(6 : 28; 10 : 1). 다니엘서 11장에서도 메대 사람 다리오의 뒤를 이어 바사의 왕들이 일어난다고 묘사한다(11 : 1, 2). 다른 한편으로 메대 왕국과 바사 왕국은 한 왕국처럼 묘사된다. 벨사살의 멸망을 선포하는 다니엘의 예언에서 벨사살 왕의 나라는 나뉘어서 메대 왕국이 아니라 "메대와 바사" 사람에게 준바 되었다고 묘사한다(5 : 28). 메대 사람 다리오가 통치할 때 신하들이 왕 외의 어떤 신에게나 사람에게 구하면 사자 굴에 넣기로 한 규례가 메대 왕국이 아니라 "메대와 바사"의 고치지 못하는 규례라고 세 번씩이나 표현하고 있다(6 : 8, 12, 15). 다니엘의 환상에서도 메대와 바사를 서로 다른 짐승으로 표현하지 않고 수양의 두 뿔로 표현한다(8 : 20). 한 짐승을 두 나라로 표현함을 통하여 메대와 바사가 한 왕국인 것처럼 나타내고 있는 것이다.

다니엘서 7~12장에 나타나는 종말에 관한 예언의 공통적인 특징은 네 왕국을 언급하면서 지상에 나타나는 왕국들이 결국은 멸망하고 마지막에 하나님 나라가 들어선다는 것이다. 과연 네 왕국은 어떠한 나라들인가? 메대와 바사를 한 나라로 이해하는가 또는 두 나라로 이해하는가에 따라 다음과 같이 두 가지 방법의 해석이 가능하다.

첫째로, 메대를 한 나라로 보고 마지막 왕국을 그리스로 해석하는 것이다. 이러한 이해는 그리스 당대의 사건을 설명할 수 있지만, 그리스 왕국의 멸망 이후에 새로운 로마 왕국이 세워진 것을 어떻게 설명할 수 있겠는가? 이 경우 네 번째 왕국의 마지막 왕인 그리스의 안티오쿠스 왕을 상징적인 존재로 보고 그를 악의 화신으로 보는 것이다. 역사의 종말이 오기까지 거듭해서 그리스의 안티오쿠스 같은 존재가 나타날 것으로 보는 것이다. 물론 역사적인 안티오쿠스의 종말이 실현되기 전까지는 안티오쿠스의 종말과 하나님 나라의 도래 간에 간격이 존재한다는 것이 인식되지 않았다. 그러나 안티오쿠스의 종말 후에 하나님 나라가 찾아오지 않자 이 간격이 신학적으로 인식되기 시작하였다. 그리하여 다니엘서에서 새롭게 형성되는 상징은 네 번째 왕국과 작은 뿔, 그리고 하나님의 나라이다. 매 시대마다 위기의 근원인 네 번째 왕국의 작은 뿔은 존재할 것이며, 이 세력은 하나님의 나라가 도래하기 전에 교회를 위협하는 세력들이다(마 24 : 15). 인간의 역사 가운데 네 번째 왕국과 작은 뿔이 거듭 반복될 것이며, 하나님의 시간에 이에 대한 심판과 더불어 하나님의 나라가 올 것이다. 인자의 등장과 함께 영원한 하나님 나라가 이루어질 것이다.

두 번째로, 메대와 바사를 한 나라로 보고 네 번째 왕국을 그리스가 아니라 로마로 이해하도록 본문을 다시 읽는 것이다. 그리스 시대에 네 번째 왕국을 그리스로 이해하였지만, 그리스의 멸망 후에 로마를 다섯 번째 왕국으로 이해하는 것이 아니라 네 번째 왕국으로 재해석할 때 이러한 입장을 취하였다. 이러한 해석은 바로 예수 그리스도의 초림에 의하여 이미 종말이 이 땅에 왔다고 보는 기독론적인 이해에서 출발한다. 예수님의 초림을 통하여 하나님 나라는 시작되었으며 예수님의 재림을 통하여 완전한 하나님의 나라가 오리라고 이해할 때, 우리는 다니엘서에서 기대하던 하나님의 나라가 예수 그리스도의 오심과 더불어 성취되었다고 이해하게 된 것이다. 이때 하나님 나라의 도래는 로마라는 왕국 이후에 나타나고, 로마는 네 번째 왕국으로 해석할 근거를 제시하게 된다.

그리하여 로마를 마지막 왕국으로 보는 견해는 네 왕국을 다음과 같이 이해한다.

바벨론	메대-바사(페르시아)	그리스	로마	하나님 나라

그리스 왕국이 멸망한 후에 학자들은 다니엘서 최종본문을 상징적으로 해석하기보다는 마지막 왕국을 로마로 일치시키는 시도를 하였다. 동시에 70이레의 틀도 기독론적으로 예수의 초림에 맞춘다. 이러한 견해는 메대와 바사를 한 나라로 이해함으로 이루어진다.

2. 네 왕국 사상에 대한 결론

다니엘서의 네 왕국 사상의 핵심은 네 번째 왕국의 실체를 밝히는 것이 아니라, 네 왕국 사상이 이스라엘 백성들의 종말사상에 어떤 역할을 하는가이다. 네 왕국 사상은 현재 존재하는 왕국을 위기의 근원으로 이해하고 위기의 종말과 역사의 종말을 구분하지 않고 선포한다. 예수를 구주로 고백하는 그리스도인의 눈으로 다니엘서를 읽을 때 네 왕국은 바벨론, 메대-바사, 그리스, 로마의 네 왕국으로 해석할 수 있다. 이렇게 해석하기까지 다니엘의 환상을 해석하는 공동체는 시행착오를 거쳤다. 처음에 네 왕으로 이루어진 바벨론의 멸망을 기다리면서 공동체가 핍박을 이기도록 도왔다. 바벨론이 멸망한 후에 새로운 위기는 그리스였다. 네 왕국 사상의 마지막 나라는 그리스로 해석되었다. 주전 2세기에 다니엘서의 최종 본문은 다니엘의 예언에 따라 칠십 이레가 마치는 시점에 그리스 왕국의 종말과 더불어 하나님의 나라가 임할 것을 예언하였다. 그러나 그 이후에 중간사를 거쳐 기독교 시대에 종말이 임하기 직전에 올 마지막 나라는 로마왕국으로 재해석되었다. 역사적 포로 70년 이후에 기대했던 하나님의 나라는 로마 왕국 이후에 올 것으로 기대되었다.

제 I 부

역사적인 포로 : 주전 6세기 포로들의 이야기

다니엘서 1~6장

A. 포로의 시작(1 : 1－21)

B. 느부갓네살 왕의 꿈(2 : 1－49)

C. 풀무불에서의 세 친구(3 : 1－30)

D. 느부갓네살 왕의 고백(4 : 1－37)

E. 벨사살 왕의 멸망(5 : 1－31)

F. 사자굴에서의 다니엘(6 : 1－28)

| 다니엘서 1~6장 |

역사적인 포로 : 주전 6세기 포로들의 이야기

다니엘서 1부는 다니엘과 디아스포라가 경험한 주전 6세기 포로들의 이야기이다. 1부에서의 다니엘은 디아스포라 중의 한 사람이면서 동시에 다른 디아스포라들과는 다른 특징을 가진 인물로 묘사되고 있다. 그는 다른 포로민들이 가슴 깊숙이 느꼈던 포로의 역사를 경험하고 그 경험 속에서 드러나는 신학을 체득한다. 다른 한편 다니엘은 장차 신학적인 포로를 경험하는 자들을 위하여 예언한다. 1~6장은 포로의 역사에 근거하고 있지만 단지 포로들의 이야기를 역사적으로 나열한 것은 아니다. 포로의 신학을 전달하기 위하여 의도적으로 포로들의 이야기를 배치하고 있다.

A. 포로의 시작(1 : 1－21)

B. 느부갓네살 왕의 꿈(2 : 1－49)

C. 풀무불에서의 세 친구(3 : 1－30)

D. 느부갓네살 왕의 고백(4 : 1 - 37)

E. 벨사살 왕의 멸망(5 : 1 - 31)

F. 사자굴에서의 다니엘(6 : 1 - 28)

A. 포로의 시작(1 : 1 - 21)

1유다 왕 여호야김이 다스린 지 삼 년이 되는 해에 바벨론 왕 느부갓네살이
예루살렘에 이르러 성을 에워쌌더니 2주께서 유다 왕 여호야김과 하나님의
전 그릇 얼마를 그의 손에 넘기시매 그가 그것을 가지고 시날 땅 자기 신들의
신전에 가져다가 그 신들의 보물 창고에 두었더라 3왕이 환관장 아스부나스
에게 말하여 이스라엘 자손 중에서 왕족과 귀족 몇 사람 4곧 흠이 없고 용모
가 아름다우며 모든 지혜를 통찰하며 지식에 통달하며 학문에 익숙하여 왕궁
에 설 만한 소년을 데려오게 하였고 그들에게 갈대아 사람의 학문과 언어를
가르치게 하였고 5또 왕이 지정하여 그들에게 왕의 음식과 그가 마시는 포도
주에서 날마다 쓸 것을 주어 삼 년을 기르게 하였으니 그 후에 그들은 왕 앞
에 서게 될 것이더라 6그들 가운데는 유다 자손 곧 다니엘과 하나냐와 미사엘
과 아사랴가 있었더니 7환관장이 그들의 이름을 고쳐 다니엘은 벨드사살이라
하고 하나냐는 사드락이라 하고 미사엘은 메삭이라 하고 아사랴는 아벳느고
라 하였더라 8다니엘은 뜻을 정하여 왕의 음식과 그가 마시는 포도주로 자기
를 더럽히지 아니하리라 하고 자기를 더럽히지 아니하도록 환관장에게 구하
니 9하나님이 다니엘로 하여금 환관장에게 은혜와 긍휼을 얻게 하신지라 10환
관장이 다니엘에게 이르되 내가 내 주 왕을 두려워하노라 그가 너희 먹을 것
과 너희 마실 것을 지정하셨거늘 너희의 얼굴이 초췌하여 같은 또래의 소년
들만 못한 것을 그가 보게 할 것이 무엇이냐 그렇게 되면 너희 때문에 내 머
리가 왕 앞에서 위태롭게 되리라 하니라 11환관장이 다니엘과 하나냐와 미사

> 엘과 아사랴를 감독하게 한 자에게 다니엘이 말하되 [12]청하오니 당신의 종들
> 을 열흘 동안 시험하여 채식을 주어 먹게 하고 물을 주어 마시게 한 후에 [13]당
> 신 앞에서 우리의 얼굴과 왕의 음식을 먹는 소년들의 얼굴을 비교하여 보아
> 서 당신이 보는 대로 종들에게 행하소서 하매 [14]그가 그들의 말을 따라 열흘
> 동안 시험하더니 [15]열흘 후에 그들의 얼굴이 더욱 아름답고 살이 더욱 윤택하
> 여 왕의 음식을 먹는 다른 소년들보다 더 좋아 보인지라 [16]그리하여 감독하는
> 자가 그들에게 지정된 음식과 마실 포도주를 제하고 채식을 주니라 [17]하나님
> 이 이 네 소년에게 학문을 주시고 모든 서적을 깨닫게 하시고 지혜를 주셨으
> 니 다니엘은 또 모든 환상과 꿈을 깨달아 알더라 [18]왕이 말한 대로 그들을 불
> 러들일 기한이 찼으므로 환관장이 그들을 느부갓네살 앞으로 데리고 가니 [19]
> 왕이 그들과 말하여 보매 무리 중에 다니엘과 하나냐와 미사엘과 아사랴와
> 같은 자가 없으므로 그들을 왕 앞에 서게 하고 [20]왕이 그들에게 모든 일을 묻
> 는 중에 그 지혜와 총명이 온 나라 박수와 술객보다 십 배나 나은 줄을 아니
> 라 [21]다니엘은 고레스 왕 원년까지 있으니라

다니엘서 1장은 책 전체의 서론으로서 2~6장에 나오는 다른 이야기의 정황과 배경을 제시하면서 다니엘서에 있는 모든 인물들을 소개하고 있다. 3장과 6장에서 궁중의 지혜를 다룬 반면에 4장과 5장에서는 궁중의 지혜를 넘어서는 묵시적 지혜를 다루는데, 1장은 궁중의 지혜와 묵시적인 지혜를 모두 다루고 있다(1 : 17). 다니엘과 그의 친구들은 모두 궁중의 지혜에 뛰어나지만, 특히 다니엘은 이를 뛰어넘어 꿈과 환상을 해석하는 지혜를 가지고 있다. 다니엘서 1 : 1~2은 포로의 시작을 자세히 서술하면서 다니엘서의 최종 편집자의 주요 관심사인 포로의 마지막을 12장에서 다루기를 기대하고 있다. 이와 같이 다니엘서 1장의 내용이 포로의 시작에 관한 것이지만, 이미 포로가 시작되었다는 전제 아래 포로가 어떻게 시작되었는가에 대한 역사적인 관심보다는 포로의 시작을 신학적으로 이해하고, 어떻게 디아스포라들이 믿음을 지켰는지를 설명하고 있다. 1장을 전체적으로 살펴보면 다음과 같은 문학적

구조를 가지고 있다 : 1. 배경 : 포로의 현실(1-2절) ; 2. 바벨론 왕궁에 발탁된 유대 청년들(3-7절) ; 3. 다니엘의 시험(8-17절) ; 4. 시험의 결과(18-21절)

1. 배경 : 포로의 현실(1 : 1-2)

[1 : 1-2] 다니엘서는 포로가 시작된 직후의 포로에 대한 자세한 진술이라기보다 이미 시작된 포로생활을 전제하고 있다(1 : 1-2). 본문을 통해 알 수 있는 포로에 관한 정보는 다음과 같다 : 1) 포로의 시작은 여호야김 3년이다 ; 2) 그때에 느부갓네살이 예루살렘에 이르러 예루살렘을 에워쌌다 ; 3) 하나님은 여호야김과 하나님의 전 기구 얼마를 느부갓네살에게 붙이셨다 ; 4) 느부갓네살은 하나님의 전 기구를 자기 신의 보고에 두었다.

포로의 시작을 여호야김 3년으로 보려는 시도는 열왕기하와 예레미야에 근거하지만, 두 책은 연호 계산이 서로 다르다. 즉, 예레미야서에 나타나는 애굽식 연호계산은 즉위연도를 1년으로 계산하는 반면에, 다니엘서에 나타나는 바벨론식 연호계산은 즉위년을 즉위연도에 포함하지 않는다. 그러므로 애굽식으로는 여호야김 4년이 되고, 바벨론식으로는 여호야김 3년이 되는데, 이는 모두 주전 605년이 되는 것이다. 다니엘서에서는 여호야김 3년(주전 605년)을 포로의 시작으로 보고, 고레스 3년(10 : 1 ; 주전 536년)을 포로의 마지막으로 보고 있다. 열왕기하와 예레미야에 따르면 역사적으로 포로가 세 번에 걸쳐서 이루어졌다. 여호야김 3년은 느부갓네살이 팔레스타인을 장악한 시점인 605년이고, 597년은 여호야긴이 잡혀가는 시점, 그리고 586년은 예루살렘이 완전히 멸망하는 시점인데 다니엘서의 기자는 느부갓네살이 팔레스타인을 장악한 여호야김 3년을 포로의 시작으로 보고 있다. 예레미야 25 : 1과 46 : 2을 고려한다면 갈그미스(Carchemish)전투가 일어난 605년에 느부갓네살이 갈그미스에서 애굽 군대를 쳐부수고 수리아 팔레스타인 지역에서 신바벨론 제국의 지배권을 굳게 하였다. 이때 예레미야는 비로소 북방에서 오는 적(렘 1 : 14 ; 6 : 22)이 바로 바벨론임을 밝히고, 바벨론에 의한 칠십 년 포로를 선포한다(렘 25 : 11). 역사적으로 아직 포로가 시작되지는 않았지만, 다니엘서의 저자는 이 시점이 회개해도 돌아올 수 없는 임계점으로 포로의 시작이 되었음을 암시한 것이다.

느부갓네살 왕이 예루살렘에 와서 에워싸고 기명을 바벨론에 가져갔다는 역사적인 사실은 역대기하의 자료를 취하고 있다.

> "여호야김이 왕위에 오를 때에 나이가 이십오 세라 예루살렘에서 십일 년 동안 다스리며 그의 하나님 여호와 보시기에 악을 행하였더라. 바벨론 왕 느부갓네살이 올라와서 그를 치고 그를 쇠사슬로 결박하여 바벨론으로 잡아가고 느부갓네살이 또 여호와의 전 기구들을 바벨론으로 가져다가 바벨론에 있는 자기 신당에 두었더라"(대하 36 : 5 – 7).

> "여호야긴이 왕위에 오를 때에 나이가 팔 세라 예루살렘에서 석달 열흘 동안 다스리며 여호와 보시기에 악을 행하였더라 그 해에 느부갓네살 왕이 사람을 보내어 여호야긴을 바벨론으로 잡아가고 여호와의 전의 귀한 그릇들도 함께 가져가고 그의 숙부 시드기야를 세워 유다와 예루살렘 왕으로 삼았더라"(대하 36 : 9 – 10).

다니엘서는 유다의 마지막 왕을 여호야긴이 아니라 여호야김으로 본다. 포로의 시작은 여호야김 시대에 이루어졌다. 역대기하에 따르면 느부갓네살 왕이 와서 왕을 결박하고 전 기구 일부를 바벨론으로 가져간 경우가 두 번 있는데 여호야김 왕과 여호야긴 왕이 즉위했을 때이다. 그러므로 다니엘서는 역대기서의 전통에 따라 여호야김 시대에 하나님의 전 기구 모두가 아니라, '하나님의 전 기구 얼마'를 느부갓네살 왕의 손에 두었다고 말한다.

다니엘서 기자는 하나님이 유다 왕과 하나님의 전 기구 얼마를 느부갓네살 왕의 손에 넘기심으로 포로가 시작되었다고 말한다. 역사를 객관적으로 보면 느부갓네살 왕은 예루살렘을 함락하고, 기명의 일부를 가져와서 자기 신들의 신전 보물창고에 전리품으로 전시하면서 승리를 축하하였다. 누가 보아도 느부갓네살 왕의 승리였다. 그러나 다니엘서 저자는 "그의 손에 넘겼다고" 표현함으로써 이것이 느부갓네살 왕이 성취한 승리가 아니라 여호와 하나님의 주권으로 그분의 계획과 허락 아래 포로가 시작되었음을 고백한다. 유다-이스라엘 백성들이 가나안 땅에 있을 때 하나님은 유다 왕조를 통하여 그들을 통치하셨지만, 포로시대에 하나님은 이방 왕에게 권세를 주시고 유다-이스라엘 백성을 다스리게 하신다. 동시에 이 말은 하나님의 때가 되면 하나님의 주권 아래 포로가 끝날 것이라는 종말론적인 기대도 동반하고 있다. 즉, 바벨론은 분명 이스라엘 민족에게 있어 정복자이지만, 다른 한편으로는 바벨론 위에 하나님이 계심을 신앙의 눈으로 바라보았다는 것이다. 그들의 역사관에 따르면 바벨론이 자신의 능력으로 정복자가 된 것이 아니라 하나님이 포로를 시작하게 하셨으며, 때가 되면 하나님의 능력으로 포로를 끝내실 것이라는 신앙이 있었다. 2절 이후부터는 바로 이렇게 시작된 포로 기간의 전제 아래 흩어진 유다와 이스라엘 백성들의 삶을 다루고 있다.

2절에서 '시날'이라는 이름은 바벨의 옛 이름으로 바벨탑 이야기에서 사용되었다(창 11 : 2). 정복자들이 멸망한 민족의 성전을 약탈하여 성물이라고 여기는 것들을 전리품으로 자신의 신전에 두는 것은 고대에서는 흔히 볼 수 있는 일이었다(단 11 : 8 ; 대하 36 : 7 ; 스 5 : 14). 본문은 바벨론의 왕이 하나님 성전의 기명들을 시날 땅에 둠으로 인하여 창세기 11장에서 바벨탑 사건을 통하여 인간의 언어를 나누고, 인간의 능력으로 하늘에 이르려던 인간의 시도를 좌절시켰던 바벨탑 사건을 원상복귀시키려는 현상을 진술하면서 하나님이 이 포로를 통하여 어떤 일을 하실 것인지 하나님의 능력과 권위에 대한 질문을 하게 한다(Seow, 23).

2. 바벨론 왕궁에 발탁된 유대 청년들(1 : 3-7)

[1 : 3-7] 1~2절에서 포로는 시작되었고, 3절에서는 정복자에 대한 저항 없이 포로생활은 시작되었다고 말한다. 이는 다니엘서가 열왕기상하와는 달리 포로 직후에 쓰이지 않고 포로생활이 어느 정도 지나고 나서 쓰였음을 알게 한다. 포로들은 하나님께서 자신들을 느부갓네살 왕에게 넘기셨다는 것을 받아들이고, 그곳에 정착하여 사는 것을 이미 운명으로 받아들인 자들이다. 그리고 그때는 포로들 가운데 능력과 자격을 겸비한 자들은 훈련을 시켜서 왕과 바벨론을 위하여 일하게 하는 것이 왕의 정책이었다. 그런데 이 정책이 반드시 차별이 없다고 볼 수는 없다. 왜냐하면 기회가 공평하게 주어졌다고 보기보다는 포로들 간의 경쟁을 통하여 제국을 이롭게 할 사람들에게만 기회가 주어졌기 때문이다. 기회는 오직 '왕궁에 설 만한'(1 : 4) 엘리트들에게만 주어졌다. 인재를 발탁하는 임무는 내시들 중의 장(長)인 환관장이 맡았다. 발탁된 사람들은 포로로 잡혀온 이스라엘 백성들 중의 왕족과 귀족들이다. 잡혀온 사람들을 위하여 이스라엘이라는 표현을 하고 있는데(1 : 3), 이는 남 유다만이 아니라 열두 지파를 포함한 통일된 이스라엘을 나타내는 표현임을 알 수 있다. 즉, 북 왕국이 멸망하여 일부는 앗수르에 의하여 잡혀가고 남은 백성들의 일부가 남쪽으로 피난 왔을 때, 남 유다는 이 백성을 남은 지파로 인정하고 그들과의 합류를 열두 지파의 통일로 이해했기 때문에 자신들을 단순히 유다로만 이루어진 종족이 아니라 열두 지파로 이루어진 종족으로 이해하였다. 그래서 현실적으로는 유다 중심으로 일부 피난민을 동화시킨 것이지만 신학적으로는 열두 지파로 이루어진 이스라엘을 의미한다. 왕이 발탁한 자들은 이스라엘 자손이며(1 : 3-4), 다시 그 중에서 유다 자손을 구분하고 있다(1 : 6). 다시 말해 이스라엘은 포로로 끌려온 민족 전체를 의미하고, 유다 자손은 지파적인 표현으로 사용되었다. 이스라엘의 통일성을 강조하면서도 유대인들의 구별성을 보여주려는 의도이다.

발탁될 인재들의 조건은 다음과 같은 것이다(4절) : 흠이 없고 용모가 아름다우며 모든 지혜를 통찰하며 지식에 통달하며 학문에 익숙하여. 이 조건들은 크게 둘로 나눌 수 있는데, 하나는 육체적인 완벽함으로 '흠 없고, 아름다운 것'이며, 다른 하나는 지식의 조건으로 '모든 재주를 통달하며, 지식을 구비하며, 학문에 익숙한 자'이다. 흠이 없다는 것은 제사장의 자격 규정(레 21 : 16 – 24)과 하나님께 드리는 동물의 자격(레 22 : 19 – 21)에서도 사용되는 용어이다. 모습이 아름답다는 것은 왕족의 특징이다(삼상 9 : 2 ; 10 : 23 ; 16 : 12, 18). '통찰하다'는 단어는 후에 고난과 죽음을 겪으면서 많은 사람을 옳은 길로 인도하는 자들에게 붙여진 용어이다(11 : 33, 35 ; 12 : 3, 10). 하나님의 도구로 사용되는 조건들이 바벨론에서 인재의 조건으로 여겨지는 것이 특이하다고 볼 수 있다(Seow, 24 ; Lacocque, 27).

갈대아라는 말은(1 : 4) 앗수르 비문에 보면 주전 9세기부터 여러 부족으로 이루어진 남 바벨론 지역의 이름으로 나타나는데, 이들 자료에서 갈대아란 나보폴라자르(Nabopolassar)가 세운 바벨론 통치자의 왕조를 의미한다. 다니엘서 이외에서 갈대아라는 말은 일반적으로 바벨론 백성을 의미한다. 다니엘서에서도 이 말은 인종적인 의미를 포함한다(5 : 30 ; 9 : 1). 그러나 다른 경우에서 갈대아라는 말은 현자들 가운데 한 부류를 의미하는 전문가의 의미가 있고, 헬레니즘 시대에 이르면 점성술이나 점쟁이 등의 용어와 동의어이기도 하다(Lucas, 53). 선택된 청년들이 훈련을 받는 목표는 왕 앞에 서서 왕의 일을 하기 위함이다. 훈련을 받는 동안 그들은 특별한 위치에서 왕에게서 날마다 쓸 것을 공급받는다(왕하 25 : 27 – 30).

이 청년들 중에 네 명의 유대 청년들이 있었는데, 환관장은 그들의 이름을 고쳐준다. 다니엘은 벨드사살로, 하나냐는 사드락으로, 미사엘은 메삭으로, 아사랴는 아벳느고라고 불렀다. 원래 히브리 이름의 특징에는 모두 여호와의 이름이 포함되었지만, 변경된 이름에는 이방 신을 담은 것으로 보인다. 다니엘은 '하나님이 판단하셨다.', 하나냐는 '여호와께서 은혜로우시다.', 미사엘은 '누가 하나님이신가?', 아사랴는 '여호와께서 도우신다.'라는 뜻이다. 이에 비하여 바뀐 이름으로 벨드사살은 '왕의 생명을 보호하신다.', 사드락은 '아코의 명령', 메삭은 '누가, 무엇이 아코인가?', 아벳느고는 원래 아벳느보라는 말로 '느보를 섬기는 자'라는 뜻이다. 다니엘서에서는 형식적으로 이름이 바뀌는 것에 대하여 당사자들이 저항하는 것은 보이지 않고, 저자도 비판하지 않는다. 그렇게 이름이 바뀌었음에도 불구하고 저자는 바뀐 다니엘의 이름인 벨드사살을 오직 여덟 절에서만 사용하고(1 : 7 ; 2 : 26 ; 4 : 8, 9, 18, 19 ; 5 : 12 ; 10 : 1), 70회 이상을 원래 이름인 다니엘로 사용하고 있다. 바벨론 사회에서 이름의 변경은 포로로서 그 사회에 적응해야 하는 불가피한 것임을 인정하면서도, 일상적인 삶에서는 히브리식 이름 그대로를 사용함으로써 한계 안에서 간접적인 저항을 하고 있음을 알 수 있다.

3. 다니엘의 시험(1 : 8 – 17)

[1 : 8–17] 포로의 삶은 적응과 구별로 표현할 수 있다. 적응이란 바벨론 왕에게 충성을 다짐하고, 이름을 바꾸는 것을 허용하는 것으로 나타난다. 그러나 포로의 적응 한계는 바로 하나님에 대한 충성심이다. 다니엘이 결심한 것은 왕의 진미와 포도주로 자신을 더럽히지 않겠다는 것이다. 이를 통해 포로시기에 하나님을 향한 자신의 충성심을 보여주고 있는데, 이렇듯 다니엘이 왕의 진미와 포도주를 금하기로 결심한 것은 신앙적인 이유로 보아야 할 것이다. 더럽힌다는 단어는 '가알'로서 구약 후기 문헌에 주로 나타난다(사 59 : 3 ; 63 : 3 ; 스 2 : 62 ; 느 7 : 64 ; 애 4 : 14 ; 말 1 : 7, 12). 이방나라에서 술과 고기는 일반적으로 우상에게 제물로 바쳐진 후에 음식물로 제시되곤 하였다(신 32 : 38 ; 행 15 : 29)(Goldingay, 18 – 19). 본문의 강조점은 채식주의가 아니라, 하나님을 향한 신앙의 표현의 내용이 음식의 절제로 나타난 것이다.

다니엘이 환관장에게 간청하였을 때 하나님은 다니엘이 환관장에게 은혜를 입게 하신다. 처음 다니엘이 왕의 음식과 그가 마시는 포도주로 자신을 더럽히지 않으려고 했을 때 특별한 방법이 떠오르지 않았을 것이다. 그러나 환관장의 반응은 강압적이지 않다. 포로 주제에 어떻게 그러한 생각을 하느냐고 무시하지 않고 자기가 맡은 책임을 말하면서 지정된 시간에 다니엘과 세 친구의 몸이 초췌하면 자신의 목숨이 위험하다고 말한다. 뜻밖에도 환관장은 다니엘의 간청을 종교적인 것으로 받아들이지 않고, 자신에게 맡겨진 책임 수행과 관련해서만 따진다. 즉, 다니엘이 신앙적인 이유나 신앙적인 이유가 아니든 상관하지 않고 육체적으로 드러나는 결과만을 따지겠다는 의사의 표현이다.

환관장의 대답을 듣고 다니엘은 뜻을 정한 자신의 선택을 하나님이 돕고 계시다고 확신한다. 하나님이 자신을 건강하게 하시기만 한다면 자신이 신앙의 정절을 지킬 수 있기 때문이다. 다니엘은 오히려 확신에 차서 한 걸음 더 나아가 환관장에게 제안을 한다. 열흘 동안 시험적으로 채식만 하는 자신들과 왕의 진미를 먹는 다른 청년들을 비교해 보라는 것이다. 그리고 그 결과에 따라 왕의 진미를 금해도 되는지를 결정하라는 것이다. 환관장의 반응은 긍정적이다. 그리고 결과를 지켜보니 "그들의 얼굴이 더욱 아름답고 살이 더욱 윤택하여 왕의 음식을 먹는 다른 소년들보다 더 좋아 보인지라"(1 : 15). 감독하는 자들이 내린 결정은 무엇인가? 다니엘과 세 친구들이 왕의 진미를 거부한다할지라도 그들이 육체적인 강인함을 유지한다는 효율성을 확인하기만 한다면 그대로 받아들이겠다는 것이다. 다니엘은 뜻을 정한 자신과 세 친구와 동행하시는 하나님께서 신앙의 정절을 위하여 육체의 강인함을 보장해 주실 것을 믿는 것이다. 열흘 동안 시험해 본 결과 채식을 먹은 다니엘과 세 친구의 육체가 더 좋아 보임으로 감독한 자가 채식을 취하는 것을 허락하게 된다. 그들이 육체적으로 강인해진 것은 채식 때문이 아니다. 자신의 몸을 더럽히지 않으려는 결심에 대한 하나님의 기적의 응답일 뿐이다. 다니엘은 뜻을 정하였지만, 하나님은 육체적인 건강함으로 응답하신다.

마지막 17절은 본문의 문맥상 조금 어색해 보이지만 저자의 의도가 담겨 있다. 17절은 네 소년들이 뜻을 정하고 신앙의 정결을 보여주었기 때문에 하나님이 주신 선물의 내용이다. 즉, 네 소년이 같은 교육을 받는 바벨론의 다른 청년들보다 학문과 재주의 학습에 뛰어나다는 것이다. 하나님은 뜻을 정한 다니엘과 세 친구에게 육체적으로 강인할 뿐 아니라 박수와 술객보다 열 배의 지혜를 허락하신다. 다니엘은 다른 포로민들이 가슴 깊숙이 느꼈던 포로의 역사를 경험하고 그 경험 속에서 드러나는 신학을 체득한다. 그런데 이 네 친구들 중에서도 다니엘에게는 특별한 능력이 주어진다. 그것은 모든 환상과 꿈을 깨닫는 능력이 주어졌다는 것이다. 이 환상과 꿈은 학습을 통하여 얻을 수 있는 것이 아니라 하나님의 선물로 주어지는 것이다. 본문의 문맥에서 이와 같이 다니엘이 다른 친구들과 구별되는 이유는 무엇인가? 먼저, 다니엘과 세 친구들을 바벨론의 술객들과 구별할 때는 오직 뜻을 정하여 음식 가운데 신앙을 고백한 네 사람의 신앙으로 볼 수 있지만, 다니엘과 세 친구들의 구별은 오직 하나님의 선택적인 은혜로밖에 볼 수 없다. 이러한 은사는 앞으로 꿈을 해석하는 다니엘의 능력과 관련된다.

4. 시험의 결과(1 : 18－21)

[1 : 18-21] 삼 년의 기간이 끝난 후에 환관장은 훈련시킨 청년들을 왕 앞에서 시험을 받게 하였다. 시험의 내용은 육체적인 강인함과 지적인 능력이었다. 본문에는 육체적인 강인함에 대한 언급은 없지만 이미 전제되어 있음을 알 수 있다. 단지 왕은 바벨론 학문에 대한 것을 시험하기 원했다. 다른 청년들에 비하여 유대 청년들이 학문에 있어서 십 배나 뛰어남이 판명되어 그들은 왕의 소년들 중에서 발탁되었다. 다니엘은 이 시기에 발탁되어 고레스 원년까지 있었고(1 : 21) 고레스 삼 년에 예언한다고 말하는 것은(10 : 1) 아마도 고레스 원년까지 공직에 있었고 고레스 삼 년에는 공직에서 물러났고 그럼에도

계속하여 예언하고 있었음을 알 수 있다.

설교를 위한 묵상

1. 다니엘서 1장은 하나님의 허락하심으로 이루어진 포로기를 사는 유대 청년들이 율법에 나오는 음식규정을 준수하여 육체적인 면과 지식적인 면에서 바벨론 청년들보다 뛰어난 결과를 보여 바벨론 땅에서 승리함으로써 디아스포라들이 포로시대를 어떻게 살아가야 하는지 그 본을 보여주는 본문이다.

2. 하나님이 포로를 허락하실 때 하나님은 우리가 포로에 적응하기를 원하신다. 본문은 포로가 어떻게 시작되었는지를 설명한다. "주께서 유다 왕 여호야김과 하나님의 전 그릇 얼마를 그의 손에 넘기시매"(1 : 2) 포로가 시작되었다. 하나님이 무능해서가 아니라 하나님의 재가를 통하여 포로가 허락되었다면 우리는 그것을 하나님의 뜻으로 받아 들여야 한다. 포로의 시작을 인정하지 않고는 포로 기간 동안의 삶을 살아갈 수 없다. 포로 기간 동안의 삶을 유보하지 않고 포로를 나의 삶의 일부로 받아들여야 한다. 그리고 다니엘은 왕에게 발탁되어 궁중에서 일하는 것을 부끄러워하지 않고 왕에게 충성하였다. 그리스도인들은 이방인의 땅에서도 하나님의 영광을 드러내기 위하여 최선을 다하여야 할 것이다.

3. 포로 가운데에도 신앙인의 정체성을 확립해야 한다. 포로 기간을 어떻게 살 것인가를 고민하면서 다니엘은 '뜻을 정하여'(1 : 8) 하나님이 원하시는 대로 음식법을 준수할 것을 결심한다. 그것이 새로운 상황 속에서 다니엘이 할 수 있는 일이었다. 새로운 상황에 적응하지만 신앙인의 정체성은 포기하지 않으려는 시도이다. 가나안 땅을 잃고, 예루살렘 성전이 파괴되고, 제사가 사라짐으로 그동안 익숙했던 신앙의 형식을 상실한 후에도 새로운 환경에서 하나님을 주인으로 모시는 자기 신앙의 방법을 찾고 있는 것이다. 그래서 하나님을 주인으로 모시는 순종의 표시로 음식법으로 표현된 토라에 순종하기로 결심했고, 그것은 대가를 바라지 않는 하나님을 향한 나의 신앙의 표현이다.

4. 바벨론에서의 싸움은 다니엘 혼자만의 싸움이 아니다. 그에게는 세 친구가 있었

다. 디아스포라들의 싸움은 홀로 싸우는 싸움이 아니라, 공동체가 함께 싸우는 싸움이다. 함께 모여서 나누어야 한다. 하나님의 선민인 우리가 왜 포로가 되었고, 포로시대를 어떻게 살아야 하며, 종말에 대한 어떤 믿음을 가져야 하는지를 나누어야 한다. 포도주를 먹어야 하는지 말아야 하는지 그러한 질문들을 나누면서 싸움의 실체를 깨닫고, 자신을 돌아보고, 자신들의 정체성을 확립해야 할 것이다. 엘리야에게 칠천 명을 남기신 하나님이 우리들에게도 세 친구를 주셨음으로 함께 이 싸움을 싸워야 할 것이다.

5. 뜻을 정하여 토라에 순종한 다니엘에게 하나님은 특별한 복을 주신다. 다니엘과 세 친구들은 복을 받기 위하여 뜻을 정한 것이 아니라, 오직 하나님을 향한 신앙 때문에 뜻을 정한 것이다. 그렇게 뜻을 정하였을 때 하나님은 바벨론 술객들보다 뛰어난 지혜를 다니엘과 세 친구들에게 주셨다. 또한 하나님은 다니엘이 다른 친구들과 달리 모든 환상과 꿈을 깨닫게 하신다. 이는 곧 하나님께 순종하면 다른 사람들이 알지 못하는 더 큰 능력과 더 큰 비밀에 대한 깨달음을 주신다는 것을 보여준다. 즉, 토라에 대한 순종을 통하여 하나님이 예비하신 기적을 경험할 수 있다. 하나님이 우리에게 지키라고 주신 토라에 우리의 신실함을 담을 때, 하나님은 초자연적으로 간섭하시고 우리를 보호하시며, 이 세상을 살아가는 지혜뿐 아니라 하나님의 나라에 필요한 계시를 보여주신다. 신앙적으로 산다는 것은 세상을 부러워하며, 패배감 속에서 환상만을 가지고 사는 것이 아니다. 오히려 뜻을 정하여 신앙의 정절을 지키는 자에게 부여하시는 하나님의 능력을 맛보며, 세상 사람들보다 더 풍요로운 삶을 사는 것을 말한다. 세상이 알지 못하는 하늘의 비밀을 소유하며, 객관적으로 보기에도 능력 있는 삶을 사는 것이다. 본문에서 이 능력은 육체적 강인함으로, 공부를 통하여 얻는 지혜뿐만이 아니라, 하나님이 주시는 지혜를 통하여 나타난다는 것을 보여준다. 그러므로 우리는 우리의 신앙으로 인하여 이방의 문화 속에서 긴장과 위기에 직면하여 신앙을 포기할 것이 아니라 더 철저히 말씀에 순종해야 한다. 뜻을 정하여 철저히 말씀에 순종할 때 하나님의 능력을 맛볼 것이다.

B. 느부갓네살 왕의 꿈(2 : 1 - 49)

1느부갓네살이 다스린 지 이 년이 되는 해에 느부갓네살이 꿈을 꾸고 그로 말
미암아 마음이 번민하여 잠을 이루지 못한지라 2왕이 그의 꿈을 자기에게 알
려 주도록 박수와 술객과 점쟁이와 갈대아 술사를 부르라 말하매 그들이 들
어가서 왕의 앞에 선지라 3왕이 그들에게 이르되 내가 꿈을 꾸고 그 꿈을 알
고자 하여 마음이 번민하도다 하니 4갈대아 술사들이 아람 말로 왕에게 말하
되 왕이여 만수무강 하옵소서 왕께서 그 꿈을 종들에게 이르시면 우리가 해
석하여 드리겠나이다 하는지라 5왕이 갈대아인들에게 대답하여 이르되 내가
명령을 내렸나니 너희가 만일 꿈과 그 해석을 내게 알게 하지 아니하면 너희
몸을 쪼갤 것이며 너희의 집을 거름더미로 만들 것이요 6너희가 만일 꿈과
그 해석을 보이면 너희가 선물과 상과 큰 영광을 내게서 얻으리라 그런즉 꿈
과 그 해석을 내게 보이라 하니 7그들이 다시 대답하여 이르되 원하건대 왕은
꿈을 종들에게 이르소서 그리하시면 우리가 해석하여 드리겠나이다 하니
8왕이 대답하여 이르되 내가 분명히 아노라 너희가 나의 명령이 내렸음을 보
았으므로 시간을 지연하려 함이로다 9너희가 만일 이 꿈을 내게 알게 하지
아니하면 너희를 처치할 법이 오직 하나이니 이는 너희가 거짓말과 망령된
말을 내 앞에서 꾸며 말하여 때가 변하기를 기다리려 함이라 이제 그 꿈을
내게 알게 하라 그리하면 너희가 그 해석도 보일 줄을 내가 알리라 하더라
10갈대아인들이 왕 앞에 대답하여 이르되 세상에는 왕의 그 일을 보일 자가
한 사람도 없으므로 어떤 크고 권력 있는 왕이라도 이런 것으로 박수에게나
술객에게나 갈대아인들에게 물은 자가 없었나이다 11왕께서 물으신 것은 어려
운 일이라 육체와 함께 살지 아니하는 신들 외에는 왕 앞에 그것을 보일 자가
없나이다 한지라 12왕이 이로 말미암아 진노하고 통분하여 바벨론의 모든 지
혜자들을 다 죽이라 명령하니라 13왕의 명령이 내리매 지혜자들은 죽게 되었
고 다니엘과 그의 친구들도 죽이려고 찾았더라 14그 때에 왕의 근위대장 아리
옥이 바벨론 지혜자들을 죽이러 나가매 다니엘이 명철하고 슬기로운 말로 15

왕의 근위대장 아리옥에게 물어 이르되 왕의 명령이 어찌 그리 급하냐 하니
아리옥이 그 일을 다니엘에게 알리매 16다니엘이 들어가서 왕께 구하기를 시
간을 주시면 왕에게 그 해석을 알려 드리리이다 하니라 17이에 다니엘이 자기
집으로 돌아가서 그 친구 하나냐와 미사엘과 아사랴에게 그 일을 알리고 18하
늘에 계신 하나님이 이 은밀한 일에 대하여 불쌍히 여기사 다니엘과 친구들
이 바벨론의 다른 지혜자들과 함께 죽임을 당하지 않게 하시기를 그들로 하
여금 구하게 하니라 19이에 이 은밀한 것이 밤에 환상으로 다니엘에게 나타나
보이매 다니엘이 하늘에 계신 하나님을 찬송하니라 20다니엘이 말하여 이르
되 영원부터 영원까지 하나님의 이름을 찬송할 것은 지혜와 능력이 그에게
있음이로다 21그는 때와 계절을 바꾸시며 왕들을 폐하시고 왕들을 세우시며
지혜자에게 지혜를 주시고 총명한 자에게 지식을 주시는도다 22그는 깊고 은
밀한 일을 나타내시고 어두운 데에 있는 것을 아시며 또 빛이 그와 함께 있도
다 23나의 조상들의 하나님이여 주께서 이제 내게 지혜와 능력을 주시고 우리
가 주께 구한 것을 내게 알게 하셨사오니 내가 주께 감사하고 주를 찬양하나
이다 곧 주께서 왕의 그 일을 내게 보이셨나이다 하니라 24이에 다니엘은 왕
이 바벨론 지혜자들을 죽이라 명령한 아리옥에게로 가서 그에게 이같이 이르
되 바벨론 지혜자들을 죽이지 말고 나를 왕의 앞으로 인도하라 그리하면 내
가 그 해석을 왕께 알려 드리리라 하니 25이에 아리옥이 다니엘을 데리고 급
히 왕 앞에 들어가서 아뢰되 내가 사로잡혀 온 유다 자손 중에서 한 사람을
찾아내었나이다 그가 그 해석을 왕께 알려 드리리이다 하니라 26왕이 대답하
여 벨드사살이라 이름한 다니엘에게 이르되 내가 꾼 꿈과 그 해석을 네가 능
히 내게 알게 하겠느냐 하니 27다니엘이 왕 앞에 대답하여 이르되 왕이 물으
신 바 은밀한 것은 지혜자나 술객이나 박수나 점쟁이가 능히 왕께 보일 수
없으되 28오직 은밀한 것을 나타내실 이는 하늘에 계신 하나님이시라 그가 느
부갓네살 왕에게 후일에 될 일을 알게 하셨나이다 왕의 꿈 곧 왕이 침상에서
머리 속으로 받은 환상은 이러하니이다 29왕이여 왕이 침상에서 장래 일을 생
각하실 때에 은밀한 것을 나타내시는 이가 장래 일을 왕에게 알게 하셨사오

며 30내게 이 은밀한 것을 나타내심은 내 지혜가 모든 사람보다 낫기 때문이
아니라 오직 그 해석을 왕에게 알려서 왕이 마음으로 생각하던 것을 왕에게
알려 주려 하심이니이다 31왕이여 왕이 한 큰 신상을 보셨나이다 그 신상이
왕의 앞에 섰는데 크고 광채가 매우 찬란하며 그 모양이 심히 두려우니 32그
우상의 머리는 순금이요 가슴과 두 팔은 은이요 배와 넓적다리는 놋이요 33그
종아리는 쇠요 그 발은 얼마는 쇠요 얼마는 진흙이었나이다 34또 왕이 보신즉
손대지 아니한 돌이 나와서 신상의 쇠와 진흙의 발을 쳐서 부서뜨리매 35그
때에 쇠와 진흙과 놋과 은과 금이 다 부서져 여름 타작 마당의 겨 같이 되어
바람에 불려 간 곳이 없었고 우상을 친 돌은 태산을 이루어 온 세계에 가득하
였나이다 36그 꿈이 이러한즉 내가 이제 그 해석을 왕 앞에 아뢰리이다 37왕이
여 왕은 여러 왕들 중의 왕이시라 하늘의 하나님이 나라와 권세와 능력과 영
광을 왕에게 주셨고 38사람들과 들짐승과 공중의 새들, 어느 곳에 있는 것을
막론하고 그것들을 왕의 손에 넘기사 다 다스리게 하셨으니 왕은 곧 그 금
머리니이다 39왕을 뒤이어 왕보다 못한 다른 나라가 일어날 것이요 셋째로 또
놋 같은 나라가 일어나서 온 세계를 다스릴 것이며 40넷째 나라는 강하기가
쇠 같으리니 쇠는 모든 물건을 부서뜨리고 이기는 것이라 쇠가 모든 것을 부
수는 것 같이 그 나라가 뭇 나라를 부서뜨리고 찧을 것이며 41왕께서 그 발과
발가락이 얼마는 토기장이의 진흙이요 얼마는 쇠인 것을 보셨은즉 그 나라가
나누일 것이며 왕께서 쇠와 진흙이 섞인 것을 보셨은즉 그 나라가 쇠 같은
든든함이 있을 것이나 42그 발가락이 얼마는 쇠요 얼마는 진흙인즉 그 나라가
얼마는 든든하고 얼마는 부서질 만할 것이며 43왕께서 쇠와 진흙이 섞인 것을
보셨은즉 그들이 다른 민족과 서로 섞일 것이나 그들이 피차에 합하지 아니
함이 쇠와 진흙이 합하지 않음과 같으리이다 44이 여러 왕들의 시대에 하늘의
하나님이 한 나라를 세우시리니 이것은 영원히 망하지도 아니할 것이요 그
국권이 다른 백성에게로 돌아가지도 아니할 것이요 도리어 이 모든 나라를
쳐서 멸망시키고 영원히 설 것이라 45손대지 아니한 돌이 산에서 나와서 쇠와
놋과 진흙과 은과 금을 부서뜨린 것을 왕께서 보신 것은 크신 하나님이 장래

일을 왕께 알게 하신 것이라 이 꿈은 참되고 이 해석은 확실하니이다 하니
46이에 느부갓네살 왕이 엎드려 다니엘에게 절하고 명하여 예물과 향품을 그
에게 주게 하니라 47왕이 대답하여 다니엘에게 이르되 너희 하나님은 참으로
모든 신들의 신이시요 모든 왕의 주재시로다 네가 능히 이 은밀한 것을 나타
내었으니 네 하나님은 또 은밀한 것을 나타내시는 이시로다 48왕이 이에 다니
엘을 높여 귀한 선물을 많이 주며 그를 세워 바벨론 온 지방을 다스리게 하며
또 바벨론 모든 지혜자의 어른을 삼았으며 49왕이 또 다니엘의 요구대로 사드
락과 메삭과 아벳느고를 세워 바벨론 지방의 일을 다스리게 하였고 다니엘은
왕궁에 있었더라

2장 4절부터 히브리어에서 아람어로 바뀐다. 2장과 7장에서는 모두 네 왕국과 하나님 나라를 예언하고 있다. 다니엘서 2장은 앞 뒤 문맥상으로는 1장과 3장 사이에 있으며, 더 큰 문맥으로는 2장부터 7장까지의 한 부분이다. 1장에서는 포로의 시작과 포로시대를 사는 디아스포라의 적응과 구별의 예가 나타난다. 그리하여 포로를 하나님의 뜻으로 받아들이고 이방 왕의 권위를 하나님이 세운 것으로 이해한다. 나아가서 토라에의 순종을 신앙의 구별로 이해하고 지키기로 다짐한다. 하나님은 이에 대한 응답으로 획득하는 지혜에 대해서도 뛰어난 능력을 주실 뿐 아니라, 하나님이 주시는 지혜로 충만하게 하신다. 1장에서 2장으로의 전이는 1장 17절에서 연결되는데 다니엘이 일반적인 지혜만이 아니라 모든 환상과 꿈을 알게 되는 능력에 기초하여 계시의 해석자로서의 역할을 시작한다. 2장에서 다니엘이 계시의 해석자로서 보여주는 계시는 두 가지 특성을 갖는데, 하나는 계시의 형식으로서 은밀한 것을 드러내시는 이는 하나님이심을 나타내고, 나아가 하나님이 드러내시는 계시의 내용을 규명한다. 그리하여 첫 단계에서는 꿈과 해석을 알지 못한 느부갓네살 왕이 다니엘을 꿈과 해석의 계시를 밝히는 자로 인정하고, 두 번째 단계에서 꿈이 해석된다. 해석된 계시에 따라 느부갓네살 왕 즉위 시 왕국은 튼튼

해지지만 네 왕들 이후의 멸망의 운명을 전해들은 느부갓네살 왕은 불안해하며, 이어서 3장에서는 이러한 불안을 극복하기 위하여 왕을 상징하는 금신상을 숭배하라고 명령하기에 이른다. 다니엘서 2장의 문학적 구조는 다음과 같다. 1. 위기 : 느부갓네살의 꿈 해석의 실패(1-12절) ; 2. 다니엘의 등장(13-23절) ; 3. 다니엘의 꿈 해석(24-45절) ; 4. 결론 : 계시의 영향(46-49절)

1. 위기 : 느부갓네살의 꿈 해석의 실패(2 : 1-12)

[2 : 1-12] 느부갓네살이 꿈을 꾼 때는 왕위에 즉위한 지 2년이다(2 : 1). 학자들은 이 구절을 다니엘서 2장이 원래 1장의 문맥과는 무관하게 쓰인 증거로 제시한다. 이는 다니엘서 1장 5절에 나타난 삼년과 불일치하는 것으로 여겨졌기 때문이다. 이에 대해 옛 그리스 사본에는 2년 대신 12로 쓰고, 요세푸스는 이집트를 정복한 지 2년이라고 바꿔 씀으로 문제를 해결하려고 한다(Collins, 1993). 그러나 애굽의 연호계산과는 달리 바벨론 연호는 즉위시의 연도를 계산하지 않기 때문에, 느부갓네살이 즉위한 해에 예루살렘을 정복하였다면, 첫해를 계산하지 않으므로 느부갓네살 왕 2년은 다니엘과 그의 친구가 훈련을 마치고 삼 년 만에 왕의 앞에 선 해와 같다고 볼 수 있다.

위기는 느부갓네살이 꿈을 꾸고 마음이 번민하여 잠을 이루지 못하면서 시작된다. 1장에서 느부갓네살 왕은 유대인의 왕으로부터 승리했다고 확신하고, 유대인들은 하나님이 권세를 느부갓네살 왕에게 주고 자신들을 붙였다고 확신한다. 2장에서 느부갓네살 왕이 꿈을 꾸고 번민하는 것을, 다니엘서의 저자는 간접적으로 꿈을 통하여 느부갓네살 왕이 하나님을 직면하게 되었다고 보고 있다. 이 배경에는 하나님이 왕을 세우시고 왕을 계시의 수신자로 이해하는 틀이 있다. 하나님은 느부갓네살을 왕으로 세우시고 세상을 다스리는 권세를 부여하셨기에 그에게 하나님의 뜻을 계시하신 것이다. 그러나 왕이 계시를 받았지만, 왕은 해석자와는 구별된다. 즉, 왕은 계시를 받은 자로서 권위가 있지만 해석자가 설명하기 전에는 꿈의 의미를 알 수가 없다. 왕이 꿈을 꾸고 마음이 번민하여 잠을 이루지 못한다는 말은 꿈의 내용은 알지 못하지만 꿈은 곧 신이 준 계시로서 왕국의 운명에 대한 중요한 계시라고 생각하고 있다는 것이다.

왕은 자연스럽게 꿈을 해석하는 전문가들을 불러서 꿈을 해석하려고 한다. 왕이 부른 자들은 박수와 술객과 점쟁이, 그리고 갈대아 술사였는데 그들은 꿈 해석에 전문적인 능력을 가진 자들이었다. 박수라는 말은 애굽에서 온 것으로 앗수르 궁중에서는 꿈의 해석자로 나타난다. 술객은 환자에게 나타난 징조를 해석하는 마술적인 능력을 가진 자를 말하며, 점쟁이는 부적이나 주문을 사용하는 자들이다. 갈대아인이라는 말 뒤에는 점쟁이라는 말이 생략되어 있다. 왕이 갈대아인들에게 꿈과 해석을 요구하자, 그들은 평소에 그들이 하던 대로 왕에게 꿈을 말해 주기를 요구하였다(1 : 4). 일반적으로 꿈은 듣고 해석해 주는 것이 순서이기 때문이다. 그런데 오늘 느부갓네살은 평소와 다르게 요청을 한다. 자신이 직접 꿈을 말하지 않더라도 해석자들이 꿈과 그것에 대한 해석을 제시하도록 요청한다.

느부갓네살 왕이 꿈을 꾸고 그로 말미암아 번민하는 구절에는(2 : 1), 느부갓네살 왕이 왜 번민하였는지에 대한 설명이 없다. 꿈의 내용을 알지 못해서 꿈을 알고 싶어서 번민할 수도 있고, 아니면 꿈은 알지만 꿈의 해석을 알고 싶을 수도 있다. 2절에서는 왕이 꿈을 해석하는 직업을 가진 자들을 부를 때 '그(자신)의 꿈을 자기에게 알려주도록' 하기 위해 불렀다고 말한다. 이는 그가 부른 사람들이 해야 하는 과업은 꿈 자체에 대해 말하라는 것이다. 이런 왕의 명령은 왕이 꿈을 잊었기 때문에 그렇게 한 것인지, 아니면 꿈을 알면서도 그런 지시를 내린 것인지는 모른다. 3절에 가면 1절의 보충으로서 왜 마음이 번민하였는지 설명한다 : "내가 꿈을 꾸고 그 꿈을 알고자 하여 마음이 번민하도다" 즉, 꿈을 알지 못해서 번민한다는 말이다. 그러므로 우리는 4장에서 느부갓네살 왕의 입장이 2장과 차이가 난다고 볼 수 있다. 4장에서는 꿈을 꾸고 해석을 알지 못해서 해석을 요청하는 것이고, 2장에서는 느부갓네살 왕이 꿈 자체를 잊었다고 보아야 할 것이다. 꿈을 꾸고 나서 불안한 마음이 있었기 때문에 그 꿈이 무엇인지 번민하고, 그 꿈과 해석을 알려 달라고 명령한 것이다.

느부갓네살 왕이 꿈을 알게 한 것은 단순히 잊어버렸기 때문만은 아니다. 그가 꿈의 내용을 알려달라고 요청한 의도는 명백하다. 이는 꿈 해석의 진정성과 관련이 있다. 느부갓네살 휘하에는 많은 환상들이 있었으며 그동안 여러 번 꿈을 해석하는 일들이 있었을 것이다. 꿈에 대한 해석이 옳은지 그른지는 꿈이 실현되기까지 기다리는 수밖에 없다. 만약 이 꿈의 진정성을 확인하려면 바벨론 왕국이 멸망될 때까지 기다려야 한다는 말이다. 그러나 꿈의 내용을 아는 자가 하는 해석이라면 그 해석은 전적으로 믿을 수 있다. 따라서 느부갓네살 왕은 박수와 술객들이 꿈을 알아냄으로 해석의 진정성을 보장한다고 믿었던 것이다. 느부갓네살 왕은 다음과 같이 말한다 : "이제 그 꿈을 내게 알게 하라 그리하면 너희가 그 해석도 보일 줄을 내가 알리라"(2 : 9).

박사와 술객들은 느부갓네살 왕이 일상적인 꿈 해석의 과정대로 하지 않는다고 반응하는데, 왕에게 꿈을 가르쳐 달라고 거듭 말하다가 거부된 후에는 마침내 꿈과 해석을 보이는 일은 오직 신에게나 가능한 일이라고 고백하고 있다(2 : 11). 그럼에도 불구하고, 느부갓네살 왕의 결심은 단호하다. 즉, 왕은 신만이 꿈과 해석을 제시할 수 있다면 술사들이야말로 신을 접해서 그 꿈과 해석을 제시할 책임이 있는 자들이어야 하며, 만약 술객들이 꿈과 해석을 드러내지 못한다면 그들의 능력은 거짓이라고 생각하는 것이다. 느부갓네살 왕이 보기에 술객들은 실제로 꿈과 해석은 알지도 못하면서 시간만 벌려고 하는 존재들로밖에는 보이지 않았다(2 : 9).

이와 같이 2 : 1~12에서 중요한 주제는 누가 꿈의 내용과 해석을 제시할 수 있는가 하는 것이다. 이 시험에서 바벨론의 유명한 술객들은 합격하지 못했다. 술객들의 패배는 다니엘의 등장을 불가피하게 만든다. 이 시험은 일차적으로 다니엘과 술객들과의 대결이지만, 궁극적으로 여호와와 바벨론 신들과의 싸움이다. 다니엘서 2장의 저자는 이러한 싸움 속에서 왕과 술객, 그리고 다니엘을 통하여 여호와의 우월성을 보여주려는 시도를 하고 있다(2 : 11, 27－28, 47). 다니엘서 2 : 11에 나타난 술객들은 신들 이외에는 그것을 보이고 해석할 자가 없다고 말한다. 다니엘서 2 : 27~28에서 다니엘은 오직 하나님만이 은밀한 것을 나타낼 수 있다고 말한다. 마지막으로 다니엘서 2 : 47에서, 느부갓네살 왕은 여호와만이 은밀한 것을 나타낸다고 고백하고 있다. 다니엘은 자신이 행하는 꿈에 대한 해석은 오직 하나님으로부터 오는 것임을 밝힌다. 그러므로 겉으로는 다니엘과 술객들 간의 대결로 보이지만 실상은 술객이 섬기는 신과 다니엘의 하나님간의 대결인 것이며, 이 싸움의 결과는 술객과 느부갓네살의 고백을 통하여 하나님의 판정승으로 끝나고 있다.

2. 꿈 해석을 위한 다니엘의 준비(2 : 13－23)

[2 : 13-23] 살펴본 바와 같이 다니엘서 2 : 1~12에서는 느부갓네살 왕이 자신의 꿈과 그것의 해석을 보여줄 권위 있는 자를 원하고 이에 대해 바벨론의 온 술객들은 성공하지 못하였으며 그로 인해 불가피하게 다니엘이 등장한다. 바벨론의 술객들이 할 수 있는 일이었더라면 다니엘을 필요로 하지도 않았을 것이다. 다니엘의 하나님은 온 세계를 다스리시는 분이며, 통치자인 느부갓네살 왕과 바벨론 왕국의 운명을 주관하실 뿐 아니라 그러한 계시를 왕을 통하여 드러내시는 분임을 확인한다. 이제 다니엘은 바벨론의 술객들 대신 꿈에 대한 해석자로서의 권위를 갖고 느부갓네살 왕 앞에 서게 된다.

2 : 13~23에서 강조되는 것은 다니엘의 중보기도이다. 꿈과 해석을 알리는 일에 실패하자 느부갓네살 왕은 바벨론의 모든 지혜자들을 죽이라고 명령한다. 따라서 다니엘과 그의 친구들도 죽음의 위기에 처하게 되었다. 다니엘은 근위대장 아리옥을 통하여 이 위기의 근원이 느부갓네살 왕이 꾼 꿈과 해

석 때문임을 알게 되고, 집으로 돌아와서 위기로부터의 구원을 위하여 기도하기 시작한다. 그는 친구들에게 이 사정을 알게 하고 중보기도를 요청한다. 그들에게 요청한 기도의 내용은 '하늘에 계신 하나님이 이 은밀한 일에 대하여 불쌍히 여기사 다니엘과 친구들이 바벨론의 다른 지혜자들과 함께 죽임을 당하지 않게 하시는 것'이다(2 : 18). 여기에서 은밀한 것이란 느부갓네살 왕에게 주어진 꿈과 그 해석으로, 죽음 앞에 선 다니엘과 세 친구들을 불쌍히 여기사 죽음을 당하지 않기 위하여 그 내용을 알게 해 달라는 것이다. 즉, 본문에서 다니엘의 중보기도의 핵심은 친구들이 죽임을 당하지 않기 위해 은밀한 일에 대해 구하는 것이다. 하나님은 바로 이 기도에 응답하시고 은밀한 것을 알게 하신다(2 : 19). 은밀한 것은 바로 느부갓네살 왕의 꿈과 해석이다. 다니엘은 신적인 능력을 얻으려는 교만 때문이 아니라, 동료들이 죽을지도 모르는 위기 속에서 그들을 구하기 위하여 꿈과 해석에 관한 은밀한 것을 간청했고, 그렇게 중보기도를 드릴 때 하나님은 다니엘에게 왕의 그 일을 보여주신다(2 : 23). 그리고 다니엘서의 주제라고 할 수 있는 '왕들을 세우시고 왕들을 폐하시는 하나님'(2 : 21)에 관한 계시를 주신다.

2 : 13~23에서 다니엘과 느부갓네살 왕과의 관계가 어색하게 전개된다. 2 : 25에서 아리옥은 왕에게 다니엘을 소개하면서 "내가 사로잡혀 온 유다 자손 중에서 한 사람을 얻었나이다"라고 말함으로 마치 다니엘을 처음으로 소개하는 것처럼 말하고 있다. 그런데 2 : 16에 따르면 "다니엘이 들어가서 왕께 구하기를 시간을 주시면 왕에게 그 해석을 알려 드리리이다"라고 말함으로 다니엘과 왕의 관계가 이미 익숙해 있는 것처럼 보인다. 만약 두 구절의 순서가 바뀌어 다니엘에 대한 소개가 먼저 나오고 다니엘이 왕에게 익숙한 자로 여겨지는 부분이 나중에 나오면 내용의 흐름이 무난하지만, 처음에 익숙한 관계로 보였다가 나중에 다시 낯이 익지 않은 포로 중의 하나로 소개하는 것은 약간 어색한 것이다. 또한 문맥상 2장 12절에서 바로 24절로 넘어가도 이야기의 전개는 무리가 없다. 즉, 죽이라는 왕의 명령(2 : 12) 다음에 다니

엘이 바로 왕에게 가서 꿈과 해석을 알리는 부분(2 : 24)이 이어져도 문제되지 않는다. 아마도 2 : 13~23은 나중에 다니엘과 왕이 이미 익숙해진 이후에 본문의 주제를 강조하기 위하여 주어진 것으로 보인다. 본문이 강조하려는 것은 은밀한 것을 보여주시는 분이 하나님이라는 중요한 주제이다. 2 : 28에서 다니엘이 "오직 은밀한 것을 나타내실 이는 하늘에 계신 하나님이다"라고 고백하고 있음에도 불구하고 마치 꿈과 해석을 맞추는 것이 다니엘의 능력이라고 사람들이 오해할 염려가 있기 때문에 2 : 13~23에서는 다니엘이 얻은 계시가 다니엘 자신의 능력이 아니라 하나님으로부터 왔다는 것을 다시 한번 강조하고 있다.

2 : 19~23은 다니엘이 기도하는 중에 은밀한 것을 알게 되는 것을 묘사하고 있다. 꿈과 해석을 드러내는 과정에서 중요한 것은 계시의 내용과 누가 어떠한 방식으로 계시를 주는가 하는 계시의 형식 문제이다. 다니엘이 느부갓네살 왕 앞에서 계시의 내용을 밝히기 전에 하나님은 그 계시가 누구에게서 왔는지를 보여준다. 본문에서는 다니엘이 계시의 해석자로 나타나지만 그 계시를 드러내는 자는 바로 하나님임을 천명한다. 즉, 은밀한 것을 드러내는 주체는 다니엘 자신이 아니라 하나님임을 전제하고 있다. 은밀한 것을 깨달은 다니엘은 하나님을 찬양한다(2 : 20-23). 이 찬양은 성경의 전승을 따르기는 하지만(시 41 : 13 ; 욥 12 : 13 ; 느 9 : 5) 문맥에 맞게 적절하게 어울리는 독특한 찬양이다. 이 시는 인간의 찬양을 받기 합당한 하나님의 은밀한 것에 대한 묵상으로 시작한다. 지혜와 능력이 그에게 있음으로 그분은 원하는 대로 하신다. 왕의 꿈에 표현된 대로 역사를 주관하시는 이는 하나님이심을 강조하고, 때와 계절을 바꾸시는 이도 왕이 아니라(7 : 25), 하나님이심을 확인한다(2 : 21). 다시 말하여 이 기도에서 강조하는 것은 은밀한 것을 드러내시는 분은 하나님이시라는 것과 하나님은 왕들을 세우시고 왕들을 폐하심으로 역사를 주관하시는 분이라는 것이다.

3. 다니엘이 왕 앞에 나감(2 : 24 – 30)

[2 : 24-30] 다니엘은 하나님으로부터 계시의 내용을 듣는다. 그리고 아리옥에게 가서 바벨론 지혜자들을 죽이지 말고 자신을 왕 앞으로 인도해 줄 것을 요구한다. 왕에게 인도된 다니엘에게 왕은 정말 꿈과 해석을 알게 할 수 있느냐고 묻는다. 다니엘이 제일 먼저 은밀한 것을 왕께 보일 자는 지혜자나 술객, 박수나 점쟁이가 아니라 하나님이시라는 것을 말한다(2 : 27 – 28a, 30a). 이것이 2장의 주제이다. 다니엘이 꿈과 해석을 제시하기 전에 은밀한 것을 나타내실 분은 하나님이시고, 그 하나님이 보여주시는 계시는 바로 후일에 될 일(2 : 28) 또는 장래 일(2 : 29, 45)이라는 것이다. 느부갓네살 왕이 밤에 침상에 들 때 두 가지 마음이 있었다. 하나는 왕국에 대한 자신감이다. 자신이 이룩한 왕국이 역사상 다른 왕국들과 비교해서 위대한 것이라는 자부심이 있었다. 이것이 바로 왕이 마음으로 생각하던 것이다(2 : 30). 그러나 그것만은 아니다. 그 왕국의 미래에 대하여는 불안한 마음이 있었다. 그렇게 힘들게 이룩한 왕국이 정말 영구할 수 있을까? 이것은 하나님이 새롭게 알려주실 내용이다. 하나님은 느부갓네살 왕에게 후일에 일어날 일을 알게 하신 것이다. 후일에 알려 줄 일은 느브갓네살의 왕국이 영원하지 않고 네 왕국으로 이어지고 마침내 세상의 왕국이 멸망하리라는 것이다. 느부갓네살 왕이 생각하지 못한 것이 바로 하나님이 드러내실 은밀한 것이다.

이 은밀한 계시가 드러났다. 다니엘이 할 일은 오직 이미 계시된 것을 밝히는 것이다. 하나님이 드러내실 내용은 느부갓네살 왕의 꿈에 드러난다. 왕이 자신의 위대한 왕국에 대하여 생각한 것은 크고 광채가 매우 찬란하며 그 모양이 심히 두려운 신상에 담겨 있다(2 : 31 – 33). 그러나 그 신상에게 나타난 일은 느부갓네살 왕이 생각하지 못했던 왕국의 미래를 보여준다. 왕이 알지 못하던 내용은 다음과 같이 표현된다 : "손대지 아니한 돌이 산에서 나와서 쇠와 놋과 진흙과 은과 금을 부서뜨린 것을 왕께서 보신 것은 크신 하나님이 장래 일을 왕께 알게 하신 것이라"(2 : 45). 하나님은 신상이 부서지는 환상을 통하여 왕국의 장래 일을 보여주신 것이다. 신상의 존재에는 바벨론 왕국에 대한 왕의 자부심이 담겨 있었지만, 하나님은 신상의 최후를 통하여 왕국의 미래를 보여주신 것이다.

4. 느부갓네살 왕의 꿈(2 : 31–35)

[2 : 31–35] 다니엘은 느부갓네살 왕이 꾼 꿈을 서술하고 있다. 꿈의 내용은 두 가지 환상들(visions)로 나타나는데, "보셨나이다"(2 : 31) 또는 '왕이 보신즉'(2 : 34)이라는 서두가 꿈의 내용을 이끌면서 꿈을 두 부분으로 구분하고 있다. 첫 번째 꿈의 내용은 다양한 금속으로 이루어 진 큰 신상이고, 두 번째는 그 신상이 돌에 의하여 사라지는 것이다. 왕이 본 큰 신상이라는 말은 신들이나 왕들을 나타내기 위하여 세워진 형상을 의미하는 단어이다. 느부갓네살 왕이 세운 신상은 왕의 권력과 위엄을 드러내기 위하여 만들어졌다. 때때로 이러한 신상은 정복지에서 전쟁의 승리를 찬양하고 왕이나 왕이 섬기는 신들을 기념하기 위하여 세워지곤 하였다.

첫 번째 꿈으로 나타난 신상은 네 가지 금속으로 이루어졌는데, 머리는 금, 가슴과 두 팔은 은, 배와 넓적다리는 놋, 종아리는 쇠, 발의 얼마는 쇠, 얼마는 진흙이었다. 두 번째 꿈은 신상이 파괴되는 것인데, 파괴되는 방식은 "손대지 아니한 돌"이 등장하여 쇠와 진흙으로 이루어진 발을 쳐서 신상을 무너뜨리는 것이다. "손대지 아니한"이라는 표현은(단 8 : 25 ; 욥 34 : 20) 하나님의 의지와 힘에서 온 것임을 의미한다. 신상이 무너지는 과정은 가장 약한 발이 먼저 부서지면서 도리어 강한 쇠와 진흙과 놋과 은과 금도 다 부서져 흔적도 없이 사라져 버리고, 신상을 친 돌들만이 태산을 이루어 온 세계에 가득하게 된다. 태산의 표현은 여호와의 거하시는 현존이 충만한 예루살렘에 대한 예언자들의 환상을 반영한다(사 2 : 2–3 ; 11 : 9 ; 미 4 : 1–2).

5. 다니엘의 꿈과 해석(2 : 36-45)

2장의 꿈에 대한 학자들의 해석에는 두 가지 부류가 있다. 하나는 바벨론의 네 왕을 가리킨다는 견해이고[느부갓네살(주전 604-562년), 아멜-마르둑(562-560년), 네리글리사르(560-556년), 나보니두스(556-539년)], 다른 하나는 네 왕국을 가리킨다는 것이다. 네 왕국에 대한 것도 7~12장처럼 바벨론, 메대, 바사, 그리스 또는 바벨론, 메대, 그리스, 로마로 이해한다. 그러나 다니엘서 1~6장의 문맥을 고려할 때 이것은 역사적인 포로 70년 동안에 나타난 네 나라를 가리키는 것으로 보인다.

다니엘은 신상의 금 머리를 느부갓네살 왕으로 해석하면서 하나님과 왕의 관계를 서술하고 있다. 모든 왕의 주재이신 하나님은(2 : 47) 금머리인 느부갓네살 왕을 열왕 중의 왕으로 세우셨다(2 : 37). 본문의 핵심은 하나님으로부터 받은 왕권(kingship)으로 하나님은 그에게 나라, 권세, 능력, 영광을 부여하셨다. 즉, 느부갓네살 왕은 지상에 존재하는 사람들, 들짐승들, 공중의 새들을 다스리는 권세를 부여 받았다. 또한 본문에는 하나님의 형상으로 인간을 창조하시고 인간을 통하여 세상을 다스리시는 원리가 담겨 있다(창 1 : 26 ; 시 8편). 왕은 하나님으로부터 위임을 받고 세상을 다스리는 존재이다. 그런데 이러한 권세는 느부갓네살 왕만이 아니라 신상으로 상징되는 다른 왕들에게도 부여되었다. 단지 느부갓네살 왕은 통치권을 위임받은 왕들 중의 하나일 뿐이고, 그 나라의 뒤를 이어 다른 나라들이 나타날 것이다.

이 꿈을 해석하면서 다니엘은 처음부터 바벨론 왕국을 설명하지 않고 느부갓네살 왕에 대하여 이야기하고 있다 : "왕이여 왕은 여러 왕들 중의 왕이시라……왕은 곧 그 금 머리니이다"(2 : 37-38). 그렇다면 느부갓네살 왕 이후에는 다른 왕들의 이야기가 전개되어야 할 것이다. 그런데 39절 이하는 왕과 왕국을 서로 비교한다 : "왕을 뒤이어 왕보다 못한 다른 나라가 일어날 것이요"(2 : 39). 첫 번째 비교에서 왕과 왕 또는 나라와 나라를 비교하지 않고,

왕과 나라를 비교하고 있는 것이다. 그리고 두 번째부터는 연속적인 나라들을 묘사한다 : "셋째로 또 놋 같은 나라가 일어나서 온 세계를 다스릴 것이며 넷째 나라는 강하기가 쇠 같으리니"(2 : 39 – 40). 그러나 44절에서는 다시 여러 왕국의 시대가 아니라 여러 왕들의 시대를 언급하면서 원래 이 본문이 왕들의 이야기임을 보여주고 있다.

본문에서 두 번째 나라는 첫 번째 나라 이후에 오고(2 : 39), 세 번째 나라는 온 세계를 다스릴 것이며(2 : 39), 네 번째 나라는 뭇 나라를 부서뜨리고 찧을 것이다(2 : 40)라고 해석한다. 이 말은 넷째 나라가 나타날 때 둘째와 셋째 나라가 여전히 존재할 것임을 암시한다. 이러한 본문의 의미를 결정할 때 중요한 것으로 왕국(말쿳)이라는 아람어 단어가 반드시 서로 다른 제국들을 말하는 것이 아니라 다른 왕이 다스리는 같은 나라를 의미한다는 것이다 : 느부갓네살 왕의 나라(4 : 26, 32, 36) ; 벨사살 왕의 나라(5 : 18, 26, 28 ; 8 : 1) ; 다리오 왕의 나라(6 : 26, 28) ; 고레스 왕의 나라(6 : 28) ; 그리고 하나님의 나라(4 : 3, 34 ; 7 : 27). 느부갓네살 왕의 나라가 지나가도 바벨론 제국이 멸망하는 것이 아니라, 벨사살 왕의 나라가 시작되고, 벨사살의 나라가 멸망한 후에는 다리오 왕이 나라를 얻고(5 : 31), 그리고 다시 고레스의 나라가 시작된다(6 : 28). 그러므로 다니엘서에서의 네 나라는 서로 다른 네 제국이 아닌 네 왕의 나라들을 말하고 있다 : 느부갓네살 왕의 나라, 벨사살 왕의 나라, 다리오 왕의 나라, 그리고 고레스 왕의 나라. 다니엘서는 역사적인 포로의 끝을 바벨론의 멸망 후가 아니라 고레스 3년 이후로 여기기 때문에 결과적으로 네 나라의 멸망 후에 하나님의 나라가 올 것으로 예언한 것이다. 핵심적인 것은 2장이 7~12장에 등장하는 70이레가 아닌 역사적인 포로 70년에 대해 다루고 있기 때문에 역사적인 포로 70년 안에 멸망하는 네 나라를 설명하고 있는 것이다.

두 번째 나라가 첫 번째 나라보다 못하다고 말한 것은 느부갓네살 왕보다 못한 벨사살의 나라를 의미한다. 세 번째 나라는 온 세계를 다스린다고 말한다(2 : 39). 즉, 다리오 왕은 '온 땅에 있는 모든 백성과 나라들과 언어가 다른 모든 사람들'에게 조서를 내림으로(6 : 25), 느부갓네살 왕 이래로 온 땅을 다스리는 왕이 된다. 네 번째 왕은 고레스이다(6 : 28). 고레스는 다니엘이 섬긴 마지막 왕이다(1 : 21). 고레스가 즉위하는 동안 쇠와 진흙이 섞인 환상처럼 다른 민족과 섞일 것을 보게 되는데(2 : 43), 이는 고레스가 메대와 바사의 정치적인 동맹을 통하여 이루어질 것임을 말하고 있다.

44절에서는 하늘의 하나님이 한 나라를 언제 어떻게 세우실지에 대한 꿈의 해석을 시도하고 있다. 2장의 맥락에서 하나님이 한 나라를 세우시는 시기는 포로 70년 후이다. 여러 왕들의 시대 후에 세우시는 한 나라의 특징은 무엇인가? 그 나라는 하나님이 세우시는 나라이다. 영원히 망하지 않을 것이다. 그 국권이 다른 백성에게로 돌아가지 않을 것이다. 이 나라는 다른 모든 나라들을 쳐서 멸망시키고 영원히 설 것이다. 이 특징들을 조합한다면 첫째, 이 나라는 사람이 아니라 하나님이 세우신다. 둘째, 이 나라는 다른 나라를 멸망시키고 설 것이다. 셋째, 이 나라는 다른 백성이 아닌 하나님이 택하신 백성에게 돌아갈 것이다. 넷째, 이 나라는 다른 나라들처럼 멸망하지 않고 영원할 것이다. 44절에서 이미 꿈에 대한 해석은 끝났지만 다니엘은 이 꿈의 내용 중에서 다시금 강조하는 내용이 있다. 네 금속으로 이루어진 신상이 산에서 나온 손대지 아니한 돌에 의하여 부서졌다는 꿈의 내용이 느부갓네살 왕에게 주어진 것은 하나님이 장래 일을 왕에게 알려주려는 것이다. 그 장래 일이란 아무리 자신만만한 느부갓네살 왕의 나라라도 궁극적으로는 멸망하리라는 것이다. 학자들 중에는 산에서 나온 돌을 포로 중에 있는 유대인으로 묘사하기도 하지만(Seow, 46 – 48), 본문에서는 유대인들의 적극적인 방법으로 나라가 임하리라고 말하지 않는다. 즉, 손대지 아니한 돌이란 곧 인간이 아닌 하나님의 방법에 의하여 이루어지는 것을 말한다. 또한 다른 백성에게 돌아가지 않는다는 말은 간접적으로 그 나라를 유업으로 받을 한 민족을 염두에 두고 있는 표현이라고 볼 수 있는데, 이는 현재 다니엘이 속한 유대 백성일 것이다. 그렇다고 해서 유대 백성이 적극적으로 그 나라를 쟁취하여 얻는 것은 아니고, 하나님이 모든 나라를 쳐서 멸망시키신 후에 단지 유업으로 그 나라를 받을 백성들일 뿐인 것이다.

2장에 나타난 꿈 해석은 이 땅의 통치자인 느부갓네살 왕을 향하여 하나님이 계시를 주시는 사건이며, 동시에 유대인들은 간접적으로 느부갓네살 왕과 그가 다스리는 바벨론 왕국에 대한 메시지를 듣는다. 느부갓네살 왕이 본 것은 한 큰 신상으로, 꿈의 첫 번째 내용은 다양한 금속으로 이루어진 큰 신상이며, 두 번째 내용은 큰 신상이 돌에 의하여 사라지는 것이다. 신상의 금 머리에는 바벨론 제국을 바라보는 느부갓네살 왕의 자부심이 담겨 있었다. 그러나 꿈에서 그 신상이 부서진다는 것은 느부갓네살 왕이 전혀 생각하지 못했던 내용이다. 꿈의 해석을 들은 느부갓네살 왕이 다니엘에게 예의를 갖추고 예물과 향품을 주게 하고 그를 높은 자리에 앉힌 이유는(2 : 48) 다니엘의 예언에는 분명히 바벨론의 멸망이 포함되어 있음에도 불구하고 꿈과 해석을 전하는 다니엘의 능력이 신으로부터 왔다고 인정하였기 때문이다. 이 꿈에 대한 해석을 통하여 디아스포라들은 세상의 나라들이 멸망한 후에 하나님 나라가 임하리라고 생각했다. 이 예언 속에서 우리는 위기의 종말과 역사의 종말이 혼합되어 있음을 발견한다. 즉, 바벨론이 언젠가 멸망할 것이라는 믿음은 곧 현재 경험하는 위기의 종말을 의미한다. 그리고 그 위기의 종말 후에 하나님 나라가 임하리라는 것은 곧 역사의 종말을 의미한다. 따라서 바벨론에 살던 디아스포라들은 단지 바벨론의 멸망이 아니라 고레스 3년 이후, 포로 70년이 지나면 네 나라의 종말과 역사의 종말이 함께 오리라고 고대하였다. 그러나 고레스 3년 이후 비록 유대 백성들이 나라를 유업으로 받기는 하였지만, 그 나라는 영원한 하나님의 나라가 아니고, 하나님의 나라가 오기 전에 그들을 지배하는 또 다른 제국이 오게 됨을 경험하게 된다.

6. 느부갓네살 왕의 반응(2 : 46－49)

[2 : 46-49] 다니엘의 해석을 들은 느부갓네살 왕의 반응은 무엇이었을까? 느부갓네살 왕이 바벨론의 멸망에 관한 예언을 듣고도 아무런 반응을 보이지 않은 것에 대해 어떤 학자들은 이 예언은 원래 바벨론의 번영에 관한 찬사였기 때문일 것이라고 말하기도 한다. 그러나 앞에서 말한 대로 느부갓네살 왕이 들었던 것은 한편으로는 느부갓네살 왕에서 정점에 이른 바벨론 왕국의 번영에 관한 것이기도 하지만, 이어지는 바벨론의 멸망에 관한 것이기도 하다. 왕은 다니엘이 밝힌 은밀한 것에 대하여 동의하고 받아들인다(2 : 47). 느부갓네살 왕은 자신이 바벨론 왕국에 대해 자부심을 가지고 있다는 것을 다니엘이 알아차린 것에 대하여 놀라워했을 것이다. 그것만으로도 이 꿈의 진정성을 인정했을 것이다. 그러나 이어서 그 왕국이 네 왕 이후에 멸망할 것이라는 예언은 그에게 받아들이고 싶지 않을 정도로 충격적이었음에 틀림이 없다. 그러나 그것을 여호와의 이름은 아니더라도 왕이 인정하는 하늘의 하나님의 이름으로 선포한 것은(2 : 44), 이미 꿈을 정확하게 드러낸 것을 통해 해석도 신으로부터 왔다는 것을 인정했기 때문이다. 그리하여 해석을 통하여 예언하는 다니엘의 말에 불만을 표현하지 않고 받아들인다.

다니엘의 해석을 다 듣고 난 후 왕의 반응과 고백은 무엇인가? 느부갓네살 왕은 다니엘에게 절하고 예물과 향품을 주게 하였으며, 다니엘을 향하여 은밀한 것을 드러내게 하신 하나님에 대해 고백하고, 꿈을 알게 하고 해석해 준 대가로 그와 그의 친구들을 높은 자리에 두었다(2 : 46－49). 이 고백의 의미는 무엇인가? 첫 번째, 느부갓네살 왕의 행동과 고백에서 두드러진 것은 왕이 다니엘의 하나님에게 직접 표현한 것이 없다는 것이다. 다니엘서에 나오는 이방 왕의 다른 고백들과는 달리 하나님을 향한 찬양이 빠져 있다. 대신 하나님의 대행인인 다니엘과 세 친구에게 대가를 지불한다. 느부갓네살 왕은 다니엘에게 절하고 예물과 향품을 다니엘에게 주게 하였다. 물론 다니엘을 신으로 본 것은 아니지만, 은밀한 것을 알게 하신 하나님을 형식적으로는 인정하면서도, 아직 더 깊은 이해에는 미치지 못하고 있음이다. 즉, 다니엘이 자신으로 하여금 꿈과 해석을 알게 하신 분은 하나님이라고 말했음에도 불구하고 느부갓네살 왕은 그 일을 가능하게 만든 하나님이 아니라 오히려 대행인들에게 초점을 맞춘다.

둘째로, 느부갓네살 왕은 하나님을 향하여 직접 고백하지 않고 다니엘에게 고백하고 있다. 고백의 핵심은 은밀한 것을 알게 하신 하나님의 능력에 관한 것이다. 다니엘이 꿈을 말하고, 해석하는 능력을 보고 왕은 다니엘의 하나님이 은밀한 것을 나타내시는 자이심을 알게 되었다. 그러면서 느부갓네살 왕은 다니엘의 하나님이 신의 신이요, 왕의 주재라고 표현한다. 이 용어는 유대교만의 독특한 용어가 아니라, 이방인들과 유대교가 공감할 수 있는 용어로 표현되어 있기 때문에, 이 용어를 통하여 느부갓네살 왕의 변화를 유대교의 하나님을 향한 회심이라고 볼 수 없다. 다만, 유대교의 하나님을 자신들이 믿는 신 중의 하나로 인정한 행위라고 판단할 뿐이다. 또한 3장에서와 같이 국가적인 조서형식이 아니라, 왕의 개인적인 감정의 표현에 지나지 않았다. 이는 1장과는 달리 느부갓네살 왕이 다니엘의 하나님을 처음으로 대면한 출발점이라는 것과, 다니엘의 하나님에 대한 인식의 변화가 시작되기는 하였지만 아직은 인식의 출발에 지나지 않았음을 보여준다.

셋째로, 우리는 느부갓네살 왕이 하나님 앞에서 하나님이 원하는 왕의 정체성을 갖추지 못했음을 알 수 있다. 2장 전체에서 하나님은 왕의 정체성이 무엇인가를 보여주셨다. 다니엘이 꿈과 해석을 보여준 이유는 느부갓네살 왕이 왕을 세우시고 폐하시는 분이 하나님임을 깨닫고 그분 앞에 겸손해지게 하기 위함이다. 그러나 느부갓네살 왕은 겉으로는 다니엘과 친구들에게 호의적으로 대했지만, 그것은 하나님의 능력을 경험한 직후의 반응일 뿐이다. 개인적인 고백의 형식일 뿐, 조서를 통해 말하지도 않았다. 즉, 한편으로 놀라움을 표현하기는 했지만, 그것은 그 하나님을 향한 겸손함이 아니라 오히려 하나님 앞에 제한된 것으로 드러난 인간 왕국을 영원하게 만들 결심을 하게 된다. 그러므로 느부갓네살 왕이 참된 정체성을 향하여 진보하는 사건은 3장으로 이어지게 된다.

설교를 위한 묵상

1. 다니엘서 2장은 포로시대라는 참혹한 역사적인 경험 가운데 그들을 다스리는 바벨론 왕국과 하나님 나라의 관계를 통하여 하나님은 누구이신가를 보여주고 있는 본문이다.

2. 하나님은 은밀한 것을 인간에게 드러내시는 분이시다. 하나님은 느부갓네살 왕을 세우시고 이 땅의 통치권을 위임하셨다. 이 권한은 왕 자신이 스스로 얻은 것이 아니라 제한된 기간 동안에 하나님이 위임하신 것이다. 하나님은 그 왕에게 은밀한 계시를 드러내시며, 하나님의 사람을 통하여 그 의미를 보여주신다. 구약의 지혜전승에서는 인간의 이성에 의하여 획득한 지혜와 인간의 이성에 숨겨져 있고 오직 하나님만이 인간에게 드러낼 수 있는 지혜를 언급한다. 숨겨진 지혜는 바로 하나님의 주권을 상징하며, 하나님의 드러냄 속에 하나님이 창조주 되심을 보여준다. 그러나 하나님은 은밀한 것을 간직하고 감추기만 하시는 분은 아니다. 인간이 위기에 닥쳐서 은밀한 지혜가 필요할 때 기꺼이 그 은밀한 것을 드러내시는 분이시다. 이 지혜야말로 다른 종교의 술객들이나 세속적인 지혜를 갖춘 자들이라도 그들의 능력으로 획득할 수 없는 지혜인 것이다. 그들이 꿈과 해석을 밝히지 못했을 때 지혜는 오직 신으로부터 온다고 고백한다(2 : 11). 즉, 하나님은 오직 여호와를 경외하는 하나님의 사람들에게 은밀한 것을 드러내신다.

3. 하나님은 왕을 세우기도 하고 폐하게도 하시는 분이다. 이 땅의 제한된 기간 동안 통치하기 위하여 하나님은 왕에게 권세를 위임하신다. 왕은 자신에게 주어진 권세가 끝이 있음을 알고 겸손해야 한다. 하나님은 자신의 권세가 영원하리라는 착각을 가진 사람들에게 인간의 권세가 끝이 있음을 알게 하신다. 느부갓네살 왕에게 주어진 꿈은 그와 같이 느부갓네살이 세운 왕국이 인간적으로 보기에는 영원할 것 같지

만 끝이 있음을 알리시는 하나님의 계시이다. 하나님 나라에 관한 계시를 주시는 이유는 하나님 나라의 실체를 파악하려고 할 것이 아니라 현재 주어진 왕국이 제한된 것임을 알고 겸손히 하나님의 주권을 인정하라는 것이다.

4. 본문은 다니엘을 통하여 중보기도가 무엇인지를 간접적으로 서술한다. 중보기도란 하나님의 사람들을 불쌍히 여기는 마음으로 위기에서 벗어나게 해달라고 기도하는 것이다. 다니엘은 자신의 능력으로 느부갓네살 왕의 꿈과 해석을 알아맞히려고 하지 않았다. 단지 자신을 포함하여 친구들을 불쌍히 여기는 마음으로 하나님께 필요한 것을 아뢴 것이다. 그는 혼자 기도하지 않고, 위기에 봉착한 모든 사람들이 기도에 동참하기를 요청한다. 또한 하나님께 요구하는 기도가 아니라 은혜를 간구하는 기도를 하고 있다. 다니엘은 하나님이 친구들을 '은밀한 일에 대하여 불쌍히 여기시기를' 간구한다. 이런 합심기도를 통하여 하나님을 움직이고 은밀한 것을 깨닫게 되는 것이다. 하나님은 위기의 공동체가 아무것도 하지 않고 하늘만 바라보는 것이 아니라, 한마음으로 하나님께 아뢰기를 요청하신다. 위기에 닥친 사람을 불쌍히 여김으로 드리는 중보기도는 하늘을 움직여 기적을 체험하게 할 것이다.

5. 본문은 종말을 기다리며 살아가는 공동체를 위하여 종말의 해석학을 제공한다. 본문에서 느부갓네살 왕을 통해 주신 꿈은 종말을 지시하는 변함없는 계시의 기준이 되었다. 시대가 바뀌어도 이 계시는 수정의 대상이 아니었다. 계시는 변함없지만 계시에 대한 해석은 공동체의 정황에 따라 변화되었다. 이 꿈에 대한 해석은 바벨론 시대부터 그리스 시대를 거쳐 오늘날에 이르기까지 당대의 위기에 비추어 변화되어 왔다. 2장은 느부갓네살 왕의 꿈을 바벨론 치하에 살던 백성들의 입장에서 처음으로 해석되었지만, 그 후에 이스라엘 공동체는 이 본문을 재해석해 왔다. 느부갓네살 왕의 꿈을 재해석한 공동체를 살펴보기로 하자.

첫 번째 공동체는 느부갓네살 통치 아래 있던 유대인들이다. 이들은 바벨론의 전성기를 목격하면서 하나님의 나라를 기다렸다. 계시는 바벨론 시대라는 유대인의 삶의 자리에 드러난다. 그들에게 위기는 바벨론이며 그 위기의 종말을 통하여 역사의 종말이 오기를 기다렸다. 이들은 네 왕으로 이루어진 바벨론의 멸망과 함께 하나님의 나라가 오기를 기대했던 공동체이다. 오늘날 우리가 보기에 바벨론의 멸망과 함께 종말이 오지 않았다고 해서 그들의 기다림이 헛된 것은 아니었다. 바벨론의 멸망을 기다리면서 유대인 공동체는 포로가 하나님의 허락 아래 시작되고, 그들이 마땅히 포로를 견뎌야 한다고 이해하였다. 역사의 종말이 오지 않았다 할지라도 그들은 위기의 종말을 기다리면서 포로생활 동안 신앙 공동체로 서 있었다.

두 번째 공동체는 그리스 통치를 경험하는 공동체이다. 바벨론의 멸망에도 불구하고 아직 하나님의 나라가 찾아오지 않았을 때 이들은 2장에 나타나는 종말에 대한 계시가 실패로 끝났다고 여기지 않았다. 7장이 네 왕을 네 나라로 이해하고, 8장은 네 왕의 세부적인 모습을 드러냈다. 이어서 9장은 칠십 년을 칠십 이레로 연결시키고 마침내 10~12장은 칠십 이레를 네 나라로 연결시킨다. 이와 같이 7~12 장에서 드러난 네 나라는 다시금 2장에서 나타난 네 왕을 네 나라로 해석하도록 돕는다. 그리하여 바벨론의 멸망에 초점이 맞추어져 있던 2장에서의 네 왕은 네 나라로 재해석된다. 느부갓네살 왕에게 주어진 계시는 변형하지 않았지만, 이에 대한 다니엘의 해석 부분의 본문을 왕에서 나라로 바꿈으로 이루어졌다. 그리하여 본문에 있는 다니엘의 해석 부분(단 2 : 36-43) 은 왕과 나라가 혼합된 본문이 되었다. 이제 2장의 종말이해를 7~12장의 맥락에서 이해하게 되었다. 이 공동체에게 위기의 종말은 그리스였다. 그리스의 멸망 이후의 관점에서 본다면 그리스가 멸망했어도 역사의 종말은 찾아오지 않았다. 그러나 2장의 종말 해석은 결코 헛된 것이 아니었다. 위기의 종말을 역사의 종말의 빛 아래에서 바라봄으로 신앙을 포기하지 않고 살아가도록 도와주었다. 종말의 시대를 어떻게 살아야 하는지를 2장은 보여준 것이다.

세 번째 공동체는 네 나라와 관련되지만 이번에는 마지막 나라를 로마로 이해한다. 이러한 이해는 로마가 들어서기 전에는 나타나지 않는다. 그리스는 멸망하였지만 역사의 종말은 오지 않고 로마가 찾아왔을 때 공동체가 취한 재해석이다. 그리스 왕국이 멸망한 후에 하나님의 나라가 오리라고 믿었지만 다시금 로마 왕국이 계속 되면서 로마 왕국이 다섯 번째 왕국으로 이해되지 않고, 네 번째 왕국으로 재해석되는 과정을 거치게 된다. 이는 그리스 이후에도 종말을 경험하지 않은 유대공동체의 해석이며, 동시에 마지막 나라인 로마 이후에 하나님의 나라를 기다린 기독교적인 해석이다. 그러나 이러한 해석을 위하여 본문을 변형하지 않았다. 네 왕국의 마지막을 로마로 재해석할 뿐이었다.

2장에서 느부갓네살의 꿈을 통해 주어진 계시는 변함없지만 계시에 대한 해석은 삶의 자리에 따라 달라졌다. 처음 종말은 바벨론의 멸망 후에 주어지는 것으로 이해되었다. 바벨론이 멸망한 후에는 마지막 나라를 그리스로 이해하면서 하나님의 나라를 기다렸다. 다시 로마시대가 되면서 마지막 나라를 로마로 이해한다. 그리스도인들은 다니엘서를 현재의 눈으로 바라볼 수 있다. 느부갓네살 왕의 꿈이라는 계시는 바벨론의 포로들과 그리스 치하의 백성에게 유효할 뿐 아니라 그리스도인들에게 유효하다. 종말의 계시는 로마 이후 시대를 사는 그리스도인들에게 유효하다. 마지막 나라를 로마로 이해하는 방법은 다니엘서를 그리스도의 초림과 재림과 연결함으로써 기독교의 정체성을 확립하도록 돕는다. 이 과정을 통하여 종말이 변경되는 것은 종말에 관한 예언의 권위를 무너뜨리는 것이 아니다. 매번 하나님은 위기의 종말과 역사의 종말을 보여주시면서 위기를 해결하신다. 역사의 종말이 찾아오지 않았다 할지라도 종말의 신학은 토라에 순종하면서 많은 사람들을 옳은 데로 인도하는 역할을 수행하게 만든다(단 12 : 3).

C. 풀무불에서의 세 친구(3 : 1–30)

1느부갓네살 왕이 금으로 신상을 만들었으니 높이는 육십 규빗이요 너비는
여섯 규빗이라 그것을 바벨론 지방의 두라 평지에 세웠더라 2느부갓네살 왕
이 사람을 보내어 총독과 수령과 행정관과 모사와 재무관과 재판관과 법률사
와 각 지방 모든 관원을 느부갓네살 왕이 세운 신상의 낙성식에 참석하게 하
매 3이에 총독과 수령과 행정관과 모사와 재무관과 재판관과 법률사와 각 지
방 모든 관원이 느부갓네살 왕이 세운 신상의 낙성식에 참석하여 느부갓네살
왕이 세운 신상 앞에 서니라 4선포하는 자가 크게 외쳐 이르되 백성들과 나라
들과 각 언어로 말하는 자들아 왕이 너희 무리에게 명하시나니 5너희는 나팔
과 피리와 수금과 삼현금과 양금과 생황과 및 모든 악기 소리를 들을 때에
엎드리어 느부갓네살 왕이 세운 금 신상에게 절하라 6누구든지 엎드려 절하
지 아니하는 자는 즉시 맹렬히 타는 풀무불에 던져 넣으리라 하였더라 7모든

백성과 나라들과 각 언어를 말하는 자들이 나팔과 피리와 수금과 삼현금과
양금과 및 모든 악기 소리를 듣자 곧 느부갓네살 왕이 세운 금 신상에게 엎드
려 절하니라 8그 때에 어떤 갈대아 사람들이 나아와 유다 사람들을 참소하니
라 9그들이 느부갓네살 왕에게 이르되 왕이여 만수무강 하옵소서 10왕이여 왕
이 명령을 내리사 모든 사람이 나팔과 피리와 수금과 삼현금과 양금과 생황
과 및 모든 악기 소리를 듣거든 엎드려 금 신상에게 절할 것이라 11누구든지
엎드려 절하지 아니하는 자는 맹렬히 타는 풀무불 가운데에 던져 넣음을 당
하리라 하지 아니하셨나이까 12이제 몇 유다 사람 사드락과 메삭과 아벳느고
는 왕이 세워 바벨론 지방을 다스리게 하신 자이거늘 왕이여 이 사람들이 왕
을 높이지 아니하며 왕의 신들을 섬기지 아니하며 왕이 세우신 금 신상에게
절하지 아니하나이다 13느부갓네살 왕이 노하고 분하여 사드락과 메삭과 아
벳느고를 끌어오라 말하매 드디어 그 사람들을 왕의 앞으로 끌어온지라 14느
부갓네살이 그들에게 물어 이르되 사드락, 메삭, 아벳느고야 너희가 내 신을
섬기지 아니하며 내가 세운 금 신상에게 절하지 아니한다 하니 사실이냐 15이
제라도 너희가 준비하였다가 나팔과 피리와 수금과 삼현금과 양금과 생황과
및 모든 악기 소리를 들을 때 내가 만든 신상 앞에 엎드려 절하면 좋거니와
너희가 만일 절하지 아니하면 즉시 너희를 맹렬히 타는 풀무불 가운데에 던
져 넣을 것이니 능히 너희를 내 손에서 건져낼 신이 누구이겠느냐 하니 16사
드락과 메삭과 아벳느고가 왕에게 대답하여 이르되 느부갓네살이여 우리가
이 일에 대하여 왕에게 대답할 필요가 없나이다 17왕이여 우리가 섬기는 하나
님이 계시다면 우리를 맹렬히 타는 풀무불 가운데에서 능히 건져내시겠고 왕
의 손에서도 건져내시리이다 18그렇게 하지 아니하실지라도 왕이여 우리가
왕의 신들을 섬기지도 아니하고 왕이 세우신 금 신상에게 절하지도 아니할
줄을 아옵소서 19느부갓네살이 분이 가득하여 사드락과 메삭과 아벳느고를
향하여 얼굴빛을 바꾸고 명령하여 이르되 그 풀무불을 뜨겁게 하기를 평소보
다 칠 배나 뜨겁게 하라 하고 20군대 중 용사 몇 사람에게 명령하여 사드락과
메삭과 아벳느고를 결박하여 극렬히 타는 풀무불 가운데에 던지라 하니라 21

그러자 그 사람들을 겉옷과 속옷과 모자와 다른 옷을 입은 채 결박하여 맹렬
히 타는 풀무불 가운데에 던졌더라 [22]왕의 명령이 엄하고 풀무불이 심히 뜨거
우므로 불꽃이 사드락과 메삭과 아벳느고를 붙든 사람을 태워 죽였고 [23]이 세
사람 사드락과 메삭과 아벳느고는 결박된 채 맹렬히 타는 풀무불 가운데에
떨어졌더라 [24]그 때에 느부갓네살 왕이 놀라 급히 일어나서 모사들에게 물어
이르되 우리가 결박하여 불 가운데에 던진 자는 세 사람이 아니었느냐 하니
그들이 왕에게 대답하여 이르되 왕이여 옳소이다 하더라 [25]왕이 또 말하여 이
르되 내가 보니 결박되지 아니한 네 사람이 불 가운데로 다니는데 상하지도
아니하였고 그 넷째의 모양은 신들의 아들과 같도다 하고 [26]느부갓네살이 맹
렬히 타는 풀무불 아귀 가까이 가서 불러 이르되 지극히 높으신 하나님의 종
사드락, 메삭, 아벳느고야 나와서 이리로 오라 하매 사드락과 메삭과 아벳느
고가 불 가운데에서 나온지라 [27]총독과 지사와 행정관과 왕의 모사들이 모여
이 사람들을 본즉 불이 능히 그들의 몸을 해하지 못하였고 머리털도 그을리
지 아니하였고 겉옷 빛도 변하지 아니하였고 불 탄 냄새도 없었더라 [28]느부갓
네살이 말하여 이르되 사드락과 메삭과 아벳느고의 하나님을 찬송할지로다
그가 그의 천사를 보내사 자기를 의뢰하고 그들의 몸을 바쳐 왕의 명령을 거
역하고 그 하나님 밖에는 다른 신을 섬기지 아니하며 그에게 절하지 아니한
종들을 구원하셨도다 [29]그러므로 내가 이제 조서를 내리노니 각 백성과 각 나
라와 각 언어를 말하는 자가 모두 사드락과 메삭과 아벳느고의 하나님께 경
솔히 말하거든 그 몸을 쪼개고 그 집을 거름터로 삼을지니 이는 이같이 사람
을 구원할 다른 신이 없음이니라 하더라 [30]왕이 드디어 사드락과 메삭과 아벳
느고를 바벨론 지방에서 더욱 높이니라

3장은 2장과 긴밀하게 연결되면서 느부갓네살 왕의 정체성의 진보를 보여주고 있다. 2장에서 느부갓네살 왕은 꿈과 해석을 통한 하나님의 계시에도 불구하고 온전히 왕의 권위를 세우신 하나님의 권위를 인정하지 못하였다. 왕의 마음속에 숨겨진 왕국에 대한 자부심이 밝혀지고, 예상치 못하고 불안

해하기만 했던 왕국의 멸망에 관한 예언도 듣게 되었다. 느부갓네살 왕은 다니엘의 예언이 비록 자신의 왕국의 멸망에 관한 것이지만 은밀한 것을 밝히는 다니엘의 능력으로 인하여 그의 권위를 인정하였다. 그러나 이러한 인정도 왕의 온전한 변화를 의미하는 것은 아니다. 다니엘의 해석을 들은 느부갓네살 왕은 충격을 받고 마음속으로 어떻게 하면 그 예언에 드러난 운명을 극복할까 고심을 한다. 그 고심의 결론은 바로 금으로 신상을 만들어 그것을 경배하게 만드는 것이다. 사실상 느부갓네살 왕이 꿈에 본 것은 정금, 은, 놋, 철 등으로 이루어진 신상으로 곧 자신의 왕국을 상징하는 것이었다. 금이 자신의 왕국을 상징하는 것임에도 불구하고, 자신 이후에 약한 왕들이 일어나고 필경은 왕국이 멸망에 이른다는 말에 그 신상을 모두 금으로 만들어 백성들이 경배한다면 이 나라가 영원하리라는 생각을 한 것이다. 왕국의 통일성을 상징하는 금신상에 모든 백성이 한 마음으로 절한다면 왕국이 견고하리라고 생각한 것이다. 그러므로 예언을 통하여 왕의 변화를 꾀하려는 의도는 실패로 돌아가고 오히려 왕국을 폐하시는 하나님의 권위에 도전하여 하나님의 백성들을 위협하기에 이르면서 3장의 사건이 발생하게 된다.

3장에서 왕은 자신이 신상을 세웠다는 것을 강조한다(1, 2, 3, 5, 7, 12, 14, 18절). 2장에서 다니엘에게 절까지 한 왕은 이제 모든 사람들에게 그 신상에 절하라고 명령한다(5, 6, 11, 15절). 심지어 자신의 손에서 너를 구원할 자가 누구냐고 하나님에게 도전한다(15절). 3장에는 다니엘이 나타나지 않는데 이는 여러 가지로 설명할 수 있다. 우선 다니엘서 1~6장은 다니엘 한 사람에게만 초점을 맞추지 않는다. 본문은 다니엘과 세 친구로 대표되는 디아스포라들에게 관심이 있다. 2장과 6장에서도 다니엘이 주인공이기는 하지만 다니엘의 세 친구들이 신앙을 지킨 이야기가 강조된다. 그렇다고 3장이 무계획적으로 2장과 결합되지는 않았다. 다니엘서의 최종 편집자는 2 : 48~49을 통하여 3장의 배경을 면밀하게 제시한다. 3장에서 왜 다니엘이 나타나지 않는가? 48절에서 왕은 다니엘을 세워 온 지방을 다스리게 하고 지혜자의 어른으로 세움으로, 다니엘을 온 지방을 다스리는 행정관만이 아니라 지혜자 가운데 어른으로 임명하였다. 그런데 49절에 이르면 다니엘의 친구들이 바벨론 지방의 일을 다스리게 되었고, 다니엘은 왕궁에 있었다고 말한다. 친구들은 지방의 관리로서 행정적인 일을 맡게 되고, 다니엘은 지방으로 파견되지 않고 행정의 일과 박사장의 일을 보며 왕궁에서 거한 것이다. 3장에서 보면 느부갓네살 왕은 낙성식에서 모든 관원을 소집하는데(방백, 수령, 도백, 재판관, 재무관, 모사, 법률사와 각 도 모든 관원), 그 장소가 왕궁이 아닌 두라 평지였기 때문에 바벨론 도의 일을 맡은 세 친구는 도의 일을 맡은 관원으로 참석하였지만, 왕궁에 있는 다니엘은 참석하지 않았을 것이다.

3장의 문학적 구조는 다음과 같다 : 1. 위기의 근원 : 느부갓네살 왕의 금신상(3 : 1-7) ; 2. 참소되는 세 친구(3 : 8-18) ; 3. 풀무불에 던져진 세 친구(3 : 19-23) ; 4. 세 친구의 구원과 느부갓네살 왕의 고백(3 : 24-30).

1. 위기의 근원 : 느부갓네살 왕의 금신상(3 : 1-7)

[3 : 1-7] 느부갓네살 왕이 만든 금신상에 대한 정보는 높이가 약 28미터(60 규빗), 폭은 가로 세로가 약 3미터(6 규빗) 정도라는 것 이외에는 나타나지 않는다. 폭이 높이의 10분의 1이라는 것은 어색한 비율이다. 그래서 이 신상이 높은 받침대 위에 있었을 것이라고 추측할 뿐(Goldingay, 69) 더 이상 상세한 언급은 나와 있지 않다. 이 신상을 설치한 곳은 두라 평원으로 알려져 있고 아마도 금신상은 나무로 만든 후에 금박을 입혔을 것이다. 본문에서 금신상에게 절하는 행위는 보통으로 행해지던 일이라기보다는 이 신상을 완성한 후 특별히 벌어진 낙성식에서 있었던 일로 보인다. 즉, 제국의 통일성을 강조하기 위하여 왕이 취한 독특한 조처로 모든 관리들로 하여금 신상 앞에서 절하게 하는 것이다. 왕이 바벨론 전국에서 소집한 자들은 총독, 수령, 행정관, 모사, 재무관, 재판관, 법률사 등 각 지방의 모든 관원들이다. 수령과 행정관

이라는 용어는 아카드어에서 차용한 것이기는 하지만, 이상의 관직 용어 모두가 페르시아 시대에 사용된 아람어로 되어 있다. 선포자가 회집된 자들 앞에서 전달한 왕의 명령은 여섯 개의 악기 및 모든 악기 소리를 들을 때에 금신상에게 절해야 하며 절하지 않을 경우에는 맹렬히 타는 풀무불에 던져진다는 것이었다. 그리고 이 명령대로 모든 백성들과 나라들과 각 언어를 말하는 자들은 금 신상에게 절하였다.

과연 느부갓네살은 왜 금신상을 만들었을까? 2장에서 느부갓네살 왕은 종말에 관한 예언을 들으면서 찬사를 보내지만 그것이 그의 회심을 의미하는 것은 아니었다. 그는 왕국의 힘을 강화하기 위한 방법을 생각했고, 그래서 견고한 왕국의 통일성을 위하여 금신상에 절하는 방법을 착안하게 된다. 즉, 느부갓네살 왕이 꿈에서 본 큰 신상(2 : 31)은 금으로 이루어진 것이 아니다. 머리만 정금이요, 다른 곳은 은과 놋과 철 등으로 이루어져 있다. 느부갓네살 왕이 세운 강력한 제국이 결국은 멸망하고 다른 왕국들로 바뀐다는 다니엘의 해석을 듣고 느부갓네살 왕은 네 왕국을 상징하는 큰 신상을 머리만이 아니라 몸 전체를 금으로 만들어 바벨론 왕국이 영원하기를 바라는 소망을 담은 것이다. 그리고 모든 백성들이 그 금신상에게 절함으로써 제국의 통일성을 표현하고 강력함을 보이고자 하였다.

그렇다면 이 행동은 이전에 그가 허용했던 종교적인 관용주의와는 어떤 관계가 있는가? 1장에서부터 보여진 대로, 다니엘과 세 친구들에게 반드시 바벨론의 종교적인 신념을 따르지 않더라도 강인한 육체를 요구한 것으로 보아 바벨론 제국은 개인적이고 종교적인 신념과 실천에 관계없이 제국이 원하는 효율적인 결과를 원하였음을 알 수 있다. 1장에서 다니엘과 세 친구들에게 제시된 제국의 요청은 이 네 사람이 신념으로 행동한 결과와 일치하여 나타난다. 그런데 3장의 제국의 통일성을 위한 조치는 디아스포라들의 종교적인 신념과 불일치하는 현상으로 나타난다. 느부갓네살 왕은 공동체의 구성원들이 개인적으로 어떤 입장을 가지고 있는지는 묻지 않고, 단지 금신상 앞에 절함으로 제국의 신민들이 하나이며 제국이 강한 힘을 가지고 있음을 보여주기를 원했던 것이다. 당시에 제국과 왕은 일치되며 왕은 또한 그들이 믿는 신의 대리자로, 신상을 섬기는 것은 곧 신의 대리자인 왕의 통치에 순종할 뿐 아니라, 왕을 세운 신들에 대한 순종을 뜻한다. 당시에 종교와 국가가 일치되는 것을 고려한다면 왕과 그가 섬기는 신에 대한 순종은 정치적으로만이 아니라 종교적으로도 섬기는 것을 의미한다.

이 조치의 문제는 무엇인가? 느부갓네살 왕은 유일신을 강조하지는 않는다. 어떤 종교를 가지고 있다 할지라도 병행하여 바벨론의 신들을 섬기는 다신론 숭배를 요구한다. 유대 청년들은 유일신주의로서 하나님에 대한 신앙과 함께 신상을 섬기지 못한다고 이해했다. 둘 중의 어느 하나만을 선택해야 하는 절대성의 문제로 그들은 이해한다. 금 신상을 숭배하는 일이 단순한 국가 의식이 아니라 신에 대한 숭배이며, 이 사건의 배후에는 느부갓네살의 신과 세 친구의 신의 대결이 담겨 있는 것이다.

2. 참소와 세 친구의 반응(3 : 8－23)

[3 : 8-49] 8절은 “그때에”라고 시작한다. 3 : 1~7에서 신상을 만들고 낙성식에 관리들을 소집하여 절하게 한 그 사건이 지난 후이다. 3 : 1~7에는 왕의 신하들인 갈대아 사람들이 상황을 목격하고 낙성식이 다 끝난 후에 신상에 절하지 않은 사람들을 왕에게 참소하고 있다. 이들은 왕이 명령을 내린 것을 전제로 전형적인 보고 형식으로 왕에게 보고하고 있다. 4절에서 선포하는 자가 굳게 외친 왕의 명령을 10~11절에서 다시 언급하고 있다. 참소하는 자는 왕이 명령 내린 것을 전제로 명령을 어긴 세 친구의 죄를 고발하고 있다. 세 친구는 2 : 49의 명령에 따라 ‘왕이 세워 바벨론 지방을 다스리게 하신 자’로 이 낙성식에 참석한 것이다. 그렇다면 세 친구가 범한 죄는 무엇인가? 3 : 1~7에서의 명령은 왕이 세운 금신상에 절하는 것이며 이에 대한 어떠한 해석

도 나와 있지 않다. 그런데 3 : 12에서 그 해석이 나온다. 그들에 따르면 세 친구들의 죄는 "왕을 높이지 아니하며 왕의 신들을 섬기지 아니하며 왕이 세우신 금 신상에게 절하지 아니하나이다" 즉, 금신상에게 절하지 않는 것은 왕을 높이지 않는 것이며, 나아가서 왕이 섬기는 신을 높이지 않는 행위이다. 금신상에게 절하는 행위는 국가의 통일성을 강조하며 충성심을 강화하는 동시에, 실제적으로는 국가를 지키는 신들에 대한 종교적인 행위였던 것이다. 이에 세 친구들이 간파한 것은 이와 같이 금신상에 절하는 행위가 바로 하나님을 버리고 배교하는 종교행위라는 것이었다.

갈대아 사람들의 참소에 대하여 느부갓네살 왕의 반응은 어떠한가? 노하고 분해서 세 친구들을 끌고 오라고 명령을 내린다(3 : 13). 그리고 끌려온 세 친구들에게 왕은 금신상에게 절하는 것이 단지 국가적 행위이니 신앙과 상관없이 절하라고 말하지 않고, 금신상에게 절하는 행위는 바로 왕의 신을 섬기는 행위임을 상기시키면서 세 친구들의 금신상에 절하지 않은 행위에 대한 사실 관계의 유무를 묻는다. 그리고 세 친구들의 대답도 듣기 전에 사실임을 전제하고 이미 왕이 내린 명령에 따라 악기 소리를 들을 때면 느부갓네살 왕이 만든 신상 앞에 절하라고 명령한다. 이같이 악기 소리에 따라 절하는 행위는 비단 낙성식 때만이 아니라 사람들이 모이는 장소에서 왕국에 대한 충성심을 강화할 때 수시로 이루어진 절차 중의 하나였을 것으로 보인다. 따라서 세 친구들에게 앞으로 수시로 반복하여 신상 앞에서 절할 때가 있을 것임을 전제한다. 세 친구들이 이를 따르지 않을 경우에는 어떻게 할 것인가? 절하지 않을 경우에 관하여 느부갓네살 왕은 이미 내린 명령을 반복한다(3 : 5-6). 그때에는 왕이 세 친구들을 맹렬히 타는 풀무불 가운데에 던져 넣겠다고 선포한다. 그리고 느부갓네살 왕은 세 친구들을 위협하는 말을 한다. 그것은 곧 세 친구들이 섬기는 하나님에 대하여 도전하는 말이다 : "능히 너희를 내 손에서 건져낼 신이 누구이겠느냐?" 이 말은 대답을 알지 못해서 묻는 의문문이 아니라, 세 친구의 신이 결코 자신의 손에서 세 친구들을 건져내지 못할 것이라는 강한 확신이 담긴 강조문이다. 이는 곧 느부갓네살 왕이 유대인들을 향해 그들의 신들에 대한 선전포고하는 말이다. 그 말을 한 왕이나 그 말을 듣고 있는 갈대아인들은 이제 결과에 따라 판단할 것이다. 세 친구들이 풀무불에서 그대로 죽어간다면 그것은 세 친구들의 신에 대한 느부갓네살 왕의 승리를 의미할 것이다. 만약 세 친구들의 신들이 더 강함을 보여주려면 풀무불 안에서 세 친구들은 구원을 받아야 할 것이다.

느부갓네살 왕 앞에 선 세 친구들이 제일 먼저 한 일은 무엇인가? 세 친구들은 이 상황을 다르게 해석하고 있다. 그들은 자신들이 풀무불 안에서 살았는지 죽었는지를 보고 그들의 신이 능력이 있는지 없는지를 검증하는 것은 잘못이라는 것이다. 하나님은 그 능력이 있다 할지라도 그 행위를 반드시 행해야 할 의무가 있는 것은 아니다. 능력이 있을 뿐 아니라 구원하려는 의지가 있어야 한다. 하나님은 당신의 자유로운 때에 그러한 구원 행위를 할 수 있지만, 그분이 구원해야 한다고 판단할 때만이 그 일을 하실 것이다. 세 친구들은 말한다 : "느부갓네살이여 우리가 이 일에 대하여 왕에게 대답할 필요가 없나이다"(3 : 16). 세 친구들은 왕의 존칭을 언급하지 않고 이름만을 부르면서 하나님에게 도전하는 느부갓네살 왕이 단순한 피조물임을 암시한다. 그들이 왕에게 대답할 필요가 없다고 말한 이유는 무엇인가? 이 싸움의 결과를 가지고 신의 능력을 판단하려는 시도 자체가 무의미하기 때문이다. 그들이 믿는 것은 하나님이 자신들을 구하실 수 있는 능력이다 : "왕이여 우리가 섬기는 하나님이 계시다면 우리를 맹렬히 타는 풀무불 가운데에서 능히 건져내시겠고 왕의 손에서도 건져내시리이다"(3 : 17). 이 말은 하나님이 반드시 그들을 구하리라는 보증이 아니라, 그들을 구할 수 있는 능력이 있다는 고백이다. 왕이 그들을 던진 풀무불에서 구하는 능력만이 아니라, 그들의 신앙을 위협하는 왕의 위협으로부터 구원하는 능력이 있다는 것이다. 그러나 그 확신이 반드시 현재 그들을 구원할 수 있다는 말은 아니다. 그리하여 이렇게 말한다 : "그렇게 하지 아니하실지라도 왕이여 우리가 왕의 신들을 섬기지도 아니하고 왕이 세우신 금 신상에게 절하지도 아니할 줄을 아옵소서"(3 : 18). 그렇게 하지 않는다는 말은 무엇인가? 그들을 구원할 만한 능력이 있음에도 불구하고 구원하지 않을 수도 있다는 것이다. 하나님은 구원할 능력이 있지만 구원할 수도 있고 다른 이유로 인하여 구원하지 않을 수도 있다. 하나님은 구원의 때를 선택할 수 있는 자유가 있으시다. 구원은 오직 하나님께만 속해 있다. 그들은 위기상황을 빌미로 하나님을 협박하지 않는다. 하나님이 그들을 구원하든지 하지 않든지 하나님에 대한 신앙에는 변함이 없다. 그 결과에 연연하지 않고 그들은 일관성 있는 신앙을 고백한다. 왕이 세운 금신상에게 절하지 않을 뿐 아니라, 금신상이 의미하는 왕의 신들에게 절하지도 않을 것이다. 그렇게 세 친구들은 죽음 앞에 비굴하지 않았다. 그리고 자신의 위기를 하나님의 간섭을 요구하는 기회로 삼지 않았다. 하나님이 그들을 구원할 능력이 있다는 한결같은 고백을 견지하면서, 하나님의 손에 자신들을 맡기는 위대한 신앙고백을 행한 것이다.

유대 청년들의 신앙고백을 듣고 느부갓네살 왕은 어떠한 행동을 했는가? 왕은 세 친구들이 금신상 앞에서 절대로 절하지 않을 것을 알았다. 그리하여 느부갓네살 왕은 가장 강하고 잔인한 방법으로 세 친구들을 벌할 방법을 찾는다. 그는 분이 가득하고, 얼굴빛을 바꾸어 명령한다. 풀무불의 뜨겁기를 일곱 배나 더 하라고 명령한다. 당대에 온도를 재는 온도계가 없었다는 점을 감안한다면 이 말은 불의 뜨겁기를 최고로 강화하라는 강조의 뜻이었을 것이다. 그리고 세 친구들을 군대 중에서 강한 용사에게 맡겼다. 풀무불이 얼마나 뜨거운지 세 친구들을 붙든 사람들이 타죽을 정도였다. 세 친구들은 겉옷, 속옷, 모자와 다른 옷을 입은 채 풀무불에 던져졌다. 느부갓네살 왕은 저항하는 세 친구에 맞서서 자신이 할 수 있는 최고의 방법으로 친구들을 다루었음을 강조하고 있다. 풀무불 앞에서 신앙을 지킨 세 친구들은 아무런 기적도 일어나지 않은 채 풀무불에 던져졌다.

3. 풀무불에 던져진 세 친구의 구원과 느부갓네살 왕의 고백(3 : 24 – 30)

[3 : 24–30] 신앙을 지킨 세 친구들이 기적을 절대적으로 기다린 것은 아니었다. 하나님이 능력이 있음에도 불구하고, 하나님이 이때를 그들을 구원해야 할 때로 인식하고 있는지 알 수 없기에 그들은 그저 하나님을 향한 충성심을 보였을 뿐이다. 이미 이 싸움은 세 친구와 느부갓네살 왕의 싸움이 아니라, 왕이 세 친구들의 무능만을 비난한 것은 아니기 때문에 느부갓네살 왕과 하나님의 싸움이 되어 버렸다. 하나님은 자신이 간섭하지 않는다 할지라도 그것이 하나님이 무능하다는 것이 입증되는 것은 아님에도 불구하고 간섭하기로 작정하신다. 다만 간섭하여 기적을 베푸는 시기가 풀무불 앞에서가 아니라, 풀무불 안에서라는 것에 주목해야 한다. 신앙고백이 끝난 후에 풀무불 앞에서 구원받는 것이 원리가 되어 버린다면 세 친구들의 뒤를 잇는 자들 중에서 가짜가 생길 위험이 있다. 풀무불 안까지 들어갈 신앙적인 용기를 지닌 자에게 하나님은 기적을 베푸시는 것이다. 하나님은 단지 신앙인들을 풀무불에 들어가지 않도록 보호하시는 것이 아니라 그들이 풀무불 안에 던져졌을 때 천사가 동행하게 함으로써 풀무불로부터 보호하시는 분이다. 그렇기에 죽음을 각오하고 풀무불에 던져지기를 각오하면 풀무불에 던져지는 것으로부터의 구원이 아니라, 풀무불 속에서 구원을 얻게 되는 것이다. 구원의 방식도 하나님이 풀무불에서 직접 건져내신 것이 아니라 천사를 보내어 세 친구들이 불가운데서도 타지 않도록 하시고, 이 형벌의 주체자인 느부갓네살 왕의 명령에 따라 건져지게 하신다.

세 친구들이 풀무불에 던져진 후에 바로 느부갓네살 왕의 고백이 이어진다. 세 친구들에게 어떠한 일이 일어났는지에 관하여는 느부갓네살 왕의 개인적인 고백을 통해서만 알 수 있다. 다니엘서 3 : 23~24 사이에 어떠한 일이 벌어졌는지 맛소라 본문에서는 나타나지 않지만, 칠십인역 성경에는 아자리야(아벳느고)의 노래(3 : 24 – 45)와 세 친구의 노래들(3 : 51 – 90) 사이에 다음과 같은 상황 설명이 삽입되어 있다.

> 왕의 종들은 그들을 불타는 가마 속에 집어 던지고 거기에 나프다 기름과 송진과 삼 부스러기와 나뭇조각을 계속 넣었다. 그래서 불길이 가마 위로 마흔아홉 자나 치솟아 올라갔고 또 밖으로 퍼져 나와서, 가마 주위에 있던 갈대아 사람들을 태워 버렸다. 그러나 주의 천사가 가마로 내려와서 아자리야와 그의 동료들 곁으로 갔다. 그리고 불꽃을 가마 밖으로 내어 몰고 가마 가운데서 마치 산들바람이나 이슬과 같은 시원한 입김을 그들에게 불어 주었다. 그래서 불은 그들을 다치지 못하였고 그들에게는 어떠한 아픔이나 괴로움도 미치지 못하였다(3 : 46 - 50, 공동번역).

이러한 칠십인역 성경의 내용은 맛소라 성경에서 설명하지 않은 부분을 추측하여 후에 작성한 것으로 보인다. 본문에서 신의 아들로 인식되는 존재는 후에 느부갓네살 왕의 고백을 통하여(3 : 28) 천사로 이해되기에 천사라고 정의한다. 성경은 결박되지 아니한 세 사람이 신들의 아들로 보이는 자와 함께 불 가운데 다니지만 상하지 아니하였다고 표현한다.

본문에서 하나님은 불 가운데서 세 친구들을 보호하시고, 느부갓네살 왕이 그들을 불 가운데서 나오도록 명령함으로 구원이 이루어진다. 그런데 느부갓네살 왕을 변화시킨 기적은 하나님에게 공개적으로 저항한 느부갓네살 왕에게 개인적으로 일어났다. 느부갓네살 왕은 놀라서 모사들에게 "우리가 결박하여 불 가운데에 던진 자는 세 사람이 아니었느냐?"라고 묻는데 이 물음에서 추측할 수 있는 것은 모든 사람들이 목격한 것은 세 사람이 풀무불에 던져졌다는 것이지만, 왕만이 목격한 것은 그곳에 결박되지 않은 한 사람, 곧 신의 아들과 같은 사람이 그들과 함께 불 가운데 다니고 있다는 것이다. 아람어로 된 신의 아들이라는 말은 곧 인간과 다른 신적인 존재(창 6 : 2 ; 욥 1 : 6 ; 2 : 1 ; 시 29 : 1)를 말한다. 느부갓네살 왕은 신의 아들이 있다는 객관적인 보고를 받은 것이 아니라 신의 아들을 직접 목격하고 신앙고백을 한다. 왕은 자신이 풀무불에 던진 세 친구가 무사한 것에 충격을 받고, 이는 그들을 보호하기 위하여 하나님이 천사를 보냈기 때문이라고 확신하였다(3 : 28). 왕은 세 친구들을 불 가운데에서 나오게 하고 주변 모든 사람들은 그들이 무사한 것을 목격한다(3 : 27).

3장에서의 싸움은 느부갓네살과 디아스포라의 대결의 형식으로 나타나고 이 승패의 결정은 느부갓네살의 개인적인 체험에서 나타난다. 느부갓네살은 풀무불에 세 친구들과 함께 있는 신들의 아들을 발견한다(3 : 24－25). 느부갓네살이 여호와에게 대항하다가 급기야 변화의 극적인 전기를 맞이한 것은 개인적인 체험이었다. 느부갓네살의 신하들이 본 것은 하나님이 보호하신 결과로서 아무런 해를 입지 아니한 세 친구들의 모습일 뿐이다(3 : 27). 여기에서 신앙인의 회심은 집단적으로 오는 것이 아니라 개인적으로 오는 것임을 알 수 있다. 이렇게 유대인들의 유일신으로서의 하나님에 대한 신앙과 긴장관계를 불러일으킨 느부갓네살은 마지막에 신앙고백의 형태로 세 친구들이 자신들의 신에게 절하지 않는 것을 인정하며 그들을 구한 하나님을 찬양한다. 느부갓네살이 사용한 '지극히 높으신 하나님'(3 : 26)이라는 용어는 창세기 14장에서 언급된 이후에(창 14 : 18－24) 여러 번 사용된다(이방인에 의한 사용－창 14 : 20 ; 민 24 : 16 ; 사 14 : 14 ; 이스라엘에 의한 사용－신 32 : 8 ; 시 9 : 2). 이방인들에게 이 호칭은 신들 가운데 가장 높은 신을 의미한다. 가나안인들은 이 용어를 엘신(El)에게 사용하고 이스라엘은 여호와에게 사용하였다. 이 고백으로 느부갓네살이 여호와를 인정함에도 불구하고 이것이 느부갓네살 왕의 유대교로의 유일신적인 회심을 의미하는 것은 아니다. 그의 명령은 유대인들이 바벨론 왕국의 다른 종교들과 나란히 자기들의 종교행위를 할 수 있도록 공적이고 국가적인 승인을 얻게 되는 것을 의미한다. 유대인들의 신앙은 이와 같이 위기 가운데 유일신을 견지함을 통해 인정받는다.

느부갓네살 왕의 이러한 고백은 2장에서 보여준 반응과 비교할 때 어떤 변화가 있는가? 첫째로, 2장에서 다니엘이 은밀한 것을 알게 하였을 때 느부갓네살 왕은 비록 은밀한 것을 알게 한 것이 다니엘의 하나님임은 알았지만 그 대행자인 다니엘에게 절하고 예물과 향품을 줌으로 인간에게 반응하였다. 하나님에 대한 반응은 간접적이었다. 그런데 3장에서는 세 친구의 하나님을 찬송한다는 고백을 하고 있다. 그 찬송의 원인은 자신이 목격한 사건에 근거한 것으로, 하나님이 천사를 통하여 구원한 세 친구의 행동이 어떠했는지 느부갓네살 왕이 반복하고 있다 : "하나님을 의뢰하고 그 몸을 버려서 왕의 명을 거역하고 하나님 밖에는 다른 신을 섬기지 않고, 그에게 절하지 않았다"(3 : 28). 하나님에 대한 신앙과 금신상에게 절하는 것은 양립될 수 없다. 즉, 하나님에 대한 믿음은 왕의 명령에 불순종할 수밖에 없음을 인정하고 있다. 왕은 하나님이 자신들을 구원하지 않는다 할지라도 하나님만 섬기겠다는 세 친구들의 죽음을 무릅쓴 신앙보다, 그들이 믿는 하나님이 그러한 믿음을 가진 자신의 백성들을 구원하는 능력을 가졌다는 것에 더 놀라고 있다. 왕을 굴복시킨 것은 그러한 초자연적인 능력인 것이다.

둘째로, 이 행동을 목격한 왕의 반응은 왕의 조서에서 나타나고 있는데, 자기 백성을 구원하신 하나님의 능력을 보았기 때문인 것이다. 그런데 주목할 것은 하나님을 믿는 백성들을 해하지 말라는 명령을 내리는 것이 아니라, 세 친구의 하나님에게 경솔히 말하는 것을 금하는 형식으로 조서를 내리고 있다 : "하나님께 경솔히 말하거든 그 몸을 쪼개고 그 집을 거름터로 삼을지니"(3 : 29). 왕이 이렇게 조서를 내리는 이유는 바로 자신이 하나님을 향하여 경솔히 말한 경험이 있었기 때문인 것이다(3 : 15b). 이제 왕은 자신처럼 경솔하게 말하는 사람들에 대하여 세 친구들의 신이 벌을 주기 전에 자신이 벌을 내리는 자가 되기로 결심한다. 이 조서의 결과는 바로 바벨론에서 유다의 하나님도 다른 신들과 같은 신들 중의 하나로 서는 것을 말한다. 2장에서 느부갓네살 왕이 은밀한 것을 알게 하는 하나님에 대한 경외심을 개인적인 차원에서 표현을 하였다면, 3장에서는 하나님을 다른 신들과 같은 위치에 둠으로 유대인들이 다른 종교들과 나란히 자신의 종교행위를 할 수 있도록 공적이고 국가적인 승인을 했음을 의미한다.

셋째로, 이 이야기는 금신상에게 절하라는 명령으로 시작하여, 세 친구의 하나님에게 경솔히 말할 수 없다는 조서로 마친다. 본문은 포로시대를 사는 유대인들에게 일정한 메시지를 전달하였을 것이다. 이방 땅에서 살면서 오직 하나님만을 섬겨야 한다는 것이다. 그로 인하여 때로는 고난을 당하지만 하나님은 당신의 백성들을 돌보실 것이다. 그러나 백성들이 마음대로 하나님의 보호하심을 예측할 수는 없다. 하나님은 당신의 주권을 가지고 도우실 것이다. 백성들이 해야 할 일은 오직 하나님만을 향한 믿음을 보이는 일이다. 그러나 3장의 사건이 하나님의 백성들을 향한 신앙심을 북돋는 효과는 달성하였지만 아직도 왕이 왕으로서의 정체성을 갖게 하는 일에는 이르지 못하였다. 유대인들의 목표는 왕을 유대교로 회심시키는 것이 아니었다. 왕의 정체성이란 이 땅을 다스리는 권세를 주신 하나님 앞에서 왕을 세우시고 폐하시는 분이 하나님임을 깨닫고 자기 한계 안에서 공의를 세우는 일을 하는 것인데, 이 정체성의 수립은 4장에서 이루어진다.

설교를 위한 묵상

1. 다니엘서 3장은 신앙인들이 원치 않는 포로 상황에서도 하나님이 허락하신 대로 이방 왕의 권세를 인정하고 충성해야 하지만 왕으로부터 신앙의 위협을 당할 때는 어떻게 위기를 극복할 수 있는지를 보여준다. 포로 시대를 사는 신앙인들이 자신의 잘못으로 인하여 어려움을 겪는다면 그것은 수치스러운 일일 것이다. 그러나 자신의 잘못이 아니라 오직 신앙적인 신실함으로 인하여 어려움을 겪을 때 하나님은 우리들에게 온전한 순종을 원하시고 그 순종에 따라 우리들을 보호하신다.

2. 하나님이 허락하신 포로 기간 동안에 이방 왕에게 충성하는 것은 하나님의 뜻이다. 그래서 그 땅을 사랑하고 그 왕에게 순종하는 것을 하나님은 원하신다. 그러나

왕이 하나님의 도구일지라도 왕이 신앙을 위협하는 결정적인 때가 오게 마련이다. 왕은 신앙이 아니고 국가의식의 표현이라고 유혹하며 신상을 숭배하라고 요청할 때가 있다. 그렇기 때문에 우리는 이방 땅에 살거나 다원주의 시대에 살면서 다른 사람들의 핍박을 받는 것을 이상하게 여길 필요가 없다. 어쩌다가 어떤 사람이 특별히 악해서 신앙인들을 핍박하는 것이 아니라 신앙을 갖지 않은 세상은 이미 신앙인들을 악하게 위협하는 속성을 가지고 있다. 그러므로 그런 위기가 찾아올 때 신앙을 포기하지 않고 더 철저히 신앙을 견지함으로 위기를 극복하려고 노력해야 할 것이다. 신앙인들은 언제나 신앙을 가지고 있다는 이유만으로 핍박받을 준비를 할 수 있어야 한다. 겨우 겨우 신앙생활 하는 것이 아니라 넘치고도 남는 신앙의 능력으로 신상숭배의 위협에 대처하여야 한다.

3. 3장에서 보여주는 하나님의 보호하심의 특징은 하나님이 위기의 근원을 아예 제거하시지 않는다는 것이다. 위기로부터 구원하는 것이 아니라 위기 안에서 구원하신다. 3장에서 세 친구들은 풀무불에 던져지지 않은 것이 아니라 풀무불 안에서 보호를 받았다. 이 보호하심에는 우연처럼 보이지만 결정적인 순간에 역사하시는 하나님의 손길이 있다. 역사는 저절로 굴러가는 것처럼 보이지만 결정적인 순간은 하나님의 손 안에 있다. 그런데 왜 풀무불에 던져지는 것을 막지 않고 풀무불 안에서 보호하실까? 풀무불에 던져지는 과정에서 신앙인들은 하나님을 향한 절대신앙을 표현하게 된다. 그들의 믿음은 죽음을 감수함으로 표현된다. 단지 죽음 앞에 선 믿음의 결단이 기적을 만드는 것은 아니다. 그들의 믿음의 결단이 바로 하나님을 이 세상의 최고의 자리에 모시는 것이기에 하나님은 이 신앙에 응답하시고 개입하신다. 신앙은 한 걸음일지라도 인간의 전인적인 결단을 요구한다. 대가를 바라지 않는 결단 없이 하나님의 보호하심이 나타날 수 없다. 하나님의 보호는 토라에 대한 순종으로 하나님에 대한 절대신앙을 보인 자들에 대한 하나님의 응답이다.

4. 참 신앙은 '그리 아니하실지라도'라는 하나님을 향한 신앙을 고백하는 것이다. 신앙은 하나님이 오직 한 분이신 우리의 주님이심을 고백하는 것이다. 세 친구들의 고백(3 : 16-18)은 신앙고백의 절정이다. 청년들은 일차로 하나님이 그들을 구하실 것을 확신했다. 그러나 그것이 바로 그들이 목숨을 걸고 토라에 순종하는 이유는 아니다. 그리 아니하실지라도 그들은 절하지 않고 풀무불에 던져짐을 감수하기로 결심하였기 때문이다. '그리 아니하실지라도'는 구약성서에서 인과응보를 통하여 형성

된 하나님 이해의 절정을 드러내고 있다. 다니엘서에 나타나는 '그리 아니하실지라도'라는 말은 잠언과 신명기의 인과응보에 대한 비판적 이해이며, 인과응보의 실현을 죽음 이후까지 끌어가는 것이다. 죽음에 임박한 세 친구들은 어떤 선택 가운데 섰는가? 느부갓네살의 말을 듣지 않으면 육체적인 죽음이 올 것이다. 내가 신상에 절하지 않겠다고 결정함으로 죽음이 올 때 하나님이 이 일에 간섭하여 나를 살리실 보장이 있는가? 그것은 우리의 소망이지만 법칙이 될 수 없다. '그리 아니하실지라도'는 그분에 대한 기대가 있으면서도 그분을 원리로 만들지 아니하고 인간이 단순한 피조물로서 그분에 대한 신실함을 그대로 토라의 순종에 담는 고백인 것이다. 그리하여 신앙이란 철저히 그분 앞에 드리는 것이고, 그 다음은 하나님이 당신의 자유로 행하시는 것으로 남는 것이다. '그리 아니하실지라도'라는 말은 이러한 인과응보의 원리의 발전적 이해를 담고 있다.

이 신앙을 견지하기 때문에 우리는 주어지는 어떤 대가를 바라지 않고, 오직 그분으로 인하여 기쁘며 나의 최고의 것을 바치는 것으로 만족하는 것이다. 그런 의미에서 응보는 하나님의 것이며 우리의 할 일은 하나님을 최고의 자리에 모시는 것이다. 하나님의 응답은 필연적인 것이 아니며 그분의 자유에 따른다. 다니엘서에서 종말과 부활 사상이 어느 정도 나타나는지에 대하여는 이견이 있지만, 신약에서 완전히 드러난 계시의 입장에서 해석한다면 다니엘서는 한편으로는 하나님 한 분만으로 만족하며 대가를 바라지 않는 신앙의 모델이면서, 동시에 죽음 이후의 세계에서 하나님이 응보를 이루실 것을 믿는 것이다. 즉, '그리 아니하실지라도'가 이 땅에서의 신정론을 파기하는 것이 아니라 죽음 이후의 세계에서 하나님이 이루실 그분의 궁극적인 정의를 암시하고 있다. 예수께서 죽으시고 다시 부활하신 것은 바로 의로운 자를 죽음 가운데 버려두지 않으시고 살리심으로 공의의 하나님임을 보여주고 인과응보의 원리를 이 땅에서 죽음 너머까지 확장하신 것이다. 사실상 부활의 신앙을 가진 현대의 기독교인들에게 '그리 아니하실지라도'의 신앙은 더 쉽게 접근할 수 있다. 죽음 이후의 세계에 대한 확신이 있기 때문이다. 이와 같이 이 고백은 죽음을 넘어서까지라도 하나님의 공의는 이루어질 것을 믿는 것이다. 오늘날 그리스도인이 된다는 것은 바로 죽음 너머에서 이루어질 하나님의 공의를 확신하면서 그리 아니하실지라도를 받아들이는 것을 의미한다.

D. 느부갓네살 왕의 고백(4 : 1 – 37)

1느부갓네살 왕은 천하에 거주하는 모든 백성들과 나라들과 각 언어를 말하
는 자들에게 조서를 내리노라 원하노니 너희에게 큰 평강이 있을지어다 2지
극히 높으신 하나님이 내게 행하신 이적과 놀라운 일을 내가 알게 하기를 즐
겨 하노라 3참으로 크도다 그의 이적이여, 참으로 능하도다 그의 놀라운 일이
여, 그의 나라는 영원한 나라요 그의 통치는 대대에 이르리로다 4나 느부갓네
살이 내 집에 편히 있으며 내 궁에서 평강할 때에 5한 꿈을 꾸고 그로 말미암
아 두려워하였으니 곧 내 침상에서 생각하는 것과 머리 속으로 받은 환상으
로 말미암아 번민하였었노라 6이러므로 내가 명령을 내려 바벨론의 모든 지
혜자들을 내 앞으로 불러다가 그 꿈의 해석을 내게 알게 하라 하였더라 7그
때에 박수와 술객과 갈대아 술사와 점쟁이가 들어왔으므로 내가 그 꿈을 그
들에게 말하였으나 그들이 그 해석을 내게 알려 주지 못하였느니라 8그 후에
다니엘이 내 앞에 들어왔으니 그는 내 신의 이름을 따라 벨드사살이라 이름
한 자요 그의 안에는 거룩한 신들의 영이 있는 자라 내가 그에게 꿈을 말하여
이르되 9박수장 벨드사살아 네 안에는 거룩한 신들의 영이 있은즉 어떤 은밀
한 것이라도 네게는 어려울 것이 없는 줄을 내가 아노니 내 꿈에 본 환상의
해석을 내게 말하라 10내가 침상에서 나의 머리 속으로 받은 환상이 이러하니
라 내가 본즉 땅의 중앙에 한 나무가 있는 것을 보았는데 높이가 높더니 11그
나무가 자라서 견고하여지고 그 높이는 하늘에 닿았으니 그 모양이 땅 끝에
서도 보이겠고 12그 잎사귀는 아름답고 그 열매는 많아서 만민의 먹을 것이
될 만하고 들짐승이 그 그늘에 있으며 공중에 나는 새는 그 가지에 깃들이고
육체를 가진 모든 것이 거기에서 먹을 것을 얻더라 13내가 침상에서 머리 속
으로 받은 환상 가운데에 또 본즉 한 순찰자, 한 거룩한 자가 하늘에서 내려
왔는데 14그가 소리 질러 이처럼 이르기를 그 나무를 베고 그 가지를 자르고
그 잎사귀를 떨고 그 열매를 헤치고 짐승들을 그 아래에서 떠나게 하고 새들
을 그 가지에서 쫓아내라 15그러나 그 뿌리의 그루터기를 땅에 남겨 두고 쇠

와 놋줄로 동이고 그것을 들 풀 가운데에 두어라 그것이 하늘 이슬에 젖고
땅의 풀 가운데에서 짐승과 더불어 제 몫을 얻으리라 16또 그 마음은 변하여
사람의 마음 같지 아니하고 짐승의 마음을 받아 일곱 때를 지내리라 17이는
순찰자들의 명령대로요 거룩한 자들의 말대로이니 지극히 높으신 이가 사람
의 나라를 다스리시며 자기의 뜻대로 그것을 누구에게든지 주시며 또 지극히
천한 자를 그 위에 세우시는 줄을 사람들이 알게 하려 함이라 하였느니라 18
나 느부갓네살 왕이 이 꿈을 꾸었나니 너 벨드사살아 그 해석을 밝히 말하라
내 나라 모든 지혜자가 능히 내게 그 해석을 알게 하지 못하였으나 오직 너는
능히 하리니 이는 거룩한 신들의 영이 네 안에 있음이라 19벨드사살이라 이름
한 다니엘이 한동안 놀라며 마음으로 번민하는지라 왕이 그에게 말하여 이르
기를 벨드사살아 너는 이 꿈과 그 해석으로 말미암아 번민할 것이 아니니라
벨드사살이 대답하여 이르되 내 주여 그 꿈은 왕을 미워하는 자에게 응하며
그 해석은 왕의 대적에게 응하기를 원하나이다 20왕께서 보신 그 나무가 자라
서 견고하여지고 그 높이는 하늘에 닿았으니 땅 끝에서도 보이겠고 21그 잎사
귀는 아름답고 그 열매는 많아서 만민의 먹을 것이 될 만하고 들짐승은 그
아래에 살며 공중에 나는 새는 그 가지에 깃들었나이다 22왕이여 이 나무는
곧 왕이시라 이는 왕이 자라서 견고하여지고 창대하사 하늘에 닿으시며 권세
는 땅 끝까지 미치심이니이다 23왕이 보신즉 한 순찰자, 한 거룩한 자가 하늘
에서 내려와서 이르기를 그 나무를 베어 없애라 그러나 그 뿌리의 그루터기
는 땅에 남겨 두고 쇠와 놋줄로 동이고 그것을 들 풀 가운데에 두라 그것이
하늘 이슬에 젖고 또 들짐승들과 더불어 제 몫을 얻으며 일곱 때를 지내리라
하였나이다 24왕이여 그 해석은 이러하니이다 곧 지극히 높으신 이가 명령하
신 것이 내 주 왕에게 미칠 것이라 25왕이 사람에게서 쫓겨나서 들짐승과 함
께 살며 소처럼 풀을 먹으며 하늘 이슬에 젖을 것이요 이와 같이 일곱 때를
지낼 것이라 그 때에 지극히 높으신 이가 사람의 나라를 다스리시며 자기의
뜻대로 그것을 누구에게든지 주시는 줄을 아시리이다 26또 그들이 그 나무뿌
리의 그루터기를 남겨 두라 하였은즉 하나님이 다스리시는 줄을 왕이 깨달은

후에야 왕의 나라가 견고하리이다 27그런즉 왕이여 내가 아뢰는 것을 받으시
고 공의를 행함으로 죄를 사하고 가난한 자를 긍휼히 여김으로 죄악을 사하
소서 그리하시면 왕의 평안함이 혹시 장구하리이다 하니라 28이 모든 일이 다
나 느부갓네살 왕에게 임하였느니라 29열두 달이 지난 후에 내가 바벨론 왕궁
지붕에서 거닐새 30나 왕이 말하여 이르되 이 큰 바벨론은 내가 능력과 권세
로 건설하여 나의 도성으로 삼고 이것으로 내 위엄의 영광을 나타낸 것이 아
니냐 하였더니 31이 말이 아직도 나 왕의 입에 있을 때에 하늘에서 소리가 내
려 이르되 느부갓네살 왕아 네게 말하노니 나라의 왕위가 네게서 떠났느니라
32네가 사람에게서 쫓겨나서 들짐승과 함께 살면서 소처럼 풀을 먹을 것이요
이와 같이 일곱 때를 지내서 지극히 높으신 이가 사람의 나라를 다스리시며
자기의 뜻대로 그것을 누구에게든지 주시는 줄을 알기까지 이르리라 하더라
33바로 그 때에 이 일이 나 느부갓네살에게 응하므로 내가 사람에게 쫓겨나서
소처럼 풀을 먹으며 몸이 하늘 이슬에 젖고 머리털이 독수리 털과 같이 자랐
고 손톱은 새 발톱과 같이 되었더라 34그 기한이 차매 나 느부갓네살이 하늘
을 우러러 보았더니 내 총명이 다시 내게로 돌아온지라 이에 내가 지극히 높
으신 이에게 감사하며 영생하시는 이를 찬양하고 경배하였나니 그 권세는 영
원한 권세요 그 나라는 대대에 이르리로다 35땅의 모든 사람들을 없는 것 같
이 여기시며 하늘의 군대에게든지 땅의 사람에게든지 그는 자기 뜻대로 행하
시나니 그의 손을 금하든지 혹시 이르기를 네가 무엇을 하느냐고 할 자가 아
무도 없도다 36그 때에 내 총명이 내게로 돌아왔고 또 내 나라의 영광에 대하
여도 내 위엄과 광명이 내게로 돌아왔고 또 나의 모사들과 관원들이 내게 찾
아오니 내가 내 나라에서 다시 세움을 받고 또 지극한 위세가 내게 더하였느
니라 37그러므로 지금 나 느부갓네살은 하늘의 왕을 찬양하며 칭송하며 경배
하노니 그의 일이 다 진실하고 그의 행하심이 의로우시므로 교만하게 행하는
자를 그가 능히 낮추심이라.

4장은 5장과 함께 왕의 이야기를 다루고 있다. 하나님은 이방 왕을 세우

시고 그들에게 권세를 위임하시고 그들로 하여금 왕의 정체성을 갖기 원하신다. 이에 4장에서는 그렇게 변화된 느부갓네살 왕의 고백 이야기, 5장은 마지막까지 변화되지 않고 멸망한 벨사살 왕의 이야기를 담고 있다. 포로생활을 하는 사람들에게는 다음과 같은 질문들이 다가온다. 왜 포로가 시작되었는가? 언제 포로가 끝나는가? 그리고 포로의 끝이 오기까지 어떻게 포로기를 보내야 하는가이다. 1장에서 본 것처럼 다니엘서는 하나님의 재가 가운데 포로가 시작되었음을 믿는다. 그리고 때가 되면 포로가 끝나고 하나님이 통치하시는 나라가 올 것을 믿는다. 이제 포로의 시작과 종말을 받아들이고 나면 포로시대를 어떻게 살아야 하는지 묻게 된다. 3장과 6장에서 보이는 것처럼 포로 기간 동안에 디아스포라들은 토라에 대한 순종을 통하여 하나님에 대한 신앙을 보여야 한다. 그러면 포로 기간 동안에 그들을 다스리는 이방 왕을 어떻게 이해할 것인가? 이방 왕이 다스리는 기간은 끝이 있지만 이 기간 동안 그들은 하나님의 재가를 통하여 이스라엘 백성을 치리하는 하나님의 도구로 사용된다. 이방 왕은 정복자이기에 현실에서 느끼는 유대인들의 두려움은 엄청난 것이지만 하나님 나라를 기다리는 유대 백성들은 자신들을 정복한 자들을 향하여 놀라운 해석을 시도한다. 다니엘서 4장과 5장은 이와 같이 포로 기간 동안 권세를 허락받은 이방 왕들을 어떻게 대할 것인가에 대한 답변이다. 왕의 정체성에 관한 결론은 이미 다니엘서 2장에 나타냈다 : "그는……왕들을 폐하시고 왕들을 세우시며"(2 : 21).

겉보기에 이방 왕들은 이스라엘 백성들을 지배하지만 왕들을 세우시고 폐하시는 이는 바로 하나님이시다. 이스라엘과 유다의 역사 속에서 왕들을 세우시고 폐하시던 하나님이 이제는 이방 왕들도 세우시고 폐하신다. 그리하여 이스라엘 백성들은 이방 왕들이 세워지고 폐위되는 역사를 통하여 이방 왕들도 하나님의 토라 앞에 서 있음을 알게 된다. 다니엘서 4장과 5장은 토라에 비추어 보았을 때 하나님 앞에 바르게 선 왕과 그렇지 못한 왕을 구분하고 있다. 즉, 다니엘서 4장과 5장은 토라 앞에 서있는 이방 왕의 운명을 이스라엘 전승의 빛 아래에서 서술하고 있다. 다니엘서 저자가 선택한 전승은 신명기 신학이다. 하나님은 인간을 무조건적으로 선택하시고 인간에게 계명에 순종할 것을 요구하신다. 순종하는 자에게 복을 주시지만 순종하지 않는 자에게는 징벌을 내리신다. 그러나 그들이 회개하고 돌아오면 언제든지 하나님은 그들을 받아 주신다. 그러나 하나님이 기다리지도 않으시고 하나님께 돌아갈 수도 없는 한계가 있는데 다니엘서에서는 이것을 신성모독으로 묘사한다. 본문에서 나타난 두 왕 중에 느부갓네살 왕은 하나님의 경고에도 불구하고 교만하여 하나님으로부터 벌을 받지만 회개함으로 회복되는 자들을 대표하고 있고, 벨사살 왕은 역사를 통한 하나님의 경고에도 불구하고 신성모독으로 인하여 회개할 기회도 얻지 못하고 멸망한 예에 속한다. 이러한 관점으로 먼저 4장을 살펴보고자 한다. 4장의 문학적 구조는 다음과 같다 : 1) 편지의 서론(1-3절) ; 2) 꿈의 진술(4-18절) ; 3) 꿈의 해석(19-27절) ; 4) 예언의 성취(28-33절) ; 5) 결론 : 하나님에 대한 찬양(34-37절).

1. 편지의 서론(4 : 1-3)

[4 : 1-3] 4장은 3장과 달리 사건을 귀납적으로 서술하는 것이 아니라 이미 왕이 체험한 사건을 고백의 형식으로 서신에 담아 제국 주민들에게 보내는 형식으로 되어 있다. 서론에서(1-3절) 발신자는 느부갓네살 왕이고 수신자는 '천하에 거주하는 모든 백성들과 각 언어를 말하는 자들' 곧 그의 통치 아래 있는 모든 백성들이다. 전체적으로는 1인칭으로 서술하되 19~33절에서는 3인칭으로 서술하고 있다. 서신이 전하려는 것은 '느부갓네살 왕에게 행하신 이적과 기사'(2절)를 알게 하는 것이다. '이적과 기사'는 포로 이전에 이스라엘 백성들이 고백했던 내용이다(출 7 : 3 ; 신 6 : 22 ; 7 : 19 ; 시 135 : 9). 그런데 그 이적과 기사를 행하시는 분의 이름을 이스라엘의 하나님이신 야훼라고 부르지 않고 지극히 높으신 하나님(창 14 : 19-20 ; 민 24 : 16)이라고 한

다. 이 고백은 이스라엘 백성의 고백이 아니라 이방인들을 통하여 고백되는 형식이다(출 18 : 10-11 ; 수 2 : 10). 하나님은 이스라엘 백성들을 통하여 이러한 찬양을 들을 뿐 아니라 나아가서 이방인들의 입에서 찬양을 들으심으로 하나님의 구원 역사는 온 세계가 확인할 수 있는 객관적인 역사임을 보여준다. 4장에서는 3장처럼 사건을 따라가면서 변화되는 것을 서술하지 않고 이미 사건을 통하여 변화된 왕의 고백을 기록하고 있다. 온 세상을 뜻하는 '천하'를 다스리는 권세를 위임받은 느부갓네살 왕이 피조물로서 하나님이 행하신 이적과 놀라운 일을 천하의 백성들로 알게 하는 것이다. 느부갓네살 왕의 고백의 절정은 3절에 영원한 나라에 대한 찬양에서 나타난다 : "참으로 크도다 그의 이적이여, 참으로 능하도다 그의 놀라운 일이여, 그의 나라는 영원한 나라요 그의 통치는 대대에 이르리로다"(4 : 3). 이 주제는 다니엘서가 최종적으로 강조하려는 영원한 하나님 나라에 대한 찬양이면서(7 : 27), 느부갓네살 왕이 개인적으로 회심을 통하여 완전한 신 인식에 이르렀음을 보여준다.

2. 꿈의 진술(4 : 4-18)

[4 : 4-18] 왕이 하나님의 계시인 꿈을 꿀 때의 상태는 '내 집에 편히 있으며 내 궁에서 평강할 때에'(4 : 4)이다. '편히 있음'은 아무 걱정 없이 안락해 보이는 것이며, '평강함'은 특히 번성한 나무를 뜻하는 단어로(신 12 : 2 ; 렘 11 : 16) 왕이 최고의 업적을 성취하고 최고 높은 자리에 올라 강력한 권세를 누림으로 자족하고 자만한 상태를 말한다. 이는 느부갓네살 왕이 바벨론을 통치하면서 최고의 자리에서 더 이상 이룰 것이 없고 올라갈 곳이 없어 자만한 상태를 말하는 것으로서 본문에서 비유되는 나무의 상태를 통해 암시한다(4 : 10-13). 이렇게 평안해 보이는 상태를 무너뜨린 것은 바로 하나님의 계시인데, 하나님의 계시의 임함은 다음과 같이 표현된다 : "한 꿈을 꾸고 그로 말미암아 두려워하였으니 곧 내 침상에서 생각하는 것과 머릿속으로 받은 환상으

로 말미암아 번민하였었노라"(4 : 5).

이 표현은 세 개의 명사(꿈, 생각하는 것, 환상)와 두 개의 동사(두려워함, 번민함)에 함축되어 있다. 느부갓네살 왕을 두려워하고 번민하게 만든 것 중에서 꿈은 잠잘 때 정상적으로 경험하는 것이고, 환상은 깨어 있는 동안 특별한 상태의 의식 가운데서 경험하는 것이다. 꿈과 환상은 동의어로 사용되기도 하고 계시를 전하는 도구로 표현되기도 한다(욜 2 : 28 ; 욥 33 : 15). 그러나 하나님의 말씀에 반하는 꿈과 환상은 거짓 예언의 도구가 될 수도 있다(렘 23 : 28 ; 14 : 14). 꿈과 환상이라는 말은 다니엘서에 자주 나오는데 '생각하는 것'이라는 말은 오직 여기에서만 나오는데 본문의 문맥에서는 꿈이나 환상의 동의어로 사용된 것으로 보인다. 이 세 가지는 모두 아무 문제가 없고 완벽하다고 생각하는 느부갓네살을 두렵고 번민하게 만든다.

왕은 이 꿈에 하늘의 특별한 계시가 숨어 있다고 여기고 꿈을 해석할 수 있는 바벨론의 모든 지혜자들을 부른다. 이 지혜자들은 박수, 술객, 갈대아 술사, 점쟁이로 이루어진 그룹으로 표현된다. 2장과는 다르게 왕은 그들에게 꿈의 내용을 말하고 그 해석을 요구한다. 그러나 2장과 마찬가지로 바벨론의 지혜자들은 꿈을 듣고도 해석을 왕에게 전해주지 못한다. 그런데 왕은 이미 2장에서 놀라운 방법으로 꿈과 해석을 밝힘으로 지혜자의 어른으로 임명된 다니엘을 먼저 부르지 않는다. 원래 주인공은 마지막에 등장하는 것처럼 바벨론의 술객들이 실패한 후에야 다니엘이 왕 앞에 부름을 받는다(4 : 8). 다니엘이 늦게 들어왔다고 해서 왕이 다니엘의 존재를 잊고 있었던 것은 아니다. 왕은 다니엘을 '내 신의 이름을 따라 벨드사살이라 이름한 자요 그의 안에는 거룩한 신들의 영이 있는 자'라고 부른다(4 : 8). 느부갓네살 왕이 신의 이름을 따라 이름을 고친 까닭은 포로로 끌려왔기 때문에 이름을 바꾸게 한 것이며, 그의 안에 거룩한 신들의 영이 있다고 말한 것은 느부갓네살 왕이 2장에서와 같이 여러 경험을 통하여 다니엘의 꿈 해석 능력을 인정한 표현이라고 볼 수 있다. 아마도 왕이 말하는 거룩한 신들은 그가 섬기는 벨신을 말하는 것으로써 다니엘의 신을 인정하기보다는 느부갓네살 왕이 섬기는 신으로부터 능력을 받아서 꿈을 해석한다고 여겼을 것이다. 이방 왕인 느부갓네살 왕이 다니엘을 '거룩한 신들의 영이 있는 자'라고 표현하는 것이나, 애굽의 왕 바로가 요셉을 '하나님의 영에 감동된 사람'(창 41 : 38)이라고 표현한 것은 모두 이방 왕들이 다니엘이나 요셉의 꿈 해석 능력을 극찬하는 표현이라고 볼 수 있다. 그리하여 느부갓네살 왕은 다니엘에게 신들의 영이 있기 때문에 어떤 은밀한 것도 어렵지 않게 해석해 줄 것을 믿고 꿈에 대한 해석을 요청한다. 왕은 자신의 신이 자신을 돕는 것으로 여기고 있으면서도, 하나님의 도움으로 꿈을 해석하고 있음도 견지하고 있다. 2장에서 다니엘은 자신의 꿈 해석의 능력이 오직 은밀한 것을 드러내시는 하늘의 하나님에게서부터 오는 것임을 언급한 후에 꿈을 해석하였지만, 4장에서는 꿈의 해석으로 바로 들어간다. 2장에서는 꿈 해석이 다니엘의 능력으로 인한 것이라고 오인될 위험으로 인하여 능력의 출처를 밝혔지만, 4장 자체가 느부갓네살의 고백으로 이루어진 것을 보면 이러한 언급은 이미 전제되어 있기 때문에 불필요했던 것이다.

느부갓네살이 꾼 꿈의 내용은 "나의 머리 속으로 받은 환상은 이러하니라"로 시작하여 두 부분으로 이루어져 있는데, 첫 번째 부분(10－12절)은 낙관적인 장면이고 두 번째 부분(13－17절)은 비관적인 장면이다(Seow 67). 첫 번째 부분은 왕이 '내 궁에서 평강할 때'(4절) 아직 예기치 못한 상황이 임하지 않은 권력의 극치에 서 있는 왕의 상태를 보여준다. 이 부분은 '내가 본즉'으로 시작하여 땅의 중앙에 있는 나무를 서술하고 있다. 나무의 비유는 근동지방의 표현기법이기도 하고 성경에도 여러 곳에 나타난다. 잠언에서 지혜는 생명나무로 표현되며(잠 3 : 18), 이스라엘도 나무로 표현되었다(겔 17 : 22－24 ; 시 80 : 8－16). 왕의 위치가 세상의 중심이라는 말은 하나님이 세상을 다스리는 도구로 세우신 왕에게 부여된 권세를 표현한다. 그의 권세의 극치는 두 가지로 표현되는데 높이와 풍성함이다. 먼저 나무의 높이가 높아서 하늘에 닿고(창 11 : 4 ; 사 14 : 13－14 ; 겔 31 : 3) 그 모양이 땅 끝에서도 보인다. 두 번째로, 나무의 풍성함은 잎사귀가 아름답고 열매가 많아서 우주에 존재하는 생물을 품을 수 있을 정도이다. 열매의 풍성함은 곧 만민이 먹을 만하고, 육체를 가진 모든 것이 먹을 것을 얻을 정도이다. 잎사귀의 풍성함은 곧 들짐승과 공중에 나는 새가 그 그늘에 깃들인다고 표현한다. 땅의 중앙에 있는 나무는 모양으로도 세상의 중심이며 내용적으로도 모든 세상을 품을 수 있는 풍성함이 준비되어 있는 것이다.

느부갓네살 왕이 꾼 꿈의 두 번째 부분은 '또 본즉'(4 : 13)으로 시작한다. 이 부분에서는 순찰자가 등장하여 하나님의 계시를 보여준다. 순찰자(이르)라는 단어는 본문 이전에 나타나지 않고 구약 후기 문헌에서 나타난다(에녹1서 1-26장, 에녹2서 18장 등). 그런데 본문에서는 순찰자에게 거룩한 자(카디쉬)라는 동의어를 첨부하고 있다(4 : 13, 17). 거룩한 자라는 말은 다니엘서에서 하나님과 인간을 매개하는 천사에게 사용된다. 천사 중에서 특별히 순찰자는 본문에서 나타나는 것처럼 심판을 선언하는 천사와 같은 천상의 존재들에게 부여되는 칭호이다. 본문에서 순찰자는 하나님을 대신하여 심판을 선포하고(4 : 14-16) 심판의 의미까지(4 : 17) 제시하고 있다. 심판의 선언은 한 번에 이루어지지 않고 여섯 개의 단어(베고, 자르고, 떨고, 헤치고, 떠나게 하고, 쫓아내라)와 더불어 천천히 제시된다. 이 심판은 나무가 권세의 극치를 보여주는 특징들이 상실되는 것으로서 12절과는 반대로 나타난다. 풍성한 나무의 특징인 가지, 잎사귀, 열매를 잃고, 더불어 나무 곁에 존재하는 짐승과 새들이 사라짐으로 세상을 품을 수 있는 풍성함이 상실된다. 나무를 통하여 심판을 나타내는 것은 다른 문헌에도 나타나는데(겔 17 : 3-4 ; 31장). 본문에서 나무의 모습은 심판으로 끝나는 것이 아니라 뿌리의 그루터기가 남겨짐으로 희미하나마 소망을 보여준다(사 6 : 13 ; 11 : 1). 남겨진 그루터기는 철과 놋줄로 동이고 들풀 가운데 두어진다.

이후부터 꿈의 내용에서 주어가 바뀐다. 15a절에서는 나무로, 15b절에서는 대명사를 사용하여 나중에 왕으로 판명되지만, 짐승과 함께 있으면서 쇠와 놋줄로 동여진 사람으로, 그리고 16절에서는 사람의 마음이 아니라 짐승의 마음을 가진 사람의 모습으로 나타난다. 이는 모두 한 사람을 가리키는 다른 표현으로, 남겨진 그루터기로서 철과 놋줄로 동여진 채 들풀 가운데 있게 된 사람이 더 이상 만물을 위하여 음식과 환경을 제공하지 못하고 짐승들과 함께 하늘만 바라보면서 자신의 몫으로서 이슬을 바라며 살아가는 존재를 그리고 있다. 그리고 사람의 마음이 아니라 짐승의 마음을 갖고 일곱 해 동안 지내게 된다. 심판받은 왕이 쇠와 놋줄 때문에 회복이 지연되고, 포로의 기간인 일곱 해를 짐승의 상태로 기다려야 한다는 것이다. 본문의 문맥에서 왕이 짐승이 된 것은 그가 다스리는 위치를 상실하였을 때 나타났다. 구약의 전승에 따르면 인간은 짐승과 구별된 존재이다. 인간이나 짐승이나 모두 하나님의 피조물이지만 인간은 짐승과는 달리 짐승을 다스리는 권세를 받은 하나님의 대행인이다(창 1 : 27－28 ; 시 8편).

느부갓네살 왕이 짐승과 같이 되었다는 것은 왕으로서 권세를 가졌다가 그 권세를 상실하였음을 의미한다. 느부갓네살 왕은 꿈을 꾸고 있지만, 이미 꿈에서 꿈의 의미가 무엇인지를 제시하고 있다. 꿈의 의미를 전달해 주는 자는 순찰자들이다. 순찰자가 처음에는 단수로 나타나지만(4 : 13), 후에는 복수로 변한다(4 : 17). 꿈에서 나타난 내용들이 주는 교훈은 사람들을 위한 것으로, 사람의 나라를 다스리는 분은 지극히 높으신 자이며, 그분은 나라를 누구에게나 주시고, 지극히 천한 자라도 나라를 다스리게 하신다는 것이다. 이는 왕을 세우기도 하고 폐하기도 하시는 분이 바로 하나님임을 다시금 드러내는 것이기도 하다(2 : 21). 왕은 꿈 이야기를 다 전하고 나서 다니엘에게 해석을 기대하지만 이 해석은 다니엘의 능력이라기보다는 다니엘 안에 있는 거룩한 신들의 능력에 의하여 가능하다고 믿고 있다.

3. 꿈의 해석(4 : 19 – 27)

[4 : 19-27] 왕으로부터 해석을 요구받은 다니엘은 즐겁게 해석에 임할 수 없었다. 정작 꿈의 해석을 간파한 다니엘의 반응은 "놀라 마음이 번민하였다." 왜냐하면 해석을 듣는 느부갓네살 왕이 비록 회복되지만 심판을 겪는다는 예언을 말해야 하기 때문이다. 오히려 꿈의 내용은 느부갓네살 왕의 적대자에게나 전했으면 좋을 법한 내용이었다. 해석을 전해야 하는지에 관한 다니엘의 고민은 해석하라는 느부갓네살의 격려로 해결된다. 다니엘이 꿈을 해석할 때 부분적으로 꿈의 내용을 언급하면서 해석을 시도한다. 첫 번째 해석은 번성하는 나무에 관한 것이다. 먼저 느부갓네살 왕이 말한 꿈의 내용을 거의 축자적으로 반복한다. 11절의 "그 모양이 땅 끝에서도 보이겠고"와 12절의 "육체를 가진 모든 것이 거기에서 먹을 것을 얻더라"가 생략되기는 하였지만 전달에는 문제가 없는 것으로 보인다. 꿈의 내용을 재 진술한 후에 다니엘은 해석을 시도한다. 나무는 바로 느부갓네살 왕이다. 다니엘의 첫 번째 해석에서 네 개의 동사를 사용하여(자라서, 견고하여지고, 창대하사, 하늘에 닿으시며) 왕의 외적인 성장을 설명하고, 두 번째로 왕이 가진 권세가 땅 끝까지 미치게 된다고 해석한다. 하나님이 세상을 다스리도록 느부갓네살 왕에게 우주를 통치하는 큰 권세를 주셨음을 알 수 있다.

해석에서 꿈을 재 진술할 때 다니엘은 나름대로 함축적으로 제시한다. 꿈에서는 나무의 베어짐이 여섯 문장으로 설명되는데 해석에서는 한 문장으로(그 나무를 베어 없애라.) 설명한다. 사람이 들짐승이 되어 칠 년간 지내는 것도 간략하게 설명하고 있다. 역시 문장을 생략한 것은 다 알고 있다는 전제에서 비롯된 것이며, 내용은 달라지지 않은 것으로 보인다. 꿈의 내용을 설명한 후에 꿈에서 지극히 높으신 이가 명령하신 것이 왕에게 성취될 것이라고 말하면서 해석을 시도한다. 해석의 내용은 심판, 칠 년의 기간, 나라의 견고함으로 이루어진다. 심판은 꿈에서 말한 대로 네 가지 행동으로 나타난다 : "왕이 사람에게서 쫓겨나서 들짐승과 함께 살며 소처럼 풀을 먹으며 하늘 이슬에 젖을 것이요"(4 : 25a). 그러나 이 심판은 완전한 종말이 아니라 나무뿌리의 그루터기를 남겨 놓음으로 회복의 기회가 있음을 보여 준다(26a). 회복까지의 기간은 임의적인 것이 아니라 일곱 해로 정해졌다. 이 기간이 지나면(일곱 해를 지날 것이라, 그때에) 왕이 알게 될 것은 지극히 높으신 자가 사람의 왕국을 다스리시며 하나님께서 마음대로 왕을 세우신다는 것이다. 왕의 나라가 회복되고 견고해지는 방법은 바로 하나님이 다스리신다는 것을 깨닫는 것이다.

다음에 시작하는 말은 '그런즉'이다. 즉, 하나님이 느부갓네살에게 앞으로 일어날 모든 역사를 미리 계시하신 후에 느부갓네살 왕이 해야 할 일을 보여 주신다. 그 일을 할 것인가 아니면 하지 말 것인가는 왕에게 달려있다. 26절 마지막에 나타난 결론적인 말은 '하나님이 다스리시는 줄'을 왕이 깨달은 후에 왕의 나라가 견고하리라는 것이었다. 만약 이것을 깨닫지 못한다면 형벌로 주어지는 칠 년의 심판이 임할 것이요, 만약 미리 깨닫는다면 이 형벌이 주어질 필요가 없는 것이다. 이것을 깨달은 증거는 무엇인가? 그것이 27절에 나타난다. 이 안에 예언자적인 권면이 있다. 그것은 그가 임박한 형벌을 피할 수 있는 방법으로 회개의 표시로 공의를 행하는 것이다 : "그런즉 왕이여 내가 아뢰는 것을 받으시고 공의를 행함으로 죄를 사하고 가난한 자를 긍휼히 여김으로 죄악을 사하소서 그리하시면 왕의 평안함이 혹시 장구하리이다 하니라"(4 : 27). 공의와 가난한 자를 긍휼히 여기는 것이 임박한 심판을 피하고, 죄를 속하는 도구가 된다고 말한다. 그것이 왕의 편안함을 장구하게 하는 것이다. 하나님이 다스리시는 줄을 안다는 증거는 바로 공의를 행하는 것으로 이해한 것이다. 이 구절에서 다니엘은 단순한 현자가 아니라 토라에 기초한 예언자의 모습이다. 왕정 시기에 왕은 하나님으로부터 왕국을 다스리는 권세를 받았지만 왕이 하나님을 두려워하는 증거는 토라에 대한 순종이다. 왕도 토라 앞에 순종하여야 한다. 당신이 바로 그 사람이라고 말했던 나단처럼 다니엘은 느부갓네살에게 토라에 따라 순종할 것을 요구한다. 토라에 대한 순종은 신명기 신학에 따르면 임박한 형벌을 피하기 위해서 드러내는 회개의 표시이다. 회개는 이미 확정된 심판을 피할 수 있는 기회인 것이다.

4. 예언의 성취(4 : 28 - 33)

[4 : 28-33] 예언이 끝난 후에 예언대로 성취되었음을 다음과 같이 표현한다 : "이 모든 일이 다 나 느부갓네살 왕에게 임하였느니라"(28절). 예언의 성취는 느부갓네살 왕의 일인칭 서술로 진행되는데(28 - 33절) 이는 4장을 느부갓네살 왕의 고백으로 볼 때 적절한 것이다. 예언과 성취 사이의 기간을 1년 대신 열두 달로 표현함으로(4 : 29) 느부갓네살 왕에게 충분한 기회가 있었음을 강조한다. 느부갓네살은 회개를 통하여 자신의 운명을 바꿀 수 있었지만 그는 회개하지 않았다. 예고된 재앙이 임하기 전에 느부갓네살이 왕궁(지붕) 위에서 거니는 것은 마치 다윗이 밧세바를 범할 때의 장면을 연상시킨다(삼하 11 : 2). 심판 직전의 상황은 하나님이 부여한 권세를 자기의 것인 줄 알고, 자신에게 주어진 경고를 무시한 교만의 극치에 오른 상태이다. 느부갓네살 왕은 자신의 권력의 정점에서 모든 것이 자신의 성취라고 주장함으로 하나님께 돌아갈 영광을 차지한다 : "이 큰 바벨론은 내가 능력과 권세로 건설하여 나의 도성으로 삼고 이것으로 내 위엄의 영광을 나타낸 것이 아니냐"(4 : 30).

느부갓세살 왕의 교만이 드러난 직후 심판하는 하늘의 소리가 내려온다(4 : 31 - 32). 느부갓네살 왕의 운명에 대한 예언은 4 : 17을 반복하고 있다 : 왕위가 떠남, 사람으로부터 쫓겨남, 들짐승과 함께 삶, 소처럼 풀을 먹음, 그리고 이 상태가 지속되는 기간 등으로 나타난다. 예언이 선포된 직후에 예언이 성취되었다(4 : 33) : 사람에게 쫓겨남, 소처럼 풀을 먹음, 몸이 하늘 이슬에 젖음, 머리털이 독수리 털과 같이 자람, 손톱은 새 발톱과 같이 됨. 이 예언은 느부갓네살 왕이 왕위를 박탈당한 채 짐승과 같이 되었음을 강조하고 있다.

5. 느부갓네살 왕의 회복(4 : 34-37)

[4 : 34-37] 신명기 신학에 따르면 하나님은 당신의 백성들의 회개를 들으시고 회복의 은혜를 베푸신다. 하나님은 인간을 무조건적으로 선택하시고(신 7 : 7), 인과응보의 원리에 따라 택한 자를 다루신다. 징벌을 받는다 해도 그것이 처음 구원 자체가 무효화되는 것은 아니다. 아직도 택한 자로서 하나님께 회개하면 하나님은 그를 돌이키신다는 것이다. 그런 면에서 느부갓네살은 심판을 통하여 짐승의 상태에 섰지만, 그루터기를 남겨 놓았다는 것은 그가 아직 하나님의 선택된 자로서 회복의 여지가 있음을 보여준다. 남겨진 그루터기는 그의 회개를 통하여 이루어지는 회복의 가능성을 암시한다. 느부갓네살은 유대인은 아니지만 하나님께로부터 백성을 위하여 권위를 부여받고, 택함을 입었음에도 죄를 지어 징벌을 받고 다시 회개하며 때가 되어 회복된 자로서의 모습을 보여준다. 본문에서 회복은 원리가 아니라 하나님의 은혜로, 하나님은 하늘을 우러러 봄을 저버리지 않으시고 때가 되어 회복시키셨다.

느부갓네살 이야기는 신명기 신학에서 강조하는 신앙의 사이클을 잘 설명해 주고 있다. 첫째, 왕은 자신의 능력으로 다스리는 것이 아니라 하나님의 권세를 부여받는 것이다. 둘째, 이 권세가 하나님으로부터 왔으며 하나님이 다스리신다는 것을 깨닫지 못한 자에게는 경고하며 교만에 대한 속죄의 표시로 공의를 행하도록 권유한다. 셋째, 돌이킬 수 있는 충분한 기간이 지난 후에도 경고를 듣지 않을 경우 심판이 이루어지는데 심판의 형태는 다스리는 권세를 빼앗고 짐승과 같이 지내는 것이다. 넷째, 기한이 차고 하늘을 우러러 보는 때가 되면 회복이 이루어지는데, 회복의 중심에는 권세가 하나님으로부터 왔음을 깨닫는 것이며, 그 결과 총명이 돌아오며 잃었던 권세가 회복되는 것이다.

34~37절에서 느부갓네살 왕의 회복은 다음과 같은 순서로 이루어졌다 : (1) 기한이 차다(34aα) ; (2) 왕이 하늘을 우러러 보다(34aβ) ; (3) 총명이 돌아오다(34aγ) ; (4) 하나님을 찬양하다(34b-35) ; (5) 총명, 나라 영광, 위엄과 광명이 돌아오고, 모사들과 관원들이 조회하며, 세움을 입고 위세가 더하다(36) ; (6) 하나님을 찬양하다(37). 특히나 총명이 돌아왔다는 표현이 두 번 반복된다. 그러므로 종합해 볼 때 34~37절 전체를 회복의 내용으로 보고 다음과 같은 순서로 회복이 이루어졌다고 보는 것이 합리적이다 : (1) 기한이 차다(34aα) ; (2) 왕이 하늘을 우러러 보다(34aβ) ; (3) 총명을 비롯하여 모든 것이 돌아오고, 신하들이 조회하고, 위세가 더하다(34aγ, 36) ; (4) 하나님을 찬양하다(34b-35, 37).

2장에서 왕국이 결국은 멸망할 것이라는 말을 들었지만, 왕은 자신의 나라의 강함에 대하여 긍정적으로 평가하였다. 3장에서 왕은 하나님의 능력에 대하여 도전하였다가 실패하고 하나님에 대하여 경솔히 말하지 않도록 조서를 내렸다. 4장에서 왕은 하나님 앞에서 왕의 정체성을 취하기를 요구받는다. 그 정체성은 곧 왕을 세우신 분이 하나님이심을 알고, 하나님이 다스리시며, 왕을 세우시기도 하고 폐하시기도 한다는 것을 깨달은 증거로 왕의 중요한 책임인 공의를 행하는 것이었다. 공의를 행하지 않은 왕의 마음은 "이 큰 바벨론은 내가 능력과 권세로 건설하여 나의 도성으로 삼고 이것으로 내 위엄의 영광을 나타낸 것이 아니냐"에 나타난다. 이것은 바로 왕을 세우신 하나님을 인정하지 않는 교만이고 하나님은 왕을 왕의 자리로부터 폐하시고 일곱 때 후에 회복을 시키신다.

왕의 회복의 조건은 때가 되어 하늘을 우러러 보는 것으로 표현된다. 그것은 곧 하나님이 바로 왕을 세우시고 폐하시는 분임을 인정한다는 것이다. 왕의 회복은 왕의 총명, 나라의 영광, 왕의 위엄과 광명이 돌아오며, 모사들과 관원들이 조회하며, 나라에서 왕이 세움을 받고, 지극한 위세가 더하는 것으로 표현되었다. 이와 같이 회복된 후에 드리는 고백은 무엇인가? 이 고백

은 4장 마지막만이 아니라 서론에도 나온다 :

"나 느부갓네살은 하늘의 왕을 찬양하며 칭송하며 경배하노니 그의 일이 다 진실하고 그의 행하심이 의로우시므로 교만하게 행하는 자를 그가 능히 낮추심이라"(4 : 37).

"땅의 모든 사람들을 없는 것같이 여기시며 하늘의 군대에게든지 땅의 사람에게든지 그는 자기 뜻대로 행하시나니 그의 손을 금하든지 혹시 이르기를 네가 무엇을 하느냐고 할 자가 아무도 없도다"(4 : 35).

"이에 내가 지극히 높으신 이에게 감사하며 영생하시는 이를 찬양하고 경배하였나니 그 권세는 영원한 권세요 그 나라는 대대에 이르리로다"(4 : 34b).

"참으로 크도다 그의 이적이여, 참으로 능하도다 그의 놀라운 일이여, 그의 나라는 영원한 나라요 그의 통치는 대대에 이르리로다"(4 : 3).

4장에 나타난 느부갓네살 왕의 고백에는 몇 가지 특징이 있다. 첫째로, 이 고백은 3장과 차이가 있다. 3장에서 비록 느부갓네살 왕이 변화되었다 할지라도 힘에 의한 굴복에 지나지 않았다. 그는 또한 백성들에게도 위협을 무기로 하나님에 대한 경솔한 말을 금지한다(3 : 29). 그러나 4장은 처음부터 마지막까지 고백의 형식을 취한다. 그는 자신이 경험하고, 지극히 높으신 자에 관하여 이해한 것을 고백한다. 더 이상 무력적인 힘에 의존하지 않고 개인적인 고백의 힘에 의존한다. 느부갓네살 왕의 고백은 곧 하나님은 교만한 자를 낮추시는 분이라는 것이다. 하나님은 주권을 가지고 땅과 하늘의 무엇이든지 마음대로 주관하시는 분이시다. 그분의 행위에 대하여 무엇이라고 비판할 자가 아무도 없다. 하나님이야말로 왕을 세우시고 폐하시는 분이시다.

둘째로, 왕의 고백은 하나님 나라의 영원함을 노래함으로 결론을 내린다. 2장에서 하나님이 꿈에서 보여주신 대로 강하다고 여기는 자신의 나라는 망하고 결국은 하나님의 나라만이 영원하다. 그것은 역사를 통하여 인간에게 보여주시는 계시이며, 하나님이 권세를 주신 왕들이 마땅히 알아야 할 왕의 정체성의 핵심이다. 4장에서야 비로소 우리는 2장에서부터 하나님이 왕을 연단하여 하나님이 기대하시는 왕의 정체성에 이르게 하셨음을 알 수 있다. 그러므로 왕의 정체성을 깨닫게 하는 연단은 2장에서부터 4장까지 연속적이고 점진적인 과정이라고 볼 수 있다. 그러나 그것이 곧 이 세상을 향한 하나님의 역사의 끝은 아니다. 왕은 자신의 정체성을 깨달았지만, 아직 왕의 신하들은 여전히 유대인 디아스포라에게 위협적인 존재로 남아 있기 때문이다. 6장은 이제 4장에서 얻은 결론에 따른 왕의 정체성을 전제하고 왕의 신하들과의 대결로 넘어간다.

셋째로, 디아스포라들에게 느부갓네살 왕은 어떤 의미가 있을까? 다니엘서 4장은 교만한 왕을 다루고 있지만, 이 왕은 폐위되었다가 회개와 회심에 이른다는 면에서 8장이나 11장에 나타난 안티오쿠스의 모습과는 다르다. 4장에는 이방 왕에 대한 낙관적인 태도가 배어 있다. 디아스포라들이 바라보기에 역사의 마지막에 하나님의 나라가 임하기 전에 인간이 세운 왕국은 결국 망하게 되는데, 그럼에도 그들이 제한된 기간이지만 통치할 수 있는 비결은 바로 하나님이 왕을 세우셨기 때문이다. 하나님은 그것을 깨닫지 못한 자를 훈련시켜서 깨닫게 하신다. 4장에 나타난 느부갓네살 왕은 훈련받는 모델만이 아니라 그의 교만, 폐위, 포로, 연단과 회복을 통하여 현재 포로를 경험하는 디아스포라들의 회복을 암시하는 틀로도 사용되었다고 볼 수 있다.

설교를 위한 묵상

1. 권세를 받은 자는 자신의 권세가 하나님으로부터 온 것임을 깨달아야 한다. 세상을 하나님이 다스리시고 나에게 주어진 권세는 그 나라를 위하여 사용되어야 하는 것임을 알아야 한다. 느부갓네살 왕은 이것을 알지 못하고 교만하다가 권세를 잃어버렸다. 하나님이 나에게 풍족함을 주시고, 다스리는 권세를 주시면 그것을 어떻게 주의 나라를 위하여 사용할까 생각해야 한다.

2. 하나님이 주신 권세를 빼앗겼더라도 회개하고 돌이키면 하나님이 정한 때에 하나님이 회복시키신다. 느부갓네살 왕은 경고를 듣지 않고 열두 달을 버티다가 마침내 권세를 잃어 버렸다. 그리고 그는 칠 년이 지나서야 이것을 깨닫고 하늘을 우러러 보았을 때 회복이 이어졌다. 느부갓네살 왕은 권세를 잃어버린 인간의 비참함을 보여준다. 다스리는 권세를 잃어버린 자는 동물처럼 비참하게 살아간다. 회복이 되기 전까지 포로의 기간 동안에 하나님의 사람들은 회복을 준비해야 한다. 회복이 이루어지기 위해서는 자아가 깨어져야 하고 정해진 기간이 지나가야 한다. 변화되지 않는다면 포로의 기간은 더 길어질 것이다. 하나님이 이 땅의 주인이시면 나의 생명도 권세도 모두 하나님의 것임을 깨닫고 그분에게 영광을 돌려야 한다. 다시금 기회를 주신다면 정말 하나님을 위해 살고 그분의 나라를 위해 살기로 결심해야 한다. 하나님은 그렇게 진심으로 회개하는 사람들을 회복시키신다.

3. 포로를 경험한 사람은 자신에게 주어진 권세가 하나님으로부터 온 것임을 알고 겸손하게 여호와를 경외하며 살아야 한다. 한번 포로를 경험한 사람들의 삶은 이전과 다르다. 왕을 세우시고 폐하시는 분이 하나님임을 알게 된다. 하나님을 경외하고 나에게 주어진 권세가 그분으로부터 온 것임을 가슴 깊숙이 깨닫는다. 이것은 바로 여호와를 경외한다는 용어로 설명할 수 있다. 하나님은 그렇게 하나님을 진심으로 경외하는 자에게 복을 주시고 제한된 시간을 사는 동안 연약한 인간을 통하여 하나님의 귀한 일을 행하신다.

E. 벨사살 왕의 멸망(5 : 1－31)

1벨사살 왕이 그의 귀족 천 명을 위하여 큰 잔치를 베풀고 그 천 명 앞에서
술을 마시니라 2벨사살이 술을 마실 때에 명하여 그의 부친 느부갓네살이 예
루살렘 성전에서 탈취하여 온 금, 은 그릇을 가져오라고 명하였으니 이는 왕
과 귀족들과 왕후들과 후궁들이 다 그것으로 마시려 함이었더라 3이에 예루
살렘 하나님의 전 성소 중에서 탈취하여 온 금 그릇을 가져오매 왕이 그 귀족
들과 왕후들과 후궁들과 더불어 그것으로 마시더라 4그들이 술을 마시고는
그 금, 은, 구리, 쇠, 나무, 돌로 만든 신들을 찬양하니라 5그 때에 사람의
손가락들이 나타나서 왕궁 촛대 맞은편 석회벽에 글자를 쓰는데 왕이 그 글
자 쓰는 손가락을 본지라 6이에 왕의 즐기던 얼굴 빛이 변하고 그 생각이 번
민하여 넓적다리 마디가 녹는 듯하고 그의 무릎이 서로 부딪친지라 7왕이 크
게 소리 질러 술객과 갈대아 술사와 점쟁이를 불러오게 하고 바벨론의 지혜
자들에게 말하되 누구를 막론하고 이 글자를 읽고 그 해석을 내게 보이면 자
주색 옷을 입히고 금사슬을 그의 목에 걸어 주리니 그를 나라의 셋째 통치자
로 삼으리라 하니라 8그 때에 왕의 지혜자가 다 들어왔으나 능히 그 글자를
읽지 못하며 그 해석을 왕께 알려 주지 못하는지라 9그러므로 벨사살 왕이
크게 번민하여 그의 얼굴빛이 변하였고 귀족들도 다 놀라니라 10왕비가 왕과
그 귀족들의 말로 말미암아 잔치하는 궁에 들어왔더니 이에 말하여 이르되
왕이여 만수무강 하옵소서 왕의 생각을 번민하게 하지 말며 얼굴빛을 변할
것도 아니니이다 11왕의 나라에 거룩한 신들의 영이 있는 사람이 있으니 곧
왕의 부친 때에 있던 자로서 명철과 총명과 지혜가 신들의 지혜와 같은 자니
이다 왕의 부친 느부갓네살 왕이 그를 세워 박수와 술객과 갈대아 술사와 점
쟁이의 어른을 삼으셨으니 12왕이 벨드사살이라 이름하는 이 다니엘은 마음
이 민첩하고 지식과 총명이 있어 능히 꿈을 해석하며 은밀한 말을 밝히며 의
문을 풀 수 있었나이다 이제 다니엘을 부르소서 그리하시면 그가 그 해석을
알려 드리리이다 하니라 13이에 다니엘이 부름을 받아 왕의 앞에 나오매 왕이

다니엘에게 말하되 네가 나의 부왕이 유다에서 사로잡아 온 유다 자손 중의
그 다니엘이냐 [14]내가 네게 대하여 들은즉 네 안에는 신들의 영이 있으므로
네가 명철과 총명과 비상한 지혜가 있다 하도다 [15]지금 여러 지혜자와 술객을
내 앞에 불러다가 그들에게 이 글을 읽고 그 해석을 내게 알게 하라 하였으나
그들이 다 그 해석을 내게 보이지 못하였느니라 [16]내가 네게 대하여 들은즉
너는 해석을 잘하고 의문을 푼다 하도다 그런즉 이제 네가 이 글을 읽고 그
해석을 내게 알려 주면 네게 자주색 옷을 입히고 금 사슬을 네 목에 걸어 주
어 너를 나라의 셋째 통치자로 삼으리라 하니 [17]다니엘이 왕에게 대답하여 이
르되 왕의 예물은 왕이 친히 가지시며 왕의 상급은 다른 사람에게 주옵소서
그럴지라도 내가 왕을 위하여 이 글을 읽으며 그 해석을 아뢰리이다 [18]왕이여
지극히 높으신 하나님이 왕의 부친 느부갓네살에게 나라와 큰 권세와 영광과
위엄을 주셨고 [19]그에게 큰 권세를 주셨으므로 백성들과 나라들과 언어가 다
른 모든 사람들이 그의 앞에서 떨며 두려워하였으며 그는 임의로 죽이며 임
의로 살리며 임의로 높이며 임의로 낮추었더니 [20]그가 마음이 높아지며 뜻이
완악하여 교만을 행하므로 그의 왕위가 폐한 바 되며 그의 영광을 빼앗기고
[21]사람 중에서 쫓겨나서 그의 마음이 들짐승의 마음과 같았고 또 들나귀와 함
께 살며 또 소처럼 풀을 먹으며 그의 몸이 하늘 이슬에 젖었으며 지극히 높으
신 하나님이 사람 나라를 다스리시며 자기의 뜻대로 누구든지 그 자리에 세
우시는 줄을 알기에 이르렀나이다 [22]벨사살이여 왕은 그의 아들이 되어서 이
것을 다 알고도 아직도 마음을 낮추지 아니하고 [23]도리어 자신을 하늘의 주재
보다 높이며 그의 성전 그릇을 왕 앞으로 가져다가 왕과 귀족들과 왕후들과
후궁들이 다 그것으로 술을 마시고 왕이 또 보지도 듣지도 알지도 못하는 금,
은, 구리, 쇠와 나무, 돌로 만든 신상들을 찬양하고 도리어 왕의 호흡을 주장
하시고 왕의 모든 길을 작정하시는 하나님께는 영광을 돌리지 아니한지라 [24]
이러므로 그의 앞에서 이 손가락이 나와서 이 글을 기록하였나이다 [25]기록된
글자는 이것이니 곧 메네 메네 데겔 우바르신이라 [26]그 글을 해석하건대 메네
는 하나님이 이미 왕의 나라의 시대를 세어서 그것을 끝나게 하셨다 함이요

[27]데겔은 왕을 저울에 달아 보니 부족함이 보였다 함이요 [28]베레스는 왕의 나
라가 나뉘어서 메대와 바사 사람에게 준 바 되었다 함이니이다 하니 [29]이에
벨사살이 명하여 그들이 다니엘에게 자주색 옷을 입히게 하며 금 사슬을 그
의 목에 걸어 주고 그를 위하여 조서를 내려 나라의 셋째 통치자로 삼으니라
[30]그 날 밤에 갈대아 왕 벨사살이 죽임을 당하였고 [31]메대 사람 다리오가 나라
를 얻었는데 그 때에 다리오는 육십이 세였더라.

다니엘서 5장은 2장과 4장을 전제하는데, 4장에서처럼 왕은 계시를 받는 자요, 다니엘은 계시를 해석하는 자로 나타난다. 또한 2장과 같이 다른 술객들이 꿈의 해석에 실패하고 마지막으로 다니엘이 해석자로 나타난다. 5장의 내용은 하나님이 글씨를 통하여 계시하시고 우여곡절을 통하여 다니엘이 이 계시를 해석하고 그 해석대로 이루어진다는 것이다. 이 과정에서 벨사살 왕은 신명기 신학에 근거하여 죄를 지었지만 책망을 받고 회개할 기회 없이 멸망하고 만다. 회개할 기회는 죄를 짓기 전에 부왕인 느부갓네살의 역사를 통하여 이미 주어진 것으로 전제되고, 신성모독의 죄에 대하여 회개할 기회는 주어지지 않는다. 그리하여 5장의 전체적인 주제는 벨사살 왕의 죄와 심판이다. 벨사살 왕의 죄는 회개할 수 없는 신성모독의 죄이기에 회개할 기회도 받지 못하고 바로 심판이 선언된다.

5장에는 1 : 1이나 2 : 1처럼 특별한 연대기 표시도 없고, 4 : 1같이 특별한 편지문의 서론도 없이 바로 시작하는 것이 특징이다. 또한 4장 마지막과 이어지는 느부갓네살 왕의 즉위 마지막에 관한 이야기나 그의 사후 이야기가 없다. 역사적으로 본다면 느부갓네살 왕과 벨사살 왕의 사이에는 시간적인 간격이 있다. 느부갓네살 왕(주전 606 – 562년) 후에는 아멜마르둑(주전 562 – 560년)이 즉위하고 그후에는 네리그리사르(주전 560 – 556년), 그리고 마지막 왕으로 벨사살의 아버지인 나보니두스(주전 556 – 539년) 왕이 즉위한다. 그러므로 4장과 5장 사이에는 20여 년 정도의 시간 차이가 있다.

나보니두스와 벨사살과 관련된 고고학적인 증거는 다음과 같다. 먼저 우르에서 달신인 신(Sin)의 신전에서 벨사살이 나보니두스의 아들임을 보여주는 기도문이 발견되었다. 역사적으로 페르시아인들은 달신의 신년 축제일인 테슈리트(Teshrit) 16일에 전투 없이 바벨론을 점령하였다. 고레스는 나보니두스를 사로잡아 포로로 보냈다. 그후 바벨론으로 들어갈 때 고브라이아스(Gobryas)에 의하여 죽은 왕이 벨사살이었을 것으로 보인다(Lucas, 126-127). 이와 같이 벨사살이 나보니두스의 큰 아들인 것은 분명한데 그렇다면 왜 다니엘서 5장에서는 벨사살을 느부갓네살 왕의 아들로 표현하고 있을까? 헤로도투스는 나보니두스를 느부갓네살 왕이 왕후 니토크리스(Nitocris)를 통해 낳은 아들이라고 표현한다. 또는 와이즈만(Wiseman D. J.)은 나보니두스가 느부갓네살 왕의 신하인데 느부갓네살 왕의 딸과 결혼함으로써 벨사살은 느부갓네살 왕의 손자라고 주장한다. 또 다른 주장은 다니엘서 4장은 느부갓네살 왕이 아니라 나보니두스에 관한 것이므로 자연스럽게 벨사살은 느부갓네살 왕으로 표현된 나보니두스의 아들이라는 것이다. 이러한 주장들은 모두 개연적인 가능성만을 제시하고 있다. 중요한 것은 다니엘서 본문에서는 느부갓네살과 벨사살의 혈연관계가 필요할 때마다 그것이 형식적인지 실제인지는 모르지만 아버지와 아들의 관계로 표현하고, 느부갓네살 왕을 바벨론 왕국의 절정시기의 왕으로, 벨사살 왕을 바벨론의 멸망기의 왕으로 묘사하고 있다는 것이다(Lucas, 127-128).

나보니두스는 주전 553년 동부 팔레스타인의 원정에 참여하고 있던 중 신병(身病)으로 레바논에서 요양하면서 같은 해 그의 맏아들 벨사살에게 왕권을 주어 동위왕(同位王)이 되게 했다. 주전 552년 바벨론성에 귀임한 벨사살은 그의 아버지의 연호(年號)와 이름으로 본토를 다스렸지만 맹세에 있어서는 부자(父子)의 이름을 함께 써서 그가 동위의 섭정왕(攝政王)임을 분명히 했다. 나보니두스는 병에서 회복된 후 서북 아라비아를 원정(遠征)하여 오아시스 테이마(Teima)를 빼앗아 거기서 기원전 545년까지 여러 해를 살았다.

기원전 539년 페르시아에 의해 바벨론이 함락될 때 남쪽으로 피신했던 나보니두스는 후에 바벨론에 돌아와 고레스에게 투항(投降)하였다. 벨사살이 다니엘을 셋째 치리자로 임명한 것은 나보니두스와 벨사살을 염두에 두었기 때문으로 여겨진다.

1. 벨사살의 죄와 심판의 계시(5 : 1-9)

[5 : 1-9] 서론에서 벨사살 왕은 천명의 귀족을 위하여 큰 잔치를 베푼다. 이 자리는 왕후들과 후궁들이 참여한 잔치였다. 왕이 예루살렘 성에서 탈취한 그릇을 가져오라고 명한 때는 이미 취한 상태(under the influence of the wine, NRSV)가 아니라, 잔치가 시작되어 술을 마시려고 할 때였다. 사람들이 이 그릇들을 가져온 후에 왕과 귀족들과 왕후들과 후궁들이 그것들로 마시기 시작하였고, 술을 마신 후에는 금, 은, 구리, 쇠, 나무, 돌로 만든 신들을 찬양하였다. 후에 언급되는 벨사살의 죄는 곧 성전에서 사용하는 기명을 취하여 술 마시는데 사용하고 우상을 찬양한 것이다. 성전의 기명은 이미 하나님에게 바쳐진 것으로 거룩한 목적으로만 사용되어야 하며 인간이 하나님의 것을 세속적으로 사용하면 신성모독에 해당한다. 벨사살 왕은 성전기명을 세속적인 목적으로 사용할 뿐 아니라, 대담하게 우상을 찬양하는 행위를 하고 있다(5 : 4).

벨사살은 왜 성전 기명을 술 마시는데 사용했을까? 어떤 학자는 벨사살의 신성모독의 동기에 대하여 느부갓네살과 벨사살을 대비시킨다. 느부갓네살 조차도 예루살렘에서 취한 기명을 사용하지 않고 자기 신의 보고에 보관했지만(1 : 2), 벨사살은 예루살렘에서 취한 기명을 가지고 술을 마시고 우상을 찬양한다. 느부갓네살 왕은 유대를 정복하였지만 신에 대한 최소한의 예의는 지킴으로 비록 교만하여 심판을 받았음에도 신성모독에 이르지는 않았다. 교만한 것은 하나님이 낮게 만들어 변화시킬 수 있지만, 하나님의 것을 멸시하고 가볍게 여기는 신성모독은 용서받지 못한다. 다만 강력한 왕국건설의 보존을 위하여 느부갓네살 왕은 백성들로 하여금 금신상에 절하게 함으로써 모든 신민의 충성을 유도하는 방법을 취했을 뿐이다. 그런데 벨사살은 느부갓네살만큼 힘을 과시하지도 못하고, 나보니두스의 실정으로 왕국은 쇠퇴를 겪게 된다. 그래서 자신의 왕국의 취약성을 보완하려는 방편으로 성전 기명을 취하여 귀인들을 달래려고 했을 수 있다는 것이다.

본문에서 이 예언이 해석되던 날 밤에 벨사살 왕이 죽임을 당했다는 것은 나라가 멸망된 것이고, 벨사살 왕은 선왕인 느부갓네살 왕의 나라에 비하여 취약하다는 것을 인식하고 있었음을 보여준다. 5장에서 벨사살 왕의 행동은 왕국의 취약함을 극복하려는 의도를 담고 있는 것이었다. 5장의 벨사살은 3장의 느부갓네살 왕과 대비되어 나타난다. 3장에서 느부갓네살 왕이 금신상을 만든 것은 2장에서 드러난 것처럼 자신이 죽은 후에 왕국이 불안정해질 것에 대비하여 왕국의 정치적이고 종교적인 통일성을 획득하려는 시도로 나타난다. 벨사살의 잔치는 그의 신하들의 충성을 유도하고 그의 정치적인 힘을 과시하려는 시도인 것이다. 느부갓네살의 금신상은 권력의 기초로서 그의 업적을 보여주는 반면에, 벨사살은 자랑할 만한 업적이 없었다. 결과적으로 느부갓네살은 강한 업적에 대한 자신감이 교만을 유발하게 되었고, 벨사살은 불안한 기초를 가지고 자만을 강화하기 위하여 기명을 사용한 것이다(D. N. Fewell, Circle of Sovereignty, 81-83).

벨사살 왕의 행동에 대한 하나님의 심판 계시는 즉각적이다. 그러나 벨사살 왕이 이 계시의 의미가 무엇인지를 깨닫는 데는 시간이 걸렸다. 본문의 대부분은 심판으로 주어진 계시를 해석하는데 할애된다. 본문의 아람어를 좀 더 자세히 해석하면 글씨를 쓰는 것은 '사람의 손가락들'이고, 왕이 목격한 것은 '글자 쓰는 손가락'이다. 계시의 방법은 사람의 손가락이 나타나서 분벽에 글자를 쓴 것이다(5 : 5). 사람의 손가락은 팔과 몸에 붙지 않은 인간의 손가락 같은 모양을 말한다. 그런데 '손가락'이라는 표현은 성경에서 계시의 표현으로 나타나곤 하는데, 이 광경을 보고 놀란 사람은 잔치에 모인 모든 회중이 아니라 왕이다. 글씨 자체는 모든 사람이 목격할 수 있었지만, 손가락으로 써지는 과정은 벨사살 왕만 목격한 것으로 표현된다. 이 벽에 쓰인 계시는 왕을 위하여 왕에게 계시된 것이다. 그것이 심판이건 회복이건 왕을 향한 메시지로 주어진 것이다. 저자는 이 사건으로 인하여 왕이 놀랐음을 강조하여 왕의 놀라는 반응을 자세하게 묘사된다 : "이에 왕의 즐기던 얼굴 빛이 변하고 그 생각이 번민하여 넓적다리 마디가 녹는 듯하고 그 무릎이 서로 부딪친지라"(5 : 6). 이것은 전적 타자인 신에 의하여 징조가 나타났을 때, 두렵고 떨림으로 표현되는 인간의 반응이다. 왕이 놀란 것은 처음에는 손가락이 쓴 글씨가 아니라 쓰고 있는 손가락 자체 때문이었다(5 : 5 "쓰는 손가락을 본지라"). 이것은 계시의 내용보다는 계시가 전해지는 방법이 신적인 것이기에 신에 대한 두려움만이 아니라 계시의 내용에 대한 진정성을 확신했기 때문인 것이다.

이와 같이 다니엘서에서 나타나는 하나님의 계시는 꿈이나 환상만이 아니라 특별한 징조를 통해서도 나타남을 알 수 있다. 이 계시는 계시의 중보자인 왕에게 전해졌고 다니엘은 이 징조에 대한 해석자로 등장한다. 2장에서처럼 왕은 전통적인 술객과 갈대아 술사와 점쟁이(5 : 7)를 불러 해석을 보이는 자에게 자주색 옷을 입히고 금사슬을 목에 걸어 주고, 나라의 셋째 통치자를 삼겠다고 약속한다. 둘째 통치자가 아니고 셋째 통치자를 약속한 것은 아마도 벨사살 자신이 아버지인 나보니두스의 뒤를 이어 둘째 통치자였기 때문일 것으로 보인다. 그러나 해석을 위하여 부른 이들은 이 글자를 읽지 못하며 해석을 시도하지 못한다(5 : 8). 어떤 학자들은 해석을 하지 못한 이유를 철자 순서를 바꾼 말(anagram)이기 때문이기도 하고, 무게를 뜻하는 약자들로 이루어졌기 때문이라고도 한다. 혹자는 모음이 없는 단어들을 해석하기 위해서는 문맥이 필요하기 때문이라고도 말한다. 실제로 다니엘은 이 글자들을 명사로 읽고, 이어서 동사로 해석하였다(Seow, 80).

2. 다니엘의 등장과 왕의 약속(5 : 10 – 16)

[5 : 10–16] 위기 앞에서 왕비(개역개정)가 문제 해결을 돕는 자로 등장한다. 왕비는 왕의 잔치에 참여하지 않았지만 왕의 부름이 없어도 자발적으로 왕 앞에 등장할 수 있었고, 특히나 위기를 맞이했을 때 왕의 아버지 시대를 기억나게 할 수 있었던 것으로 보아, 왕의 비(妃)라기보다는 왕의 어머니일 가능성이 높다. 이때 왕비는 문제해결을 위하여 다니엘을 추천한다. 벨사살 왕 시대에 다니엘은 잊혀진 존재였지만 왕비는 느부갓네살 시대를 기억하고 다니엘의 능력을 벨사살 왕에게 알린다. 왕비의 설명을 통해 유추할 수 있는 것은 느부갓네살 왕 시절에 박수장이었던 다니엘은 벨사살 왕 시대에는 같은 직위에 있지 않았다는 것이다. 왕비는 왕에게 느부갓네살 왕 시대에 있었던 일을 상기시키면서, 다니엘은 '거룩한 신들의 영이 있는 사람'이요 '명철과 총명과 지혜가 있어 신들의 지혜와 같은 자'라고 말한다. 다니엘이 부왕의 꿈을 해석할 수 있었던 것은 "마음이 민첩하고 지식과 총명이 있어 능히 꿈을 해석하며 은밀한 말을 밝히며 의문을 풀 수 있었나이다"(5 : 12). 그러므로 왕비는 이 위기의 상황에 다니엘을 부른다면 궁금해 하는 글자를 해석할 수 있을 것이라고 생각한 것이다.

왕비는 느부갓네살 왕이 다니엘을 박수와 술객과 점쟁이의 어른으로 임명한 사건을 기억한다(2 : 48 ; 4 : 9 ; 5 : 11). 그러나 벨사살 왕이 다니엘에 관하여 언급할 때는 왕의 어머니가 기억하게 해준 직책인 박수장이라는 호칭을 생략하고 "네가 우리 부왕이 유다에서 사로잡아 온 유다 자손 중의 그 다니엘이냐?"라는 질문을 한다. 마치 새로운 바로 왕에게 요셉이라는 존재가 잊혀진 것처럼(출 1 : 8), 벨사살 왕의 시대에 다니엘은 잊혀진 존재였던 것으로 보인다. 만약 느부갓네살 왕의 즉위와 벨사살 왕의 즉위가 시간적으로 크게 차이나지 않는다면, 이러한 상황은 벨사살 왕이 선왕이 중용하던 인물들을 자기 마음대로 바꾸었기 때문이라고 추측하게 만든다. 그러나 다니엘을 만나서 나누는 왕의 말을 미루어 짐작할 때 왕에게 다니엘에 대한 기억이 없고 단지 왕비가 전해준 대로 말하는 것을 보면 느부갓네살 왕의 시대로부터 많은 시간이 흘렀고, 다니엘도 나이가 많은 상황에서 공직에서 물러나 있었을 것으로 보인다. 2장과 4장에서 왕은 다니엘을 먼저 부르지 않고 전문가들이 실패한 후에 불렀다. 그런데 5장에서는 다니엘은 왕이 부른 전문가 그룹에는 포함되지 않았고, 전문가들이 실패한 후에도 왕의 안중에는 다니엘이 없었다. 오직 왕비가 간청한 후에야 비로소 다니엘을 부르게 된다. 드디어 다른 전문가들이 실패한 후에 다니엘은 왕에게 주어진 계시의 의미를 해석하기 위하여 왕 앞으로 나오며, 왕은 다니엘에게 해석을 요구하고 상급으로 셋째 치리자가 되게 할 것을 약속한다(5 : 16).

3. 다니엘의 해석(5 : 17－24)

[5 : 17-24] 해석하는 자에게 약속한 왕의 상급에 대하여 다니엘의 반응은 어떠한가? 2장에서는 느부갓네살 왕이 갈대아인들에게 꿈과 해석을 보이면 선물과 상과 큰 영광을 주겠다고 약속하였지만(2 : 6), 다니엘은 상급 대신 조건 없이 해석을 시도하였다(2 : 48). 4장에서도 상급을 기대하고 꿈을 해석한 것은 아니고 갈대아의 모든 술사들이 실패하였을 때 느부갓네살 왕의 필요에 의하여 등장하여 꿈을 해석하였으며 사건이 지난 후에 특별한 상급을 받았다는 기록은 없다. 5장에서도 마찬가지로 다니엘에게 상급을 약속하면 그것 때문에 열심히 해석을 시도할 줄 알았던 벨사살 왕의 기대와는 달리 다니엘은 자신은 상급에는 전혀 관심이 없으며 오직 왕을 위하여 해석을 시도하겠다고 말한다(5 : 17). 다니엘은 언제나 일관성 있는 자세를 견지하였다. 즉, 하나님이 왕에게 보여주시는 계시를 전하는 사명을 완수하는 데 중점을 두었다. 이방 예언자인 발람조차도 은과 금을 위하여 예언하지 않았으며(민 22 : 18), 엘리야도 나아만을 치료한 후에 은과 금을 거절하였다(왕하 5 : 15－16). 역대의

예언자들도 은과 금을 거절하고 바른 하나님의 말씀을 전하려고 노력하였다(참조 암 7 : 12 ; 미 3 : 5). 다니엘도 상급을 우선시하기보다는 오직 하나님의 뜻을 전하려고 하였으며, 상급 때문에 반드시 해석해야 하는 의무를 지려고 하지 않았다. 또한 자신의 해석이 개인적인 이익과 관련 있는 것처럼 보이려고 하지도 않았으며, 하나님의 영광보다 자신의 이익을 우선하지도 않았다(Lucas, 131－132).

다니엘은 단순히 꿈의 내용을 해석하기보다는 꿈이 가지고 있는 내용에 근거하여 예언자처럼 벨사살 왕을 책망하고 있다. 왕을 책망할 수 있는 근거는 바로 선왕인 느부갓네살 왕의 역사이다. 느부갓네살 왕의 경우에는 경고하고 열두 달 동안의 유예기간을 주었지만 벨사살 왕의 경우에는 느부갓네살 왕의 이야기인 역사 그 자체가 경고이며 역사의 경고를 받아들이지 않을 경우 그에 대한 심판이 이루어진 것이다. 역사 속에서 나타난 사건이 바로 벨사살에게는 핑계할 수 없는 계시인 것이다. 다니엘의 해석은 벨사살 왕을 향한 심판의 형태를 취한다. 벨사살 왕이 듣고 깨달아야 할 느부갓네살 왕의 역사는 이미 4장에서 나온 것처럼 다음과 같이 요약할 수 있다 : 권세를 주심－왕의 교만－폐위－짐승과 함께 거함－하나님이 권세를 주시는 분임을 깨달음. 벨사살 왕은 마땅히 느부갓네살 왕의 경험을 체험해야 하는 것이다. 즉, 그가 받은 권세는 바로 하나님으로부터 온 것임을 깨닫고 마음을 낮추어야 하는 것이다. 그런데 벨사살 왕은 그의 아들이 되어서 이것을 알고도 아직도 마음을 낮추지 않는 죄를 범한 것이다(5 : 22). 벨사살은 왕이 되었지만 자신에게 임한 심판에 대하여 핑계할 수 없다. 역사 속에서 아버지가 겪은 것이 경고로 존재하고 있기 때문이다. 그를 왕으로 세울 때 하나님은 이 교훈을 반드시 깨달아야 할 것으로 전제하셨다. 벨사살 왕이 심판받는 기준은 '이것을 다 알고도' 마음을 낮추지 아니한 것이다. 본문은 벨사살 왕의 심판이 불공평하지 않은 것으로 이해한다.

벨사살 왕의 죄는 5 : 1~4에서 객관적으로 서술되고 있다. 그가 한 행위는 귀족 천명을 초청하고 왕후와 후궁을 함께 모이게 하여 잔치를 베풀고 예루살렘 성에서 가지고 온 기명으로 술을 마시고 금, 은, 구리, 쇠, 나무, 돌로 만든 신들을 찬양한 것이었다. 5 : 23은 이 사건을 해석한다. 이 행동은 마땅히 자신이 아버지의 역사를 통하여 깨닫고 마음을 낮추어야 함에도 불구하고 마음을 낮추지 않고 도리어 자신을 하늘의 주재보다 높인 행동이었다. 그들은 하나님의 기명으로 술을 먹고 우상을 찬양하였는데, 이 우상들은 보지도, 듣지도, 알지도 못하는 존재라고 비판하고 있다. 이러한 우상숭배가 의미하는 것은 벨사살 왕이 왕의 호흡을 주장하시고 왕의 모든 길을 작정하시는 하나님께는 영광을 돌리지 않았던 것이고, 이 죄악은 당장 회개를 통하여 돌아올 수 있는 그러한 죄가 아니라 돌이킬 수 없는 신성모독의 죄라는 것에 문제가 있다. 이러한 행위는 '자신을 하늘의 주재보다 높이는' 행위로서, 후에 안티오쿠스 에피파네스의 죄악을 언급할 때 등장하는 신학적 해석임에 주목할 필요가 있다.

> 스스로 높여서 하늘의 주재를 거역하고(5 : 23)
> 말로 지극히 높으신 자를 대적하며(7 : 25)
> 스스로 높아져서 군대의 주재를 대적하며(8 : 11)
> 스스로 서서 만왕의 왕을 대적할 것이나(8 : 25)
> 그 왕은 자기 마음대로 행하며 스스로 높여 모든 신보다 크다 하며(11 : 36)

이와 같이 벨사살 왕에 대한 신학적인 평가는 신성모독이다. 벨사살 왕의 행위는 단순한 교만 정도가 아니라 신성모독의 행위로써 역사상 이러한 행위에 대하여는 극적인 순간에 인간의 손으로 하지 아니한 심판을 동반한다(2 : 45 ; 8 : 25). 느부갓네살 왕이나 벨사살 왕은 모두 경고를 받았지만(4 : 27 ; 5 : 18－21) 불순종하여 모두 형벌을 받았다. 그러나 형벌 후에 느부갓네살 왕은 정해진 기한 후에 회복이 되었고, 벨사살 왕은 더 이상 기회를 받지 못하고 멸망하고 만다. 즉, 벨사살 왕을 향한 심판은 회개를 촉구하는 그루터기를 남겨 놓는 형식이 아니라, 정죄하고 영원한 심판을 즉각 선포하는 형식이다.

결국 벨사살 왕을 향한 심판은 "이러므로 그의 앞에서 손가락이 나와서 이 글을 기록하였다"(24절)라고 표현된다. 구약성서에서 하나님의 팔은 하나님의 현존을 대신하여 능력을 보여주는 것으로(사 51 : 9 ; 63 : 12 ; 시 89 : 10, 13), 하나님의 손가락은 바로 하나님 자신의 심판의 표현이다.

4. 벽에 쓴 글씨(5 : 25-31)

[5 : 25-31] 벽에 쓴 글씨가 벨사살 왕의 신성모독에 대한 하나님의 심판임을 천명한 후에 다니엘은 그 글씨 해석을 시작한다. 벽에 쓰인 글씨는 원래 히브리 성서에서는 모음이 붙지 않은 아람어 자음으로 이루어져 있다 : 메네 메네 데겔 우바르신. 메네가 두 번 반복되므로 앞의 것이 필요 없이 반복되었다고 보는 학자들도 있지만, 처음의 메네는 세어진다는 동사로 보고 나머지 세 개의 명사는 무게를 뜻하는 명사로 주어졌으므로, 이 글자의 문자적인 의미는 "메네, 데겔, 그리고 바르신으로 세어진다."이며 문맥에 따라 해석해야 한다. 만약 세 개 명사의 문자적인 뜻을 화폐의 가치를 구분하는 무게로 이해할 경우, 메네는 60세겔에 해당하는 히브리어로 한 달란트를 뜻하는 미나이고, 데겔은 히브리어로 세겔에 해당한다. 베레스는 '반'이라는 뜻의 바르신의 쌍수에 해당하므로 반 세겔로 번역할 수 있다. 그러므로 이 글자의 문자적인 의미는 "한 미나, 한 세겔, 그리고 두 개의 반 세겔"로 번역하여 전체 62세겔을 뜻한다. 그런데 다니엘은 각 명사의 어원에 따라 번역을 시도하는데, 벨사살과 그의 왕국과 관련된 동사로 해석하고 있다. 즉, 메네는 세어졌다는 의미로 본문에서는 끝이 왔다는 뜻으로 해석하여 "하나님이 이미 왕의 나라의 시대를 세어서 그것을 끝나게 하셨다"라고 번역한다(시 90 : 12). 데겔도 역시 센다는 어근을 따라 세어보니 부족하다는 뜻이 담긴 것으로 보고 "왕을 저울에

달아 보니 부족함이 보였다"라고 번역한다(욥 31 : 6). 마지막으로 베레스는 '반'이라는 뜻으로 "왕의 나라가 나뉘어서 메대와 바사 사람에게 준 바 되었다"라고 번역한다. 따라서 다니엘의 해석은 본문을 축자적으로 번역했다기보다는 중요한 동사나 명사만을 제시하고 문맥을 고려하여 해석한 것이라고 볼 수 있다. 이 예언은 또한 함축적인 뜻을 가지고 있는데 마지막 단어인 베레스는 또한 페르시아를 뜻하는 아람어 명사로서 다음 왕국을 암시하기도 하고, 세 개의 명사의 무게를 합하면 모두 62세겔인데 벨사살의 나라를 무너뜨린 다리오 왕의 나이이기도 하다. 이와 같이 벽에 쓴 글씨는 벨사살과 그의 왕국에 관한 심판의 선언으로 이해된다. 하나님은 그의 왕권을 제한하고 끝내시며 다른 사람에게 왕위를 넘겨주시는 것이다. 나라의 멸망에 관한 예언을 들은 벨사살은 다니엘에게 후사하지만 그의 반응은 멸망 받을 수밖에 없는 반응이다. 죄에 대한 회개나 후회 또는 자비를 간청하지 않는다. 해석이 옳다는 것은 인정하면서도 다른 반응은 보이지 않는다. 그리고 그 밤에 죽임을 당하고 벨사살의 나라는 끝이 난다.

■■ 설교를 위한 묵상

1. 역사 속에 담긴 계시는 인간이 핑계 댈 수 없는 하나님의 심판의 기준이다. 느부갓네살 왕이 역사적으로 죄를 범하여 짐승으로 칠 년간의 고난을 겪은 것은 느부갓네살 왕의 개인적인 경험일 뿐 아니라 모든 인간을 향한 하나님의 계시이다. 역사 속의 계시로부터 교훈을 배우지 못한 자는 대가를 치러야 한다. 벨사살 왕은 "그의 아들이 되어서 이것을 다 알고도 아직도 마음을 낮추지 아니하여"(5 : 22) 형벌을 받는다. 하나님은 창조이래로 구속사를 통하여 인간을 구원하시는데 역사를 통하여 하나님의 계시를 드러내신다. 우리가 그 역사에 참여하지 않았다 할지라도 우리에게 주신 역사의 교훈을 얻어야 할 책임이 있다. 이 역사는 인류의 역사일 수도 있고, 우리 개인의 역사일 수도 있다. 역사에 담긴 교훈은 우리에게 변명할 수 없는 일차

경고가 된다.

2. 역사 속의 계시는 벨사살 왕에게 일차 경고가 되었으며 경고를 무시한 벨사살 왕은 회개의 기회도 없이 멸망하여 버렸다. 벨사살 왕의 죄는 단지 아버지의 죄를 반복하는 정도가 아니라 더 나아가서 신성모독에 해당하는 죄이다. 벨사살 왕의 죄는 본문에서 성전의 기명을 사용한 것이다. 성전의 기명이란 성전에서 하나님께 제사드릴 때 사용되는 기명이다. 하나님을 위해 사용되도록 구별된 것들을 세속적인 목적으로 사용하거나 우상을 찬양할 때는 신성모독에 해당한다. 인간은 하나님의 성물을 더럽히거나 부정한 상태에서 하나님의 성소를 더럽힐 경우 죽임을 당하도록 되어 있다(민 19 : 20 ; 레 15 : 31). 벨사살 왕의 죄는 이와 같이 거룩한 성소에서 사용하여야 할 기명을 우상을 찬양하는데 사용함으로써 죽음으로 대가를 치러야 하는 죄를 범한 것이다. 이러한 죄는 구약의 헤렘을 범한 아간과 사울에게서도 나타난다. 벨사살 왕은 신성모독으로 인하여 회개할 기회를 얻지 못하고 멸망되는 사람들의 모델이다.

3. 왕은 늘 하나님의 저울에 달릴 것을 준비하여야 한다. 하나님은 저울에 벨사살 왕을 달아서 평가하셨다. 그 결과 벨사살 왕은 부족한 것으로 평가되었다. 그리고 벨사살 왕의 나라를 끝내시고 새로운 왕에게 나라를 넘겨주신다. 하나님은 왕이 자신에게 주어진 권세의 한계를 알고 하나님 앞에서 바른 왕의 정체성을 견지하기를 원하신다. 하나님은 왕을 세우시고 그를 저울에 달아 그의 부족함을 평가하고, 왕의 정체성이 부족한 자는 그대로 두지 않으시고 폐하신다. 느부갓네살 왕의 경우에는 칠 년의 포로를 통하여 다시 왕의 자리를 회복시키시지만, 벨사살의 경우에는 기회도 없이 폐하신다. 하나님이 우리에게 기름 부으시고 땅을 다스리는 사명을 맡기신 것이 바로 우리 각자를 이 땅에서 왕 같은 자로 살게 하신 것이다. 날마다 자신을 돌아보아 신성모독의 죄를 범하지 않을 뿐 아니라, 권세를 주신 자가 하나님임을 알고 하나님을 경외하며 왕으로서 바른 정체성을 가지고 있는지를 늘 확인해야 할 것이다.

F. 사자굴에서의 다니엘(6 : 1－28)

1다리오가 자기의 뜻대로 고관 백이십 명을 세워 전국을 통치하게 하고 2또
그들 위에 총리 셋을 두었으니 다니엘이 그 중의 하나이라 이는 고관들로 총
리에게 자기의 직무를 보고하게 하여 왕에게 손해가 없게 하려 함이었더라
3다니엘은 마음이 민첩하여 총리들과 고관들 위에 뛰어나므로 왕이 그를 세
워 전국을 다스리게 하고자 한지라 4이에 총리들과 고관들이 국사에 대하여
다니엘을 고발할 근거를 찾고자 하였으나 아무 근거, 아무 허물도 찾지 못하
였으니 이는 그가 충성되어 아무 그릇됨도 없고 아무 허물도 없음이었더라
5그들이 이르되 이 다니엘은 그 하나님의 율법에서 근거를 찾지 못하면 그를
고발할 수 없으리라 하고 6이에 총리들과 고관들이 모여 왕에게 나아가서 그
에게 말하되 다리오 왕이여 만수무강 하옵소서 7나라의 모든 총리와 지사와
총독과 법관과 관원이 의논하고 왕에게 한 법률을 세우며 한 금령을 정하실
것을 구하나이다 왕이여 그것은 곧 이제부터 삼십일 동안에 누구든지 왕 외
의 어떤 신에게나 사람에게 무엇을 구하면 사자 굴에 던져 넣기로 한 것이니
이다 8그런즉 왕이여 원하건대 금령을 세우시고 그 조서에 왕의 도장을 찍어
메대와 바사의 고치지 아니하는 규례를 따라 그것을 다시 고치지 못하게 하
옵소서 하매 9이에 다리오 왕이 조서에 왕의 도장을 찍어 금령을 내니라 10다
니엘이 이 조서에 왕의 도장이 찍힌 것을 알고도 자기 집에 돌아가서는 윗방
에 올라가 예루살렘으로 향한 창문을 열고 전에 하던 대로 하루 세 번씩 무릎
을 꿇고 기도하며 그의 하나님께 감사하였더라 11그 무리들이 모여서 다니엘
이 자기 하나님 앞에 기도하며 간구하는 것을 발견하고 12이에 그들이 나아가
서 왕의 금령에 관하여 왕께 아뢰되 왕이여 왕이 이미 금령에 왕의 도장을
찍어서 이제부터 삼십 일 동안에는 누구든지 왕 외의 어떤 신에게나 사람에
게 구하면 사자 굴에 던져 넣기로 하지 아니하였나이까 하니 왕이 대답하여
이르되 이 일이 확실하니 메대와 바사의 고치지 못하는 규례니라 하는지라
13그들이 왕 앞에서 말하여 이르되 왕이여 사로잡혀 온 유다 자손 중에 다니

엘이 왕과 왕의 도장이 찍힌 금령을 존중하지 아니하고 하루 세 번씩 기도하
나이다 하니 14왕이 이 말을 듣고 그로 말미암아 심히 근심하여 다니엘을 구
원하려고 마음을 쓰며 그를 건져내려고 힘을 다하다가 해가 질 때에 이르렀
더라 15그 무리들이 또 모여 왕에게로 나아와서 왕께 말하되 왕이여 메대와
바사의 규례를 아시거니와 왕께서 세우신 금령과 법도는 고치지 못할 것이니
이다 하니 16이에 왕이 명령하매 다니엘을 끌어다가 사자 굴에 던져 넣는지라
왕이 다니엘에게 이르되 네가 항상 섬기는 너의 하나님이 너를 구원하시리라
하니라 17이에 돌을 굴려다가 굴 어귀를 막으매 왕이 그의 도장과 귀족들의
도장으로 봉하였으니 이는 다니엘에 대한 조치를 고치지 못하게 하려 함이었
더라 18왕이 궁에 돌아가서는 밤이 새도록 금식하고 그 앞에 오락을 그치고
잠자기를 마다하니라 19이튿날에 왕이 새벽에 일어나 급히 사자 굴로 가서 20
다니엘이 든 굴에 가까이 이르러서 슬피 소리 질러 다니엘에게 묻되 살아 계
시는 하나님의 종 다니엘아 네가 항상 섬기는 네 하나님이 사자들에게서 능
히 너를 구원하셨느냐 하니라 21다니엘이 왕에게 아뢰되 왕이여 원하건대 왕
은 만수무강 하옵소서 22나의 하나님이 이미 그의 천사를 보내어 사자들의 입
을 봉하셨으므로 사자들이 나를 상해하지 못하였사오니 이는 나의 무죄함이
그 앞에 명백함이오며 또 왕이여 나는 왕에게도 해를 끼치지 아니하였나이다
하니라 23왕이 심히 기뻐서 명하여 다니엘을 굴에서 올리라 하매 그들이 다니
엘을 굴에서 올린즉 그의 몸이 조금도 상하지 아니하였으니 이는 그가 자기
의 하나님을 믿음이었더라 24왕이 말하여 다니엘을 참소한 사람들을 끌어오
게 하고 그들을 그들의 처자들과 함께 사자 굴에 던져 넣게 하였더니 그들이
굴 바닥에 닿기도 전에 사자들이 곧 그들을 움켜서 그 뼈까지도 부서뜨렸더
라 25이에 다리오 왕이 온 땅에 있는 모든 백성과 나라들과 언어가 다른 모든
사람들에게 조서를 내려 이르되 원하건대 너희에게 큰 평강이 있을지어다 26
내가 이제 조서를 내리노라 내 나라 관할 아래에 있는 사람들은 다 다니엘의
하나님 앞에서 떨며 두려워할지니 그는 살아 계시는 하나님이시요 영원히 변
하지 않으실 이시며 그의 나라는 멸망하지 아니할 것이요 그의 권세는 무궁

할 것이며 [27]그는 구원도 하시며 건져내기도 하시며 하늘에서든지 땅에서든지 이적과 기사를 행하시는 이로서 다니엘을 구원하여 사자의 입에서 벗어나게 하셨음이라 하였더라 [28]이 다니엘이 다리오 왕의 시대와 바사 사람 고레스 왕의 시대에 형통하였더라

6장은 궁중에서의 대결이라는 측면에서 3장과 유사한 점도 있지만 차이점도 있다(배정훈, 103－123). 3장에서는 세 친구들과 왕이 대결하고 있고, 느부갓네살 왕은 4장을 통하여 변화되었다. 6장에 등장하는 다리오 왕은 느부갓네살 왕이 2장부터 4장까지 경험한 왕의 정체성을 가지고 있다. 왕은 하나님이 왕을 세우기도 하시고, 폐하기도 하시며, 교만한 자를 낮추신다는 것을 알고 있다. 그리하여 6장에서의 다리오는 개인적으로 유대교로 개종하지는 않았지만 이방 왕으로서 하나님이 권세를 주어 왕으로 세우신 이유를 알고 하나님을 경외하며 다니엘을 옹호하고 있다. 본장에서 중요한 이슈는 왕의 옹호를 받는 다니엘과 다니엘 적들의 대결로 나타난다. 갈등의 양상이 3장과 6장이 조금 다른 것은 본문의 문맥과 관련 있다. 3장에서 위협의 주체는 느부갓네살 왕이다. 그는 직접 하나님과 대결하다가, 하나님의 보호하심을 목격하고, 마지막에는 하나님의 권위를 인정하는 신앙고백으로 마친다. 그런데 6장은 3장에서의 느부갓네살 왕 때에 일어난 사건을 전제하고 있다. 왕은 더 이상 위협의 대상이 아닌 오히려 다니엘과 그가 믿는 하나님을 옹호하는 입장을 보여준다. 6장에서 새로운 갈등은 다니엘과, 총리들과 방백들 사이에서 나타난다.

1. 질투와 음모(6 : 1－9)

[6 : 1－9] 6장은 5장 마지막과 이어져 벨사살의 나라가 멸망되고 다시 다리오의 나라가 시작된다. 다리오 왕이 새 왕국을 위하여 많은 관직과 제도들을

바꾸었겠지만 이 본문을 위하여 필요한 것은 바로 다니엘이 획득한 총리직에 관한 것이다. 본문에 등장하는 고관은 120지방으로 나누인 행정조직의 수장들을 의미하는 것으로 보인다. 바벨론-페르시아의 역사에서 유사한 역사적인 증거를 찾는다면 다리오 1세(Darius I Hystaspis, 주전 522-486)는 전국을 20지방으로 나누었고, 에스더 시대에 아하수에르(Xerxes, 주전 485-465) 왕이 전국을 127지방으로 나눈 것이 있는데 역사적으로 다니엘서의 다리오 왕과 일치시키기는 어렵다.

당시 다리오 왕은 120명의 수장들을 셋으로 나누어 각 부분을 관장하는 세 명의 총리를 세웠다. 그런데 120명의 수장과 마찬가지로 페르시아에 총리가 셋이었다는 내용은 다른 기록에서도 나타나고 있지 않다. 총리에게 맡겨진 임무는 고관들이 총리에게 자기의 직무를 보고하게 하여 왕에게 손해가 없게 하려 함이었다. 이에 세 명의 총리가 각각 관장하였다. 왕에게 손해를 끼치지 않게 한다는 말은 각 고관들이 나라에 바친 재정이 적절하게 왕에게 돌려지도록 조치를 취한다는 말이다. 즉, 공적인 직책을 사용하여 자신의 사익을 취하는 관리들이 없게 만드는 것이다. 제국의 복지를 위하여 관리들을 감독하는 것으로, 다니엘은 세 총리 중의 한 사람이 되었다. 5장에서 다니엘이 왕에게 잊혀진 존재라고 보았을 때 다니엘은 이미 나이가 많을 것이라고 생각할 수도 있지만, 6장에서는 아직도 다니엘이 총리직을 수행할 정도의 나이임을 보여준다.

본문에서 전제되는 것은 그동안 여러 왕들이 바뀌었지만 다리오 왕은 느부갓네살과 벨사살의 경험을 받아들여서 왕의 정체성을 인식하고 디아스포라이기 때문에 불공평한 대우를 받지 않도록 공평하게 관리들을 평가한다. 2절에서 세 총리 제도가 이루어진 후에, 3절에 이르면 그동안 세 총리 제도에 대한 평가가 이루어진다. 왕이 보니 "다니엘은 마음이 민첩하여 총리들과 고관들 위에 뛰어났다"(6 : 3a). 공평한 왕은 이제 셋으로 이루어지는 총리제도를 바꾸어 다니엘을 세워 전국을 다스리게 하고자 하였다.

왕은 다니엘에 대하여 호의적이었지만, 다른 총리를 포함한 고관들은 최고의 자리에서 다스리게 된 다니엘에 대하여 시기하기 시작하였다. 총리들과 고관들은 다니엘이 국사에 대하여 행한 것들에 대해 고발하기 위하여 자료를 찾았지만 아무 근거나 허물을 찾을 수 없었다. 왜냐하면 다니엘은 충성되어 아무 그릇됨도 없고, 아무 허물도 없었기 때문이었다(6 : 4). 즉, 신앙적인 것 이외에는 공무 수행에 있어서 다니엘은 부족함이 없음이 판명되었다. 그리하여 다니엘의 적들은 다니엘을 공격하기 위하여 신앙적인 이유를 찾아야 했다. 왜냐하면 하나님의 율법에서 근거를 찾지 못하면 다니엘을 고발할 수 없다고 생각하였기 때문이다(6 : 5). 다니엘을 위협한 것은 자신의 정치적이거나 윤리적인 문제가 아니라, 신앙의 문제였다. 토라 외에는 흠이 없는 것, 이것이 이방 땅에서 사는 디아스포라들의 이상적인 삶의 원리였다.

신앙적인 이유로 다니엘을 고발하기 위해 총리들과 고관들은 이제 왕에게 나아간다. 그들은 자신들이 청하는 금령을 총리, 지사, 총독, 법관, 관원들이 의논하고 정한 것이라고 보고한다. 그러나 이것은 왕을 속이는 행위이다. 왜냐하면 총리인 다니엘을 빠뜨리고 결정하였기 때문이다. 그들이 왕에게 요청한 금령의 내용은 삼십 일 동안에 누구든지 왕 외의 어떤 신에게나 사람에게나 무엇을 구하면 사자 굴에 넣기로 한 것이다(6 : 7). 더욱이 금령만 발표한 것이 아니라, 그 조서에 왕의 도장을 찍어 메대와 바사의 고치지 아니하는 규례를 따라 그것을 고치지 못하게 하였다(6 : 8). 그런데 왕은 그 조서에 왕의 도장을 찍어 금령을 내린다. 이 본문에서 깨달을 수 있는 것은 왕도 왕의 도장이 있는 금령을 마음대로 어기지 못할 정도로 조서의 권위가 절대적이라는 것이다. 총리와 고관들은 이러한 조서의 권위에 근거하여 왕이 조서에 도장을 찍게 만들고 있다. 본문에서 왕이 도장을 찍는 과정이 자세히 설명되지는 않았지만 왕을 신격화하여 다른 신들을 인정하지 않는 금령을 만드는 것은 왕의 권위를 옹호하는 것처럼 보여 왕이 조서의 내용을 거부하지 않게 하려는 것으로 보인다. 실상은 이 방법이 다니엘을 함정에 빠지게 하기 위함인 줄을 왕은 알지 못하고 그들의 음모에 빠지고 말았다. 왕은 이제 무슨 일이 벌어질지를 알지 못한 채 금령에 도장을 찍음으로 금령은 유효하게 된다.

2. 음모와 위기(6 : 10－18)

[6 : 10-18] 이 소식을 알고도 다니엘의 행동은 변함이 없었다. 조서에 왕의 도장이 찍혔다는 것은 이제 삼십일동안 왕 외의 어떤 신에게나 사람에게 무엇을 구하면 사자 굴에 던져진다는 것을 의미한다. 10절(개역개정)에 보면 다니엘은 이 조서에 왕의 도장이 찍힌 것을 알고도 자기 집에 돌아가서는 윗방에 올라가 예루살렘을 향한 창문을 열고 전에 하던 대로 기도했다고 말한다. 이 본문에서 다니엘이 의도적으로 사람들이 볼 수 있도록 창문을 열고 보란 듯이 기도를 한 것으로 오해할 수 있다. 그러나 원래 이스라엘 사람들은 예루살렘을 향하여 창문이 있는 다락방에서 기도하곤 하였다(왕상 8 : 30, 35, 38, 42, 44, 48). 다니엘이 이 조서로 인해 일부러 다른 행동을 보인 것이 아니다. 언제나처럼 예루살렘을 향하여 창문이 열려 있는 다락방에서 하루 세 번씩 기도하였던 것이다. 보통 이상으로 과시하지도 않았고 보통 이상으로 움츠리지도 않고 평소처럼 기도하였던 것이다. 예루살렘을 향하여 기도하는 관습은 솔로몬의 봉헌기도에서부터 시작되었다(왕상 8 : 30). 세 번씩 기도하는 관습은 시편에도 나타난다(시 55 : 17).

다니엘의 적들은 다니엘이 평소와 같이 현장에서 기도하는 것을 목격하고 왕을 찾아와서 왕이 세운 금령을 확인한다. 그들은 이렇게 묻는다 : "왕이여 왕이 이미 금령에 왕의 도장을 찍어서 이제부터 삼십 일 동안에는 누구든지 왕 외의 어떤 신에게나 사람에게 구하면 사자 굴에 던져 넣기로 하지 아니하였나이까"(6 : 12). 왕은 그것이 '메대와 바사의 고치지 못하는 규례임'을 확인한다. 이제 모든 음모는 완성되었다. 왕이 그 금령에 도장을 찍었을 때는 전혀 의도하지 않았던 일이 벌어지고 있었다. 총리들과 고관들은 다니엘이 이 금령을 어겼음을 고발한다. 그리고 다니엘은 포로로 끌려와서 오랫동안 제국을 위하여 일했음에도 여전히 '사로 잡혀 온 유다 자손'으로 불린다. 그의 죄는 '하루 세 번씩 기도하는 것'이며 이 죄는 왕과 왕의 금령을 존중하지 않았다는 증거이다.

바로 그때 왕은 이 금령이 누구를 겨냥하여 제정되었는지를 알았을 것이다. 본문에서 "이 말을 듣고 그로 말미암아 심히 근심하여 다니엘을 구원하려고 마음을 쓰며 그를 건져내려고 했다"는 구절을 통해 그의 속마음이 어떠했음을 알 수 있다. 본문에서 다리오는 하나님 앞에서 바른 왕의 정체성을 가지고 있는 자로 묘사된다. 그리하여 다니엘이 포로로 끌려온 자라고 해서 차별하지 않고 공평하게 대우하였다. 다른 관리들의 출신과 상관없이 왕이 공평한 평가를 하고자 할 때 다니엘의 신앙은 문제되지 않았다. 왕은 다니엘이 어떤 다른 관리들보다 더 제국을 이롭게 하는 자라고 판단하였다. 만약 그러한 판단이 서지 않았다면 다니엘의 행동은 곧 금령대로 죽음을 초래해도 상관없었을 것이다. 그러나 왕은 다니엘이 죽을 수밖에 없도록 만든 상황이 관리들의 음모로 인한 것임을 알게 되었기에 안타까워했던 것이다. 6장에는 3장에서와 마찬가지로 참소가 나타난다(단 3 : 8). 3장에서는 갈대아 사람들이 참소하고 왕도 동조하는 판단에 의하여 세 친구들이 어려움에 처하지만, 6장에서는 왕의 판단과 상관없이 다니엘이 음모에 빠진다. 다니엘은 묵묵히 이 결정에 따르지만, 오히려 왕이 총리들과 고관들의 음모에 맞선다. 해가 질 때에 무리들이 찾아와 다니엘이 금령을 어겼음을 확인하고 왕을 협박하기에 이른다. 이제 싸움은 왕과 다니엘이 함께 총리들과 고관에 맞서는 형태가 되었다. 즉, 메대와 바사의 규례대로 왕께서 세우신 금령과 법도는 고치지 못한다는 것이다. 왕도 자신의 도장이 찍힌 금령대로 따르지 않을 수 없었다.

이제 왕은 금령에 따라 다니엘을 사자굴에 넣는 역할과 그렇게 된 다니엘이 불쌍하여 구원하려는 두 모습을 가진 존재로 바뀐다. 왕은 금령에 따라 다니엘을 사자굴에 던질 것을 명령한다. 그리고 관례에 따라 돌을 굴려다가 굴 어귀를 막고 왕의 도장과 귀족들의 도장으로 봉하였다. 왕은 또한 그의 구원을 간청하는 자로도 나타난다. 3장에서는 풀무불에 던져지기 전에 세 친구들이 '그리 아니하실지라도'라는 신앙고백을 한다. 그러나 이번에는 왕이 고백을 한다 : "네가 항상 섬기는 너의 하나님이 너를 구원하시리라" 왕은 다니엘을 사자굴에 넣은 후에, 신하들의 음모에 빠져 어쩔 수 없이 다니엘을 사자굴에 넣은 것을 안타까워하면서 "밤이 새도록 근심하고 그 앞에 오락을 그치고 잠자기를 마다했다"(6 : 18). 이 위기는 왕의 능력으로도 해결할 수 없는 것이다. 이제는 왕 조차도 신하들의 음모로부터 다니엘을 구원하지 못하고 하나님이 다니엘을 구원하시는 기적을 기다리게 된다.

3. 구원(6 : 19 – 24)

[6 : 19-24] 걱정과 두려움의 밤은 지나갔다. 자신의 신하들의 음모에 시달린 왕은 밤이 지나자마자 급히 사자굴을 찾는다. 그는 다니엘이 죽었을지도 모를까봐 슬피 소리지른다 : "살아 계시는 하나님의 종 다니엘아 네가 항상 섬기는 네 하나님이 사자들에게서 능히 너를 구원하셨느냐"(6 : 20). 안에서 다니엘의 밝은 목소리가 들려 나온다 : "왕이여 원하건대 왕은 만수무강 하옵소서 나의 하나님이 이미 그의 천사를 보내어 사자들의 입을 봉하셨으므로 사자들이 나를 상해하지 못하였사오니 이는 나의 무죄함이 그 앞에 명백함이오며 또 왕이여 나는 왕에게도 해를 끼치지 아니하였나이다"(6 : 21 – 22). 본문에서 다니엘의 이 고백은 어떤 의미를 가졌는가? 다니엘은 한결같이 왕의 만수무강을 기원한다. 다니엘의 무죄함이 무엇으로 판명되었는가? 문자 그대로 본다면 왕 이외의 신이나 사람에게 무엇을 구하면 사자 굴에 넣기로 했고, 다니엘은 그 금령을 어긴 것은 확실하다. 그런데 이 금령 자체에는 총리들과 고관들의 음모가 담겨 있었다. 그렇다면 무엇이 무죄하다는 말인가? 다니엘

이 사자 굴에 던져졌음에도 불구하고 '하나님이 이미 그의 천사들을 보내어 사자들의 입을 봉하신 것'을 통하여 다니엘이 무고하다는 것을 입증한다는 말이다. 즉, 인간의 음모를 막아 의로운 자를 살리는 하나님의 능력을 고백하고 있고 왕은 이 말에 동의하고 있는 것이다. 덧붙여서 다니엘은 왕에게 해를 끼치지 않았다고 고백한다. 즉, 모든 행위의 기준은 왕을 이롭게 하는가 아니면 해롭게 하는가이다. 왕이 총리를 세워 관리들을 감독하게 한 것도 왕에게 손해가 없게 하기 위함이었다(6 : 2). 다니엘이 비록 신앙의 순수함을 지키기 위하여 금령을 어겼지만 그것은 결코 왕을 해롭게 하는 행위가 아니기 때문에 용납될 수 있는 일이다. 다니엘은 불의한 금령에 굴하지 않고 왕을 해롭게 하지 않았다는 명분과 그것이 옳다는 것을 입증하시는 하나님의 기적을 통하여 극복하였던 것이다.

왕은 자신이 내린 금령으로 인해 다니엘을 사자굴에 넣었고 이제 그가 살아 있음을 확인하였다. 고대 바벨론 관습에 따르면 죄인이 형을 당하고 다음 날까지 죽지 않으면 용서받는다. 왕은 심히 기뻐서 다니엘을 굴에서 올린다. 그의 몸이 조금도 상하지 않은 것은 그가 하나님을 믿었기 때문이었다. 이제 금령의 위협은 사라지고 왕은 자신과 다니엘을 올무에 빠뜨린 적들을 처단할 수 있는 위치에 있게 된다. 그는 다니엘을 참소한 사람들을 끌어오게 하였다. 그리고 그들을 처자들과 함께 사자 굴에 넣었더니 "그들이 굴 바닥에 닿기도 전에 사자들이 곧 그들을 움켜서 그 뼈까지도 부서뜨렸다"(6 : 24). 본문에서 다니엘의 적들은 회개시킬 대상이 아니고, 멸망시켜야 할 대상이다. 적들이 다니엘을 처벌하려던 그 처벌로 적들에게 복수해야 마땅한 것이다. 이는 다니엘의 적들에 대한 경고의 메시지를 담고 있다. 하나님을 대항하고 하나님의 사람들을 대적하면 죽음에 이른다는 것이다. 이것은 하나님의 백성들로 하여금 복수하라는 뜻이 아니라, 하나님의 백성들을 무고하게 공격하면 어떠한 대가가 있는지를 경고함으로 디아스포라로 존재하는 하나님의 백성들을 보호하신다는 메시지이다.

4. 왕의 조서(6 : 25－28)

[6 : 25-28] 이 사건에 대한 다리오 왕의 전체적인 평가는 그의 고백을 통하여 알 수 있다(6 : 26－27). 2장, 3장, 4장에서는 왕이 사건 당사자로서 고백하였다. 6장에서는 사건을 일으킨 당사자인 다니엘의 적들은 죽어버렸기 때문에 고백할 수가 없다. 이제 고백은 왕으로서의 정체성을 획득한 왕이 목격자의 자리에서 하고 있다. 다리오의 고백은 4장보다도 더 발전하고 있다. 고백의 근거는 "다니엘을 구원하여 사자의 입에서 벗어나게 하셨음"(6 : 27)이다. 다리오 왕의 고백은 사자의 입에서 다니엘을 구원하신 하나님의 능력을 목격했기 때문에 가능하다. 다리오 왕은 사자굴에 들어가는 다니엘에게 하나님이 너를 구원하시리라고 위로하였고, 다음날 생사여부를 확인할 때 네 하나님이 사자에게서 너를 구원하시기에 능하셨느냐고 물었다. 그리고 하나님은 구원하시는 능력이 있음을 확인한다. 이 능력은 다리오로 하여금 하나님에 대한 독특한 고백을 하게 만드는데, 하나님은 살아계시고, 영원히 변치 않으실 분이며, 그의 나라는 영원하고, 권세는 무궁하며, 구원하시고, 이적과 기사를 행하시는 분이시라는 것이다. 본문은 이 사건 이후에 다니엘이 다리오 왕과 고레스의 시대에 형통하였다고 서술함으로써 맺고 있다.

1) 메대 왕 다리오에 대하여

메대 왕 다리오의 존재에 대하여는 학자들의 많은 논쟁이 있었다. 첫째로 역사적으로 메대 왕 다리오는 찾을 수 없다. 역사적으로 바벨론의 마지막 왕인 나보니두스와 페르시아의 첫 번째 왕인 고레스 사이에 메대 왕 다리우스는 발견되지 않는다. 그러나 바벨론이 메대에 의하여 멸망되었다는 것은 성경에 나타난다(사 13 : 17 ; 21 : 2 ; 렘 50 : 9, 41 ; 51 : 11, 28). 다니엘서의 저자는 성서에서 이에 관한 정보를 취하고 있다. 고레스가 등장하기 이전에 메대 족속들에 대한 명성이 나타난다. 메대 왕국은 앗수르를 정복하고, 바벨론에게 위엄을 떨치고, 고레스 이전에는 페르시아가 메대 왕국의 일부였다. 또한 페르시아가 바벨론을 정복하기 전에 고레스가 메대의 통치자였기 때문에 고레스에 의한 바벨론 정복을 메대의 정복으로 착각할 여지가 있었다. 메대 왕의 이름 다리오는 주전 521년부터 486년까지 페르시아의 왕이었던 다리오 1세의 이름을 딴 것으로 보인다. 다리오는 주전 522년에 캄비세스의 뒤를 이어 왕이 된 후 반란에 휘둘렸다. 다리오는 처음으로 메대의 왕을 진압하였고, 이어서 바벨론을 정복하였다. 그래서 다리오라는 이름이 바벨론의 정복과 관련 있기에 주전 538년의 정복자로 인용할 가능성이 있다. 다리오 왕이 방백 120명을 세웠다는 것은(6 : 1) 다리오 1세의 제도 정비를 연상시킨다. 다니엘서 6장에서 보이는 메대 왕 다리오에 대한 서술은 페르시아 왕인 다리오 1세의 유화 정책을 연상시킨다. 하지만 성경에서 확실한 결론을 내리기는 어렵다(H. H. Rowley, Darius the Mede and the Four World Empire in the Book of Daniel, 56-59쪽).

둘째로 메대 왕 다리오의 존재는 다니엘서의 문맥에서 확인할 수 있다. 다니엘서에서 메대 왕국은 바벨론 왕국과 바사 왕국 사이에 존재하는 왕국으로 이해된다. 바벨론의 벨사살 왕의 뒤를 이어(5 : 31) 메대 사람 아하수에르의 아들 다리오가 62세 때 왕으로 즉위하였고(9 : 1), 뒤를 이어 바사 사람 고레스가 왕위에 올랐다(6 : 28 ; 10 : 1). 다니엘서 11장에서도 메대 사람 다리오의 뒤를 이어 바사의 왕들이 일어난다고 묘사한다(11 : 1, 2). 다른 한편으로 메대 왕국과 바사 왕국은 한 왕국처럼 묘사된다. 벨사살 왕의 멸망을 선포하는 다니엘의 예언에서 벨사살 왕의 나라는 나뉘어서 메대 왕국이 아니라 '메대와 바사' 사람에게 준바되었다고 묘사한다(5 : 28). 메대 사람 다리오가 통치할 때 신하들이 왕 외의 어떤 신에게나 사람에게 구하면 사자 굴에 넣기로 한 규례가 메대 왕국이 아니라 '메대와 바사'의 고치지 못하는 규례라고 세 번씩이나 표현하고 있다(6 : 8, 12, 15). 다니엘의 환상에서도 메대와 바사를 서로 다른 짐승으로 표현하지 않고 수양의 두 뿔로 표현한다(8 : 20). 한 짐승을 두 나라로 표현함을 통하여 메대와 바사가 한 왕국인 것처럼 나타내고 있는 것이다.

설교를 위한 묵상

1. 그리스도인들은 이 땅에 거하는 동안 끊임없이 악한 세력들로부터 공격을 당한다. 3장에서는 왕으로부터 직접적인 공격을 받아서 고난을 당한 반면에, 6장에서의 위험은 왕이 아니라 왕 아래 있는 다른 경쟁자들로부터 온다. 총리들과 고관들이 다니엘을 시기하여 고발할 근거를 찾으려고 하였지만 찾지 못하였다. 즉, 하나님의 율법에서 근거를 찾지 않고는 그를 고발할 수 없었다. 이에 총리들과 고관들은 다니엘로부터 신앙적인 음모거리를 찾게 되었고, 그럼에도 다니엘은 규칙적으로 기도하는 습관을 포기하지 않았다. 어쩌면 악한 세력들 앞에서 공격을 당하지 않기 위해서 쉽게 신앙적인 활동을 포기할 수도 있었지만, 다니엘은 어떠한 상황에서도 행위로 신앙을 표현하기를 포기하지 않았다. 다니엘에게 있어 규칙적으로 기도하는 것은 하나님을 향한 자신의 순종의 행위였기 때문이다. 우리가 하나님께 순종하는 일 이외에는 흠잡을 수 없는 것, 그것이 이 시대를 살아가는 우리의 목표이다. 신앙적으로 타협해야만 위기를 극복할 것처럼 보이는 위기 속에서 그 위기를 이길 수 있는 방법은 더 철저한 토라에 대한 순종을 통하여 신앙을 표현하는 것이다.

2. 하나님은 왕에게 권세를 부여하시고 왕을 구원의 도구로 사용하시지만, 그 왕을 움직이는 것은 하나님 자신이시다. 다리오는 느부갓네살 왕에 비하여 발전된 왕의 정체성을 가지고 있다. 여호와 하나님에 대하여 호의적이고, 하나님의 백성들을 적대적으로 대하지 않는다. 그러나 그러한 왕도 신하들이 만든 음모를 피하지 못하고 죽이고 싶지 않은 다니엘을 사자굴 속에 넣어야 했다. 왕도 어쩌지 못하는 제도 속에서 악을 행하고 있는 것이다. 이 물꼬를 트는 것은 하나님의 기적이다. 왕도 어쩔 수 없이 다니엘을 사자굴 속에 넣고 아침을 기다려야 했다. 그리고 다니엘이 사자굴 속에서도 죽지 않고 해를 입지 않는 기적이 있었기 때문에 다리오 왕이 다니엘을

위하여 복수하는 행동을 할 수 있었다. 다리오 왕이 대적으로부터 다니엘을 구한 것은 "다니엘을 구원하여 사자의 입에서 벗어나게 하셨기"(6 : 27) 때문이다. 즉, 다리오 왕이 아무리 하나님을 경외한다 할지라도 먼저 하나님의 돌보심이 있어야만 왕도 하나님의 사람들을 구할 수 있고 고백과 복수도 할 수 있는 것이다. 모든 활동 이면에 존재하는 하나님이 역사하심을 깨달아야 한다. 우리는 악 앞에서 마음을 놓아서는 안된다. 낙관적인 안일함은 우리를 악의 노예가 되게 만든다. 어느 한 순간도 하나님의 기적이 없이는 구원받을 수 없음을 알고 하나님이 인도하시기를 간구하여야 한다.

3. 이 본문은 그리스도인들이 세상의 적대세력을 어떻게 바라볼 것인가를 가르쳐준다. 다니엘을 사자굴에서 죽게 하려는 음모가 실패로 돌아간 후에 다리오 왕은 다니엘을 참소한 자들을 사자굴에 집어넣어서 죽게 만든다. 보복의 방법은 새로운 것이 아니라, 하나님의 사람들에게 내리려던 바로 그 형벌대로 자신들이 받는 것이다. 이는 또한 하나님의 사람들과 함께 거하는 이방인들을 향한 경고이다. 하나님의 백성들이 비록 연약해 보이는 나그네이기는 하지만 이 땅에 거하는 동안 그들을 무고하게 공격하다가는 자신들도 큰 위험에 처할 수 있다는 경고이다. 다니엘을 참소한 사람들이 사자굴에서 죽임을 당한 것을 목격한 자들은 하나님의 백성들을 두려워하게 되었을 것이다. 하나님의 백성들은 위기 가운데에도 하나님이 그들을 끝까지 보호하신다는 확신을 가져야 한다. 디아스포라처럼 살아가는 세상에서 끊임없이 신앙인들을 공격하고 위협하는 세력들에 대한 직접적인 싸움보다는 합법적인 권세에 순종하고 책잡히지 않는 제국의 시민으로 살아가면서 하나님에 대한 최고의 순종을 수행하며 당당히 살아야 한다.

제 Ⅱ 부

신학적인 포로 : 주전 2세기 포로들에 관한 예언

다니엘서 7~12장

A. 그의 나라는 영원한 나라이라(7 : 1-28)

B. 정한 때, 끝에 관한 계시(8 : 1-27)

C. 포로 칠십 년의 비밀(9 : 1-27)

D. 역사 속에 나타난 하나님의 계시(10 : 1-12 : 13)

| 다니엘서 7~12장 |

신학적인 포로 : 주전 2세기 포로들에 관한 예언

다니엘서 2부는 다니엘이 주전 2세기 공동체를 위하여 예언한 내용으로, 주전 2세기 공동체의 백성들은 포로부터 귀환한 지 400여 년이 지났음에도 자신들이 여전히 포로상태에 있다고 여기고 있었다. 이스라엘 백성들이 비록 바벨론에서 돌아와 팔레스타인 땅에 거하고 있었지만, 예루살렘 성전이 헬라인들에 의하여 훼파되어 있는 현실을 포로라고 규정하고 있었기 때문에 역사적인 포로와 구분하여 신학적인 포로라고 부르기로 한다. 7~12장은 주전 2세기의 역사적인 상황을 보여주고, 1~6장은 주전 6세기의 상황을 보여준다는 면에서 서로 다르지만 둘 다 포로라는 특징을 보여준다는 면에서 유사하다. 7~12장에서는 예루살렘 성전이 훼파되어 있음으로 인해 여전히 포로의 상황을 보여주며, 공동체는 풀무불과 사자굴에 준하는 핍박을 받고 있다. 1~6장이 역사적 포로인 70년의 끝을 바라보고 있다면, 7~12장은 역사적 포로보다 일곱 배 늘어난 70이레의 끝을 바라보고 있다. 특히나 7~12장은 포로가 끝나기까지 남은 세때 반 동안에 읽혀져야 하는 책으로 포로가 마칠 때까지 공동체가 핍박을 견디면서 하나님의 나라를 맞이할 수 있도록 돕고 있다. 7~12장에서 다니엘이 예언하는 시기는 역사적 70년을 향하여 나아가는 때이고(벨사살 1년, 벨사살 3년, 다리오 원년, 고레스 3년), 예언하고 있는 내용의 시점은 칠십 이레를 세때 반 남겨 놓은 상황에서 종말을 향하여 나아가고 있는 때임을 염두에 두고 읽어야 한다.

A. 그의 나라는 영원한 나라이라(7 : 1 - 28)
B. 정한 때, 끝에 관한 계시(8 : 1 - 27)
C. 포로 칠십 년의 비밀(9 : 1 - 27)
D. 역사 속에 나타난 하나님의 계시(10 : 1 - 12 : 13)
E. 결론(12 : 5 - 13)

A. 그의 나라는 영원한 나라이라(7 : 1 - 28)

1바벨론 벨사살 왕 원년에 다니엘이 그의 침상에서 꿈을 꾸며 머리속으로 환
상을 받고 그 꿈을 기록하며 그 일의 대략을 진술하니라 2다니엘이 진술하여
이르되 내가 밤에 환상을 보았는데 하늘의 네 바람이 큰 바다로 몰려 불더니
3큰 짐승 넷이 바다에서 나왔는데 그 모양이 각각 다르더라 4첫째는 사자와
같은데 독수리의 날개가 있더니 내가 보는 중에 그 날개가 뽑혔고 또 땅에서
들려서 사람처럼 두 발로 서게 함을 받았으며 또 사람의 마음을 받았더라 또
보니 5다른 짐승 곧 둘째는 곰과 같은데 그것이 몸 한쪽을 들었고 그 입의
잇사이에는 세 갈빗대가 물렸는데 그것에게 말하는 자들이 있어 이르기를 일
어나서 많은 고기를 먹으라 하였더라 6그 후에 내가 또 본즉 다른 짐승 곧
표범과 같은 것이 있는데 그 등에는 새의 날개 넷이 있고 그 짐승에게 또 머

리 넷이 있으며 권세를 받았더라 7내가 밤 환상 가운데에 그 다음에 본 넷째
짐승은 무섭고 놀라우며 또 매우 강하며 또 쇠로 된 큰 이가 있어서 먹고 부
서뜨리고 그 나머지를 발로 밟았으며 이 짐승은 전의 모든 짐승과 다르고 또
열 뿔이 있더라 8내가 그 뿔을 유심히 보는 중에 다른 작은 뿔이 그 사이에서
나더니 첫 번째 뿔 중의 셋이 그 앞에서 뿌리까지 뽑혔으며 이 작은 뿔에는
사람의 눈 같은 눈들이 있고 또 입이 있어 큰 말을 하였더라 9내가 보니 왕좌
가 놓이고 옛적부터 항상 계신 이가 좌정하셨는데 그의 옷은 희기가 눈 같고
그의 머리털은 깨끗한 양의 털 같고 그의 보좌는 불꽃이요 그의 바퀴는 타오
르는 불이며 10불이 강처럼 흘러 그의 앞에서 나오며 그를 섬기는 자는 천천
이요 그 앞에서 모셔 선 자는 만만이며 심판을 베푸는데 책들이 펴 놓였더라
11그때에 내가 작은 뿔이 말하는 큰 목소리로 말미암아 주목하여 보는 사이에
짐승이 죽임을 당하고 그의 시체가 상한 바 되어 타오르는 불에 던져졌으며
12그 남은 짐승들은 그의 권세를 빼앗겼으나 그 생명은 보존되어 정한 시기가
이르기를 기다리게 되었더라 13내가 또 밤 환상 중에 보니 인자 같은 이가 하
늘 구름을 타고 와서 옛적부터 항상 계신 이에게 나아가 그 앞으로 인도되매
14그에게 권세와 영광과 나라를 주고 모든 백성과 나라들과 다른 언어를 말하
는 모든 자들이 그를 섬기게 하였으니 그의 권세는 소멸되지 아니하는 영원
한 권세요 그의 나라는 멸망하지 아니할 것이니라 15나 다니엘이 중심에 근심
하며 내 머리 속의 환상이 나를 번민하게 한지라 16내가 그 곁에 모셔 선 자들
중 하나에게 나아가서 이 모든 일의 진상을 물으매 그가 내게 말하여 그 일의
해석을 알려 주며 이르되 17그 네 큰 짐승은 세상에 일어날 네 왕이라 18지극히
높으신 이의 성도들이 나라를 얻으리니 그 누림이 영원하고 영원하고 영원하
리라 19이에 내가 넷째 짐승에 관하여 확실히 알고자 하였으니 곧 그것은 모
든 짐승과 달라서 심히 무섭더라 그 이는 쇠요 그 발톱은 놋이니 먹고 부서뜨
리고 나머지는 발로 밟았으며 20또 그것의 머리에는 열 뿔이 있고 그 외에 또
다른 뿔이 나오매 세 뿔이 그 앞에서 빠졌으며 그 뿔에는 눈도 있고 큰 말을
하는 입도 있고 그 모양이 그의 동류보다 커 보이더라 21내가 본즉 이 뿔이

성도들과 더불어 싸워 그들에게 이겼더니 [22]옛적부터 항상 계신 이가 와서 지극히 높으신 이의 성도들을 위하여 원한을 풀어 주셨고 때가 이르매 성도들이 나라를 얻었더라 [23]모신 자가 이처럼 이르되 넷째 짐승은 곧 땅의 넷째 나라인데 이는 다른 나라들과는 달라서 온 천하를 삼키고 밟아 부서뜨릴 것이며 [24]그 열 뿔은 그 나라에서 일어날 열 왕이요 그 후에 또 하나가 일어나리니 그는 먼저 있던 자들과 다르고 또 세 왕을 복종시킬 것이며 [25]그가 장차 지극히 높으신 이를 말로 대적하며 또 지극히 높으신 이의 성도를 괴롭게 할 것이며 그가 또 때와 법을 고치고자 할 것이며 성도들은 그의 손에 붙인 바 되어 한 때와 두 때와 반 때를 지내리라 [26]그러나 심판이 시작되면 그는 권세를 빼앗기고 완전히 멸망할 것이요 [27]나라와 권세와 온 천하 나라들의 위세가 지극히 높으신 이의 거룩한 백성에게 붙인 바 되리니 그의 나라는 영원한 나라이라 모든 권세 있는 자들이 다 그를 섬기며 복종하리라 [28]그 말이 이에 그친지라 나 다니엘은 중심에 번민하였으며 내 얼굴빛이 변하였으나 내가 이 일을 마음에 간직하였느니라

다니엘서 7장은 1~6장과 7~12장의 다리 역할을 한다. 1~6장과의 공통적인 특징을 살펴보자(Redditt, 114-115). 첫째, 다니엘서 7장은 2~6장과 같이 아람어로 씌어졌다. 둘째, 7장은 2장에서 나타난 네 왕국 사상에 관한 주제를 발전시킨다. 2장에서 역사적인 70년의 범주 아래 네 왕국을 전개하고 있다면, 7장에서는 70이레의 범주 아래 네 왕국 사상을 발전시키고 있다. 셋째, 7장은 2장과 4장의 꿈의 형식을 빌려 왔다. 다니엘서에서 1 : 17을 제외하면, 7 : 1, 2장과 4장에만 꿈이라는 단어가 나타난다. 원래 7 : 2~27의 내용은 환상으로 나타나는데(7 : 2) 이 환상을 7 : 1에서 꿈이라고 부름으로 2장과 4장의 주제를 7장과 연결하려고 시도한 것으로 보인다. 넷째, 다시 7 : 1은 다니엘이 환상을 받은 때(바벨론 벨사살 왕 원년)를 4장의 사건과 5장의 사건 사이에 위치시키고 있다. 다섯째, 7장은 2장과 함께 2~7장의 동심원적인 구조를 구성한다. 반면, 7장이 1~6장과 구별되는 다른 요소들은 다음과 같다.

첫째, 꿈, 환상, 그리고 징조의 해석자였던 다니엘이 도리어 계시를 받는 자가 되어 해석자를 필요로 한다. 둘째, 계시의 배경이 이방 땅인 바벨론에서부터 예루살렘 땅으로 옮겨진다. 셋째, 다니엘서 7장은 2장에서 네 왕국 사상을 가져왔지만 재해석하고 발전시킨다.

학문적으로 다니엘서 7장의 연구는 문헌의 역사를 다루는 통시적인(diachronic) 관심과 다니엘서 안에 있는 종교사적인 기원을 다루려는 관심에 지배되었지만, 본고에서는 이스라엘의 권위 있는 전승들이 다니엘서의 형성에 어떠한 영향을 주었는지에 관심을 갖고 있다. 이에 다음과 같이 다니엘서 7장을 연구한다. 첫째, 다니엘서 7장의 꿈은 2장의 네 왕국 사상을 발전시킨다 ; 둘째, 다니엘서 7장의 꿈은 에녹서에서 나타나는 인자사상을 발전시킨다 ; 셋째, 다니엘서 7장의 해석은 인자사상을 지극히 높은 자의 성도와 일치시킨다.

다니엘서 7장의 문학적 구조는 다음과 같다.

1. 서론 : 환상의 배경(1절)
2. 1차 환상과 해석(2-18절)
3. 2차 환상과 해석(19-27절)
4. 결론 : 말의 마침과 다니엘의 반응(28절)

본문에서 계시의 내용으로서 순수한 예언은 2절부터 27절까지라고 볼 수 있다. 본론에는 일차 환상과 해석이 나타나고, 다시 이 환상과 해석을 자세히 설명하는 이차 환상과 해석의 형식으로 주어진다. 서론에서는 본론에 나오는 환상을 2장과 관련시켜 언급하면서 꿈으로 이해되는 환상을 서술할 것을 말한다. 결론은 모든 이야기가 끝난 후에 말의 마침과 다니엘의 반응을 보여준다.

1. 서론 : 환상의 배경(7 : 1)

[7 : 1] 다니엘은 주전 6세기 벨사살 왕의 시대에 살고 있으면서, 주전 2세기를 살아가는 신앙 공동체를 위한 예언을 하고 있다. 다니엘이 예언한 때는 벨사살 왕 1년이라고 말한다. 벨사살 왕은 이미 5장에서 등장하여 느부갓네살 왕의 아들이요, 바벨론의 마지막 왕으로 다리오 왕이 들어서기 전에 멸망한 왕이라는 것을 독자들은 알고 있다. 그러므로 7장에서의 다니엘은 역사적으로 바벨론의 마지막 시작점에 위치하여, 내용적으로 네 왕국의 마지막에 관한 예언을 하고 있는 것이다. 다니엘은 포로의 경험은 하였으나 네 왕국의 종말을 경험하지는 못하고 예언만 하고 있다. 1~6장에서 다니엘은 느부갓네살 왕이 계시로 받은 꿈을 해석하는 자이었지만, 7~12장에서는 계시를 받는 자로서 천사 같은 중보자를 통하여 해석을 받아야 하는 존재가 된다. 1절은 꿈의 배경을 보여주고 2절부터는 꿈의 진술을 보여준다.

다니엘서 2장에서 느부갓네살 왕은 잠을 자다가 꿈을 꾼다. 그런데 7 : 1에서 다니엘은 침상에 있었지만 잠을 자지는 않았다. 다니엘은 꿈을 꾸고 그 꿈을 기록하였고, 그가 본 것의 내용을 2~27절에 기록하고 있다. 1절과 28절은 꿈의 골격을 이루고 있다. 7 : 1 이후에는 꿈이라는 말은 사용하지 않고 환상이라는 말을 사용한다(7 : 7, 13 ; 8 : 1 ; 9 : 23 ; 10 : 1). 꿈은 잠잘 때 무의식 가운데 주어지는 것이고, 환상은 의식의 상태에서 주어진다. 아마도 다니엘은 성서에서 꿈에 대한 부정적인 평가를 의식했는지도 모른다(신 13 : 1-5 ; 18 : 10-11 ; 왕하 21 : 6 ; 사 8 : 20 ; 렘 23 : 25-28, 32 ; 29 : 9-10 ; 슥 10 : 2). 환상은 다음과 같은 특징을 갖는다(Redditt, 118). 1) 환상은 '내가 보니'라는 후렴구를 사용한다. 2) 환상은 받는 사람이 어떠한 상태에 있었는지를 보여준다('그의 침상에서'). 3) 환상은 받는 사람의 반응을 보여준다('번민하였으며'). 4) 환상은 의미를 전해주는 천사를 필요로 한다. 5) 환상을 보는 사람의 시대와 환상의 내용에는 차이가 있다(다니엘의 시대는 주전 6세기이고 환상은 주전 2세기를 가리킨다.). 6) 환상의 진정성을 보여주는 증거들이 있어야 한다.

2. 1차 환상과 해석(7 : 2-18)

1) 바다에서 나온 네 짐승들(7 : 2-8)

[7 : 2-8] 7장의 환상은 바다에서 올라온 네 짐승들에 관한 것이다. 2~8절에서 혼돈의 세력이 세상을 위협했다면, 9~14절은 혼돈의 세력을 다시 질서로 돌리는 하나님의 승리의 사역이다. 다니엘서 7장의 꿈을 2장의 해석과 비교하면 7장이 2장의 전승에 영향을 받았음을 알 수 있다. 그런데 2장의 꿈은 이미 환상을 설명할 때 네 금속으로 이루어진 신상에 대한 해석이기에 서론이 없는데 비해, 7장은 2절에서 네 짐승이 바다에서 나왔다고 서술한다. 큰 바다는 문자적으로는 지중해를 말하지만(겔 47 : 10, 15, 19, 20), 태초의 바다, 즉 전사(戰士)이신 하나님의 의지에 의하여 잠잠해지는 혼돈의 물을 뜻한다(창 7 : 11 ; 사 51 : 10 ; 암 7 : 4). 즉, 큰 바다의 역할은 하나님의 창조사역에 의하여 이루어진 우주가 다시 혼돈의 세력으로 돌아가게 하는 것이다. 하나님의 창조사역은 바로 이 혼돈으로부터의 승리를 의미한다(시 74 : 13-17 ; 사 27 : 1). 등장하는 대상은 다르지만 네 왕국 후에 하나님 나라가 임한다는 내용은 유사하다. 두 장에서는 모두 연속적으로 일어나는 왕국을 보여주는데, 단지 2장에서는 이것이 서로 다른 금속으로 표현되었고, 7장에서는 네 짐승으로 표현되었을 뿐이다. 네 왕국 전승에 대하여는 이방의 기원을 말하기도하지만, 이 전승은 네 짐승인 사자, 표범, 곰, 그리고 들짐승을 표현하는 호세아서에서 영향을 받은 것으로 보인다(호 13 : 7-8).

2장에서는 첫 번째 왕국을 강하게 표현하면서 바벨론 왕국의 존재를 의식하지만, 7장에서는 첫째 짐승인 독수리의 날개를 가진 사자라는 표현(렘

4 : 7 ; 겔 17 : 3)을 통해 강성한 바벨론을 연상시키면서, 동시에 날개가 뽑히고 사람처럼 두 발로 서게 함을 입었으며, 사람의 마음을 갖는다는 표현은 교만하여 심판을 받은 느부갓네살을 연상시킨다(4 : 16, 33). 두 번째 짐승은 곰으로 표현된 메대를 나타낸다. 몸 한쪽을 들었다는 표현은 공격적인 자세라기보다는 한쪽이 올라가서 몸의 균형이 잡히지 않은 불균형의 상태를 의미하는 것으로 메소포타미아의 징조 본문에서 이러한 불균형의 짐승은 임박한 재앙을 상징한다. 입의 잇 사이에 세 갈빗대를 물고도 많은 고기를 먹으라고 종용하는 것은 이미 탐욕적으로 취한 이후에 만족하지 못하고 또 다른 욕심을 부리는 특징을 보여준다. 이는 메대 왕국을 뜻하는 것으로 세 갈빗대는 이미 메대에 의하여 정복당한 통치자, 왕국, 또는 백성들을 의미한다(Seow 103). 세 번째 동물은 표범과 같은데 그 특징은 새의 날개 넷과 머리 넷을 가지고 있다. 네 날개는 신속한 속도를 가진 것을 의미하고, 네 머리는 원하는 방향으로 기꺼이 움직일 수 있는 능력을 가지고 있음을 의미한다. 이 짐승이 받은 권세는 세상의 안녕을 위하여 잠정 기간 동안 세상을 다스릴 수 있는 일시적인 권세를 의미한다. 마지막 넷째 짐승은 세 짐승들에게서 발견할 수 있는 어떠한 혼돈의 세력보다 크고 무섭고 놀라우며 또 매우 강하고 쇠로 된 큰 이가 있어서 먹고 부서뜨리고 그 나머지를 발로 밟는다.

네 번째 짐승은 이전 짐승들과는 다르다. 더 이상 어떠한 것과 비교되지 않는다. 사자는 날개가 뽑혔고, 곰은 몸 한쪽이 들렸고, 표범은 권세를 부여받았는데, 넷째 짐승에게는 동사의 수동태가 더 이상 사용되지 않는다. 네 번째 짐승은 저돌적이고 독립적인 행동을 보임으로 이전 짐승들과는 다르다. 네 번째 짐승이 가지고 있는 열 뿔의 역사적인 실체가 무엇인지는 불확실한데, 네 번째 왕국의 열 왕들, 또는 열 세대의 왕들, 그리고 안티오쿠스 에피파네스 이전의 열 왕들을 의미한다고 보기도 한다. 작은 뿔에 의하여 뿌리 뽑힌 세 뿔은 역사적으로 셀류쿠스 4세와 그의 두 아들인 데메트리우스(Demetrius)와 어린 안티오쿠스(Antiochus)라고 여겨지지만 불확실하다. 다른 비유는 역사적으로 불확실할지라도 작은 뿔은 셀류쿠스 4세를 죽이고 그의 아들들을 자기 대신 로마로 보낸 안티오쿠스 4세를 뜻하는 것으로 박해의 절정인 사람의 눈과 교만하게 말하는 입을 가지고 있다(8절)고 하였는데, 안티오쿠스 4세는 자신을 현현(顯現)한 신(Theos Epiphanes)이라고 불렀다.

2) 보좌환상(7 : 9 – 14)

[7 : 9–14] 7 : 2~8에서 네 짐승의 출현에 관한 진술은 네 번째 짐승에서 절정에 이르고, 다음 장면(7 : 9 – 14)은 네 짐승의 심판에 관한 것이다. 2장에 나타난 종말의 전승에서는 손대지 아니한 돌이 마지막 왕국을 무너뜨린 후에 하나님 나라가 임한다. 7장에서는 2장에 나타난 종말과 하나님 나라의 도래에 관한 사상을 발전시키고 있다. 7 : 9~14에는 2 : 44~45에서 나타나는 종말과 하나님 나라 사상이 발전되어 나타나는데, 옛적부터 항상 계신 이가 보좌에 좌정하시고(9 – 10절), 그가 네 번째 짐승을 멸망시키시고(11 – 12절), 나라를 인자 같은 이에게 넘겨준다(13 – 14절). 구약성서에서 보좌전승은 심판의 정황에서 나타난다(사 6장, 겔 1 – 3장, 단 7장, 에녹서 14장). 본문에서도 보좌환상은 심판의 문맥에서 나타난다. 현실은 네 번째 짐승에 의하여 교회가 핍박을 당하는 상황이다. 이때 다니엘은 하늘에서 어떠한 일이 일어나는지를 목격하고 있다. 이미 네 번째 짐승은 보좌환상 앞에서 죽임을 당하고 나라를 인자에게 넘겨준다. 이것은 장차 반드시 일어날 종말의 일로서 고난을 당한 교회들이 이 환상으로 인하여 반드시 승리가 올 것을 믿고 마지막까지 견딜 수 있도록 돕는 역할을 한다.

9~14절은 '내가 보니'라는 용어로 두 개의 환상을 이끌고 있다. 제일 먼저 보좌(왕좌)가 놓였는데 원래 이스라엘에서는 보좌가 단수로 쓰이는데 여기에서는 복수로 사용된다. 아마도 옛적부터 항상 계신 자와 인자 같은 이를 위하여 예비된 것이기 때문으로 보인다. 가나안 신화에서는 만신전 최고 신

인 엘신과 바알신이 나타난다. 옛적부터 항상 계신 이의 보좌전승에서 옷이 눈같이 희다는 것은 그의 영광과 타자성을 의미한다(단 10 : 5-6 ; 시 104 : 1-3 ; 마 28 : 3 ; 막 9 : 3). 머리털이 깨끗한 양의 털과 같다는 것은 오래전부터 존재하시는 분이라는 의미이다. 보좌를 불꽃과 타오르는 불로 보는 것은 하나님의 현존을 의미하는데, 특히 보좌에 바퀴가 존재한다는 것은 보좌의 이동성을 상징한다. 에스겔서에서 하나님은 성전에 고정되지 않고 자신을 분리시켜 바벨론으로 이동하신 것처럼, 이동이 자유로운 하나님의 자유를 드러낸다. 그 하나님은 이제 천상의 보좌에 현현하셔서 천천과 만만의 천상의 존재들에 둘러싸여 심판자로 서신다.

이제 옛적부터 항상 계신 자에 의하여 심판이 이루어진다. 11절은 8절에서 열한 번째 뿔이 하나님을 향하여 큰 말을 하는 것으로 시작한다. 즉, 열한 번째 뿔은 지극히 높으신 자를 향하여 신성모독을 행하고 있다. 그렇게 큰 목소리로 말하던 짐승은 죽임을 당하고 타오르는 불에 던져진다. 다른 짐승들도 권세를 빼앗겼지만, 생명은 보존되어 정한 기간 동안 보존된다. 이 본문은 현재 가장 극악한 짐승은 즉각적으로 멸망되지만, 다른 악들은 정한 때까지는 보류된다는 것으로 이해해야 할 것이다. 즉, 악은 우주의 질서(cosmos)에 대한 위협으로 항상 남아 있을 것이다.

13~14절은 짐승이 죽임을 당한 후에 어떻게 하나님의 나라가 임하는지를 보여준다. 2장에서 돌에 의하여 이루어지는 하나님의 나라는 13~14절에서 더 명백해진다. 인자가 어떻게 등장하는가에 대한 표현은 사본들이 서로 다르다. 히브리 성경에는 인자가 '하늘의 구름과 함께' 나타나고 칠십인역에서는 '하늘의 구름 위에' 등장한다. '하늘의 구름과 함께' 오는 것은 인간이 신격화되는 것을 강조하고, '하늘의 구름 위에' 등장하는 것은 하늘로부터 내려오는 신적인 존재임을 강조하는 것이다. 그러나 신약에서 이 표현들이 구분 없이 사용되기 때문에(구름과 함께-막 13 : 26 ; 14 : 62 ; 계 1 : 7 ; 구름 위에-마 24 : 30 ; 26 : 64 ; 계 14 : 14, 16) 구름 앞에 있는 전치사로 인하여

는 해석이 달라지지 않는 것으로 보인다. 등장하는 형태와 상관없이 본문에서 인자는 문맥이 결정하고 있다. 우선 "인자 같은 이"라는 말은 짐승 같은(사자 같은, 표범 같은, 곰 같은)이라는 단어와 대립되어, 고유명사가 아니라 관사 없는 일반명사로 사용되고 있다. 짐승들이 받은 권세는 잠정적이지만, 인자가 받은 권세는 영원한 것이다. 인자는 네 번째 짐승이 멸망되고 남은 짐승들이 권세를 빼앗겨 정한 기간을 기다리는 동안 마지막으로 하나님 나라의 영원한 권세를 부여받는다. 여기에서 인자 같은 이의 배경은 하나님과 하나님의 백성 사이에서 중보자인 왕의 역할에 있다고 볼 수 있다.

본문에서 보좌환상을 사용할 때 저자는 맨티시즘(manticism)을 사용한다. 맨티시즘이란 하늘에서 이미 일어난 일이 땅에서 장차 반드시 일어날 것을 말한다. 사람들은 땅에서 혼돈과 위기에 직면할 때, 이미 위기가 해결된 하늘을 본다. 다니엘서 7장에서 맨티시즘은 다음과 같이 나타난다.

〈다니엘서 7장에서의 맨티시즘〉

	현 재	미래
하늘	짐승은 죽임을 당하고(7 : 11) 영원한 왕국은 인자에게 주어졌다(7 : 14)	
땅	네 번째 짐승	짐승은 죽임을 당할 것이고 영원한 왕국은 인자에게 주어지리라

저자는 땅에서 네 번째 짐승의 마지막 왕인 작은 뿔이 교회를 핍박하는 현장을 목격하고 있다. 그것은 신앙공동체를 향한 위기인 것이다. 위기에 직면하여 저자는 하늘에서 일어나는 환상을 본다. 환상에 따르면, 심판을 위해 준비한 하나님의 보좌가 있고, 네 번째 짐승은 죽임을 당하고 다른 짐승들은 권세를 빼앗기고 때를 기다린다. 그리고 새로운 왕국은 이전처럼 하나님이 왕권을 다른 세상나라에게 주시는 것이 아니라 인자에게 부여함으로 영원한

하나님의 나라가 시작된다. 맨티시즘의 원리에 따라 하늘에서 이루어진 것처럼 땅에서도 일이 성취될 것이다. 땅에서는 짐승의 마지막 왕이 세력을 잡고 있는 현실이 목격된다. 그러나 이미 하늘에서 짐승의 죽음이 수행되었기 때문에 땅에서도 역시 작은 뿔과 함께 네 번째 짐승이 죽임을 당하고 영원한 왕국이 인자에게 주어질 것이다. 본문에서 특이한 것은 다니엘이 예언을 하고 인자가 나라를 유업으로 받는다는 것이다. 다니엘과 인자의 관계는 에녹서와의 비교를 통해 알 수 있는데, 에녹서에서 에녹은 계시를 받는 존재이며 동시에 인자의 역할을 한다. 그러나 다니엘서에서 계시를 받는 다니엘과 인자는 구별된다. 즉, 계시를 받는 사람과 백성들을 다스리는 인자가 다른 것이다. 이 차이가 무엇을 의미하는지 알기 위해서는 계시를 받는 사람과 백성을 다스리는 인자가 동일한 에녹서와 비교해 보아야 한다. 다니엘서와 같이 묵시문학인 에녹서를 보면 에녹은 계시를 받는 자요 또한 인자의 역할을 담당한다. 에녹서와 다니엘서는 다음과 같이 유사점과 차이점이 있다.

〈에녹서 6~19장과 다니엘서 7장〉

구분	제1에녹서 6-19장	다니엘서 7장에서의 꿈
위기의 이유	아사셀	그리스의 안티오쿠스 4세
심판의 무대	보좌환상이 있는 천상 심판대	보좌환상이 있는 천상 심판대
죄인의 운명	하나님의 심판	하나님의 심판
하나님의 대행인	에 녹	인 자
계시를 받는 자	에 녹	다니엘

위 표에서 위기의 원인은 아사셀과 안티오쿠스 4세이다. 하나님의 심판을 위한 무대는 보좌환상을 가진 천상의 심판대이다. 두 책에서는 하늘에서 일어난 것처럼 땅에서 일어날 것을 예상하면서 하나님의 심판이 선포되었다. 에녹서에서는 에녹이 하나님의 대행인이다. 하나님 나라를 매개한 돌(2 : 45)

이 다니엘서 7장에서는 다니엘이 아니라 인자로 나타난다(7 : 13-14). 에녹서와 다니엘서의 차이는 다음과 같이 나타난다.

에녹서에서 에녹은 계시의 수신자로 나타나면서, 최종적으로는 인자와 동일시되었다. 다니엘서에서 다니엘과 인자는 에녹의 기능을 나누어 갖고 있다. 다니엘서 1~6장과는 달리, 7장에서의 다니엘은 이전의 꿈에 대한 해석자의 위치에서 환상 가운데 계시를 받는 왕 같은 계시의 수신자로 바뀌고 있다. 계시의 수신자가 된 다니엘은 이제 그의 꿈을 해석해 줄 천사가 필요하다. 다니엘서 7장과 에녹서에서 꿈의 수신자는 꿈을 해석하지 못하고, 오직 천사만이 꿈을 해석할 수 있다(단 7 : 16 ; 에녹서 18 : 14-16). 그리고 에녹서와는 달리, 다니엘은 계시 사건에서 어떤 역할을 담당하지는 못한다. 안티오쿠스 에피파네스의 핍박을 받는 백성들과 직접 접촉하지도 못하면서, 그저 계시만 전달하는 자일 뿐이다.

다니엘서에 나타난 보좌환상은 에녹서와 유사점과 차이점이 있다. 에녹서에서 에녹은 하늘에 올라 보좌환상을 보고, 아사셀과 타락한 천사들에 대한 심판을 선포한다. 다니엘은 하늘에 오르지 못하고, 꿈에서 보좌환상을 본다(7 : 9-10). 그는 비전이나 소명 장면에 참여하지 않고, 보좌환상으로부터 분리되어 있다. 다니엘서에서 보좌환상의 기능은 안티오쿠스 4세에 대한 심판의 진정성을 보여 주기는 하지만, 성전 정황은 보좌환상과 분리되어 있다. 즉, 다니엘서에 나타나는 다니엘은 보좌환상에 참여하지 않고, 대신 인자가 백성들의 대표로서 보좌환상과 소명에 참여한다. 에녹서에서는 에녹이 아직 인자라고 직접 표현되지는 않았지만, 차후 의로운 자들의 대표로 인식된다. 다니엘서 7장은 2장에 있는 돌에 관한 주제를 받아서, 인자의 개념을 발전시킨 것으로 볼 수 있다.

3) 해석(7 : 15 – 18)

[7 : 15–18] 다니엘의 꿈(2 – 14절)에 대한 해석이 시작되었다. 다니엘은 1~6장과 달리 계시를 받기는 하지만 해석하는 자가 아니다. 계시를 해석할 수 없기 때문에 중심에 근심하며 머릿속의 환상이 그를 번민하게 하였다. 다니엘이 받은 계시를 해석하는 자는 천사이다. 다니엘이 이 모든 일의 진상을 천사에게 물으니 그가 그 일의 의미를 알려 주었다. 그 해석의 내용은 네 큰 짐승들이 네 왕이라는 것(7 : 17)과 지극히 높으신 이의 성도들이 나라를 얻으리라는 것(7 : 18)이다. 2장에서도 왕과 나라를 긴밀히 연결한 것처럼(2 : 39) 7장에서도 왕과 나라의 관계는 긴밀하다. 짐승은 나라만 상징한다기보다는 나라와 나라를 다스리는 왕을 상징한다. 그 다음의 해석은 "지극히 높으신 이의 성도(거룩한 자)들이 나라를 얻으리니 그 누림이 영원하고 영원하고 영원하리라"이다. 원래 다니엘서 이외의 성경에서는 '거룩한 자'라는 말은 천사를 지칭하는 말이었고 다니엘서에서도 거룩한 자라는 말을 천사로 이해하고 있다(4 : 13, 17, 23 ; 8 : 13). 그런데 다니엘서 저자는 다니엘서의 다른 부분에서 사용한 거룩한 자라는 용어를 비신화화하여 이스라엘의 백성을 가리키는 것으로 사용한다. 그리하여 다니엘서에서 '지극히 높은 자의 성도(거룩한 자)'는 바로 하나님의 백성들, 공동체의 구성원을 가리킨다고 볼 수 있다. 환상의 해석은 이들이 바로 장차 나라를 유업으로 받아 영원히 누린다는 것이다. 그런데 실제로 1차 환상 부분에서는 '지극히 높으신 자의 성도'가 나오지 않고 이차 해석 부분에서(7 : 21 – 22) 등장한다.

3. 2차 환상과 해석(7 : 19 – 27)

[7 : 19–27] 이제 환상과 해석이 모두 나왔음에도 불구하고 여기에서 끝나지 않고 다니엘은 또 궁금해 한다. 특히 1차 환상 중에서의 네 번째 짐승에 대한

관찰을 보완하고, 이 환상에 대한 해석을 추가하고 있다. 1차 환상에 대한 재진술은 7 : 19에서 "이에 내가 넷째 짐승에 관하여 확실히 알고자 하였으니"라는 말로 시작하여 22절까지 계속된다. 이 중에서 19~20절은 네 번째 뿔을 더 상세히 설명하고, 21~22절은 새로 언급된 환상의 내용을 보여준다. 이 환상의 내용에서 처음으로 뿔과 성도가 싸워서 뿔이 승리함으로 성도들이 박해를 받고 있는 현실이 그려진다. 이후에 옛적부터 항상 계신 이가 와서 승리함으로 지극히 높으신 이의 성도들의 원한을 풀어 주시고, 이 승리 후에는 성도들이 나라를 얻는다.

새로운 환상(7 : 21 – 22)은 원래 없던 환상에 대한 해석(18절)과 어떻게 다른가?

없던 환상에 대한 해석(단 7 : 18)	새로운 환상(단 7 : 21 – 22)
지극히 높으신 이의 성도들이 나라를 얻으리니 그 누림이 영원하고 영원하고 영원하리라	내가 본즉 이 뿔이 성도들과 더불어 싸워 그들에게 이겼더니 옛적부터 항상 계신 이가 와서 지극히 높으신 이의 성도들을 위하여 원한을 풀어 주셨고 때가 이르매 성도들이 나라를 얻었더라

표를 보면 새로운 환상은 없던 환상에 대한 해석에서 내용들이 첨가된 것이다. 즉, 성도들은 뿔과의 싸움으로 인하여 패배하고 박해를 받으며, 뿔에 대하여 원한을 품고 있는데, 이는 팽팽한 싸움이 아니라 성도들이 일방적으로 박해를 당하는 상황에서 구원자 되시는 옛적부터 항상 계신 이가 원한을 풀어 주시고, 때가 되니 성도들이 나라를 얻게 된다는 것이다.

다시 23절에는 2~14절과 19~22절의 환상에 대하여 15~18절의 해석에 이어 계속해서 해석을 하고 있다.

다니엘 7 : 7-14	다니엘 7 : 23-27
[7]내가 밤 환상 가운데에 그 다음에 본 넷째 짐승은 무섭고 놀라우며 또 매우 강하며 또 쇠로 된 큰 이가 있어서 먹고 부서뜨리고 그 나머지를 발로 밟았으며 이 짐승은 전의 모든 짐승과 다르고 [19] 내가 넷째 짐승에 관하여 확실히 알고자 하였으니 곧 그것은 모든 짐승과 달라서 심히 무섭더라 그 이는 쇠요 그 발톱은 놋이니 먹고 부서뜨리고 나머지는 발로 밟았으며	[23]모신 자가 이처럼 이르되 넷째 짐승은 곧 땅의 넷째 나라인데 이는 모든 나라보다 달라서 천하를 삼키고 밟아 부숴뜨릴 것이며
[7]또 열 뿔이 있더라 [20]또 그것의 머리에는 열 뿔이 있고	[24]그 열 뿔은 이 나라에서 일어날 열 왕이요
[8]내가 그 뿔을 유심히 보는 중에 다른 작은 뿔이 그 사이에서 나더니 첫 번째 뿔 중의 셋이 그 앞에서 뿌리까지 뽑혔으며 [20]그 외에 또 다른 뿔이 나오매 세 뿔이 그 앞에서 빠졌으며	그 후에 또 하나가 일어나리니 그는 먼저 있던 자들과 다르고 또 세 왕을 복종시킬 것이며
[8]이 작은 뿔에는 사람의 눈 같은 눈들이 있고 또 입이 있어 큰 말을 하였더라 [20]그 뿔에는 눈도 있고 큰 말을 하는 입도 있고 그 모양이 그의 동류보다 커 보이더라	[25]그가 장차 말로 지극히 높으신 자를 대적하며
[21]내가 본즉 이 뿔이 성도들과 더불어 싸워 그들에게 이겼더니	또 지극히 높으신 자의 성도를 괴롭게 할 것이며 그가 또 때와 법을 변개코자 할 것이며 성도는 그의 손에 붙인 바 되어 한 때와 두 때와 반 때를 지내리라
[9]내가 보았는데 왕좌가 놓이고 옛적부터 항상 계신 이가 좌정하셨는데 그 옷은 희기가 눈 같고 그 머리털은 깨끗한 양의 털 같고 그 보좌는 불꽃이요 그 바퀴는 붙는 불이며 [10]불이 강처럼 흘러 그 앞에서 나오며 그에게 수종하는 자는 천천이요 그 앞에 시위	

한 자는 만만이며 심판을 베푸는데 책들이 펴 놓였더라	
[11]그때에 내가 그 큰 말하는 작은 뿔의 목소리로 인하여 주목하여 보는 사이에 짐승이 죽임을 당하고 그 시체가 상한 바 되어 붙는 불에 던진 바 되었으며 [12]그 남은 모든 짐승은 그 권세를 빼앗겼으나 그 생명은 보존되어 정한 시기가 이르기를 기다리게 되었더라	[26]그러나 심판이 시작되면 그는 권세를 빼앗기고 완전히 멸망할 것이요
[13]내가 또 밤 환상 중에 보았는데 인자 같은 이가 하늘 구름을 타고 와서 옛적부터 항상 계신 자에게 나아와 그 앞에 인도되매 [14]그에게 권세와 영광과 나라를 주고 모든 백성과 나라들과 각 방언하는 자로 그를 섬기게 하였으니 그 권세는 영원한 권세라 옮기지 아니할 것이요 그 나라는 폐하지 아니할 것이니라 [22]옛적부터 항상 계신 이가 와서 지극히 높으신 이의 성도들을 위하여 원한을 풀어 주셨고 때가 이르매 성도들이 나라를 얻었더라	[18]지극히 높으신 이의 성도들이 나라를 얻으리니 그 누림이 영원하고 영원하고 영원하리라 [27]나라와 권세와 온 천하 나라들의 위세가 지극히 높으신 이의 거룩한 백성에게 붙인 바 되리니 그의 나라는 영원한 나라이라 모든 권세 있는 자들이 다 그를 섬기며 복종하리라

이제 천사가 행한 환상에 대한 해석을 살펴보기로 하자. 첫째, 넷째 짐승은 넷째 나라로서 이전에 존재하던 세 나라들과는 다르게 온 천하를 삼키고 밟아 부서뜨릴 것이다. 둘째, 머리의 열 뿔은 넷째 나라에서 즉위할 열 왕이다. 열 왕이 어떤 왕들을 의미하는지는 가르쳐 주지 않는다. 셋째, 열 뿔 이외에 또 다른 뿔은 열 왕 이후에 왕이 되는 열한 번째 왕을 의미한다. 세 뿔이 그 앞에서 빠진 것은 곧 이 왕이 이전 왕들과는 달리 세 왕들을 복종시키기 때문이다. 세 왕은 누구를 뜻하는지도 나타나 있지 않다. 넷째, 이 뿔은 하나님을 대적하는 존재이다. 이 뿔에 대한 예언은 "사람의 눈 같은 눈들이 있고, 또 입이 있어 큰 말을 하였더라"(7 : 8)이고, 나중에 "그 뿔에는 눈도 있고 큰 말을

하는 입도 있고 그 모양이 동류보다 커 보이더라"라는 말이 첨가된다(7 : 20). 이 말에 대한 해석은 장차 그 뿔이 지극히 높으신 이를 말로 대적한다는 것이다.

다섯째, 뿔과 성도의 관계는 처음 환상에서는 나오지 않았고 다니엘이 첫 번째 해석을 들은 후에 두 번째 본 환상에 나온다. 성도의 핍박에 관한 환상은 "내가 본즉 이 뿔이 성도들과 더불어 싸워 그들에게 이겼더니"(7 : 21)이며, 이 환상에 대한 해석은 뿔이 성도를 괴롭게 할 것이며, 때와 법을 고치고자 할 것이며, 성도들이 그에게 붙인 바 되는 기간은 한 때, 두 때, 반 때라는 것이다(7 : 25). 때와 법을 고친다는 것은 태음력을 태양력으로 바꾸어 유대 절기의 날짜를 바꾸거나 절기를 없애버린다는 것이다(마카비상 1 : 41-61). 때와 계절을 바꾸실 수 있는 분은 오직 하나님뿐이신데(단 2 : 21), 안티오쿠스 4세가 때와 절기를 바꿈으로 하나님을 대적한 것이다. 마지막까지 남은 기간인 한 때, 두 때, 반 때는 종말이 오기까지 남은 삼 년 반을 의미하는 것으로 알려진다. 삼 년 반 남은 때가 바로 안티오쿠스의 박해가 절정에 이를 때이다. 이 마지막 남은 기간에 대하여는 8장에서부터 12장에 이르기까지 다양한 모습으로 설명되고 있다.

여섯째, 보좌환상 계시에 대한 해석은 없다. 보좌환상은 계시의 내용이라기보다는 심판 선포의 진정성을 보여주는 계시의 형식이기 때문이다. 보좌환상에서는 하나님의 속성, 천상의 보좌, 그리고 심판의 준비 등을 보여준다.

일곱째, 심판의 장면에 대한 해석이다. 심판 장면에서는 짐승의 죽음과 멸망, 남은 짐승이 권세를 빼앗기고 정한 시기를 기다리는 것이 나타난다. 해석은 단지 네 번째 짐승에 관한 것으로 그 짐승이 권세를 빼앗기고 완전히 멸망하게 된다는 것이다. 남은 짐승에 대해서는 해석이 없다. 마지막으로, 짐승을 심판한 후에 도래하는 하나님 나라에 관한 환상과 예언이다. 1차 환상에서는 인자가 하나님 앞에 나타나서 나라를 받고 그 나라는 영원하게 된다는 것이었고, 2차 환상에서는 인자는 언급되지 않고, 옛적부터 계신 자가 성도들의 원한을 풀어주고 성도들이 나라를 얻는다. 1차 환상에 대한 해석으로는 성도들이 나라를 얻는데 그 나라가 영원할 것이라고 말하고, 2차 해석에서는 1차 해석을 재진술하고 있다. 즉, 해석의 핵심인 하나님의 나라가 영원하다는 것에는 변함이 없는데 다만 1차 환상에 존재하던 인자의 역할이 성도들에게로 전이되었을 뿐이다.

4. 결론 : 말의 마침과 다니엘의 반응(7 : 28)

[7 : 28] 모든 천사의 해석이 끝난 후에 다니엘의 반응은 중심에 번민하고 얼굴빛이 변하는 것이다. 이런 그의 반응은 느부갓네살 왕이나 벨사살 왕의 반응과 유사하기도 하지만(2 : 1 ; 4 : 5 ; 5 : 6, 9), 이들과 다르다고 볼 수도 있다. 이는 그의 놀라움은 주전 2세기 공동체가 겪어야 할 박해에 대한 것으로, 이 박해가 세 때 반이라고는 하지만 언제 끝날지 알지 못하기 때문에 번민하는 것으로 보인다. 많은 계시들을 봤지만 그것이 이루어지기까지의 기간이 명확하지 않기 때문에 장차 다가올 일에 대한 두려움이 존재하였을 것이다. 아마도 다니엘은 환상을 전하고도 자신이 아직 깨닫지 못한 일들이 있었을 것이다. 그리하여 그는 해석이 끝난 후에도 "이 일을 마음에 간직하였느니라"라고 말한 이유가 계시의 의미에 대하여 다니엘이 계속 묵상하였기 때문일 것이다. 아직도 깨닫지 못한 계시는 8장부터 12장에 걸쳐서 다니엘에게 나타난다.

1) 다니엘서 7장에 나타난 위기의 종말과 역사의 종말

다니엘서 7장은 2장의 연속선상에서 계시의 근원되시는 하나님이 보여주시는 종말에 관한 계시의 내용을 보여주고 있다. 7장에서 보여주는 종말에는 그들이 당면한 위기의 종말과 역사의 종말이 혼합되어 있다. 위기의 종말을 경험하지 못한 자들에게 그것은 역사의 종말과 구별되지 않지만 우리는 7장의 본문 안에서 위기의 종말과 역사의 종말을 나눌 수 있다. 먼저 7장은 역사의 종말 시에 하나님의 나라가 어떻게 올 것인가를 보여준다. 2장에서 막연하게 예언된 종말이 더 자세히 표현된다. 이 종말은 심판자로 오시는 하나님의 보좌전승, 세상 나라의 마지막 왕의 종말, 그리고 인자를 통하여 도래하는 영원한 하나님의 나라를 포함한다. 7장의 해석에서는 역사의 종말 시 교회의 운명에 관하여 자세히 서술하면서, 핍박을 당하는 교회는 결국 인자가 다스리는 하나님 나라를 받는다고 주장한다.

7장은 역사의 종말만이 아니라 당대의 위기의 종말에 대하여도 언급한다. 하늘에서 이루어진 대로 마지막 왕에 대한 죽음이 기대된다. 종말이 오기까지 안티오쿠스가 범하는 죄악이 자세히 표현되고, 안티오쿠스의 남은 기간인 세 때 반이 강조된다. 네 번째 왕국은 하나님 나라가 오기 전에 존재하는 세상의 마지막 나라이다. 그 나라의 멸망은 마지막 왕 안티오쿠스의 멸망과 더불어 오는데, 교회에게는 안티오쿠스의 핍박이 견딜 수 없는 모습으로 다가온다. 안티오쿠스의 죽음이라는 위기의 종말이 반드시 역사의 종말로 이어지지 않을 수 있다. 안티오쿠스의 죽음이라는 위기의 종말과 역사의 종말 사이에 또 다른 위기가 주어질 수도 있다.

7장에 따르면, 넷째 왕국 후에 하나님 나라가 올 것이며, 그 나라의 통치자는 인자이다. 마지막 왕국 멸망의 세부적인 모습은 종말이 다가올수록 더욱 명백해진다. 그리하여 7장 이후의 다니엘서는 네 번째 왕국의 마지막 왕인 안티오쿠스가 교회를 핍박하다가 멸망하는 역사를 상세하게 서술한다. 안티오쿠스의 죽음 자체를 목격하지는 못했지만, 죽음 직전의 긴박한 상황이 드러난다. 과연 7장에는 후기 역사를 위하여 어떤 해석이 기다리고 있을까? 로마 시대의 그리스도인들은 네 번째 왕국을 로마로 이해한다. 그리하여 로마 왕국 이후에 하나님의 나라가 이루어지리라는 기대를 한다. 그것은 바로 천상의 통치자만이 아니라 고난받으러 오신 인자, 예수 그리스도의 십자가를 통해 이루어진 하나님 나라이다. 주님은 십자가 죽음을 통하여 만민의 주로 임명되었으며, 나라의 통치자요 진정한 메시야로 들림 받았다(빌 2 : 6-11).

7장에서 보여준 역사의 종말에 나타난 하나님의 현현, 심판과 인자사상은 기독교의 탄생을 기대하는 예언으로 볼 수 있다. 만약 그렇다면 네 번째 왕국의 마지막 왕에 초점을 둔 8장 이하보다는 7장의 꿈에서 넷째 왕국의 멸망과 하나님 나라의 도래를 강조하는 부분이 기독론적인 해석의 중요한 전승이 될 수 있다. 예수님도 이러한 하나님 나라의 도래를 다니엘서 7장을 인용하면서 말씀하신 바 있다(마 26 : 64). 네 번째 왕국의 안티오쿠스 왕은 다니엘의 시대에 예언된 급박한 위기이지만 하나님 나라가 오기 전에 그와 같은 위기는 계속해서 반복될 가능성이 있다. 그러나 역사의 종말이라는 계시에 따라 궁극적으로 세상나라는 승리하지 못하고 네 번째 왕국 후에 영원한 하나님 나라가 오리라는 소망이 이러한 위기를 이기도록 돕는 것이다.

설교를 위한 묵상

1. 신앙인들은 자신들을 위협하는 악한 세상은 끝이 있음을 믿어야 한다. 다니엘은 주전 2세기의 공동체가 감당하기 어려운 핍박을 받을 때에 그 나라가 끝나고 하나님의 나라가 임할 것을 예언하고 있다. 그리하여 네 왕국 사상의 전개는 마지막 나라의 열한 번째 왕의 핍박에서 절정에 이른다. 그 왕이 번성하기는 하지만 결국은 멸망될 것이다. 이 예언이 염두에 두고 있는 삶의 자리는 안티오쿠스에 의한 핍박이 강화되어 공동체의 위기가 시작되고 있는 곳이다. 즉, 지극히 높으신 자를 대적하는 것은 그전부터 계속 되어 왔지만 성도들을 핍박하는 행동이 가시화되기 시작한 시점이라고 볼 수 있다. 하나님은 다니엘에게 짐승의 죽음을 보여주시면서 멸망이 반드시 이루어질 것을 말씀하신다. 교회 공동체는 하나님께서 이 땅에 속한 마지막 왕국을 멸망시키시고 하나님의 나라가 오게 하실 것을 믿어야 한다. 신앙인들은 하나님의 간섭을 통하여 위기의 종말은 반드시 찾아올 것임을 믿어야 한다.

2. 신앙인들은 마지막 때에 하나님의 심판과 인자의 도래를 통하여 종말이 올 것을 믿고 신앙을 지켜야 한다. 다니엘서 7장에서는 위기의 종말과 역사의 종말을 보여준

다. 안티오쿠스의 종말은 위기의 종말이며, 하나님 나라의 도래는 역사의 종말과 관련된다. 역사의 종말에 관한 계시를 보여줌으로써 고난받는 공동체에게 큰 위로가 된다. 그들에게 보여준 역사의 종말은 곧 하나님의 심판과 인자의 도래로 이루어진다. 하나님의 보좌가 펼쳐지고, 하나님의 백성들을 핍박하던 나라는 심판을 당한다. 그리고 인자가 하나님으로부터 하나님의 나라를 유업으로 받는다. 이것이 그들에게 위로가 되는 역사의 종말의 모습이다.

3. 마지막 때에 메시야가 당신의 성도들을 구원하시고 하나님의 나라를 유업으로 주실 것을 믿어야 한다. 종말이 올 때 위기의 종말과 역사의 종말에 관한 계시는 실제 주전 2세기의 공동체에게 어떠한 도움을 줄 것인가? 현재 네 번째 왕국의 왕으로부터 받는 핍박을 이길 수 있는 힘을 제공한다. 이스라엘 백성들은 인자의 백성으로 인자와 함께 하나님의 나라를 유업으로 받을 것이다. 이와 같이 본문에서는 인자와 지극히 높으신 이의 성도가 일치하여 나타난다. 이러한 변화가 두 번째 환상의 해석에서 나타나지 않고 첫 번째 환상의 해석(7 : 18)에서 이미 주어진다는 것이 특이할 만하다. 공동체가 목격하고 있는 것은 교회가 안티오쿠스와 더불어 싸우면서 안티오쿠스가 교회를 이기고 있는 현실이다(7 : 21). 이 가운데 다니엘은 네 번째 왕국의 열한 뿔이 성도들과 더불어 싸우고, 옛적부터 항상 계신 이가 원한을 풀어 주시는 일이 일어난다고 예언한다(7 : 22). 네 번째 짐승은 망할 것이며 왕국은 백성들의 대표자인 인자에게 넘겨질 것이다. 백성들의 유일한 선택은 인자를 따르든지 짐승을 따르든지 하는 것이다.

총체적인 해석을 통하여 인자와 성도가 동일시된 것은 어떻게 설명할 수 있을까? 다니엘은 어떤 신학을 사용했는가? 이스라엘의 역사에서 신명기 신학은 백성들의 대표자보다는 전체로서의 백성을 강조한다. 신명기 신학에서는 모든 인간을 토라에 대하여 개별적인 책임을 지는 왕으로 보고 모든 사람이 모세의 율법에 순종해야 할 의무를 가지고 있다고 주장한다. 또한 신명기 신학은 지도자에게만 관심이 있는 것이 아니라, 백성들의 모임으로 이루어진 총회의 백성들에게 관심이 있다. 이러한 신명기 신학의 배경 아래 지극히 높으신 자의 성도들이 영원한 왕국을 받을 것이라고 예언된다(7 : 18). 안티오쿠스가 성도들을 박해하기는 하지만 그의 심판이 임박하였다(7 : 26). 백성들은 오직 하나님의 심판 후에 영원한 왕국이 올 것을 기다리기만 하면 된다. 꿈에서는 인자 같은 이가 왕국을 받을 것이며, 모든 백성과 나라들과 각 방언하는 자로 그를 섬기게 하였다(7 : 14). 이것은 왕국에서 인자 같은 이의 주권을 의미한다. 그러나 해석에서는 지극히 높은 자의 성도들이 이 역할을 감당한다. 그리하여 모든 나라들이 그들을 섬겨 복종하게 될 것이다(7 : 27b). 종말에 왕인 메시야가 왕국을 받는 것은 바로 왕이 다스리는 백성이 받는 것과 다르지 않다. 왕과 백성은 운명공동체이다. 그것은 신약에서 교회의 머리가 메시야 되시는 예수 그리스도로서 마지막 날에 우리의 왕이 되시며, 동시에 성도들은 그분의 통치 아래 왕국을 유업으로 받는 것과 마찬가지이다.

B. 정한 때, 끝에 관한 계시(8 : 1－27)

1나 다니엘에게 처음에 나타난 환상 후 벨사살 왕 제삼년에 다시 한 환상이
나타나니라 2내가 환상을 보았는데 내가 그것을 볼 때에 내 몸은 엘람 지방
수산 성에 있었고 내가 환상을 보기는 을래 강변에서이니라 3내가 눈을 들어
본즉 강 가에 두 뿔 가진 숫양이 섰는데 그 두 뿔이 다 길었으며 그 중 한
뿔은 다른 뿔보다 길었고 그 긴 것은 나중에 난 것이더라 4내가 본즉 그 숫양
이 서쪽과 북쪽과 남쪽을 향하여 받으나 그것을 당할 짐승이 하나도 없고 그
손에서 구할 자가 없으므로 그것이 원하는 대로 행하고 강하여졌더라 5내가
생각할 때에 한 숫염소가 서쪽에서부터 와서 온 지면에 두루 다니되 땅에 닿
지 아니하며 그 염소의 두 눈 사이에는 현저한 뿔이 있더라 6그것이 두 뿔
가진 숫양 곧 내가 본 바 강 가에 섰던 양에게로 나아가되 분노한 힘으로 그
것에게로 달려가더니 7내가 본즉 그것이 숫양에게로 가까이 나아가서는 더욱
성내어 그 숫양을 쳐서 그 두 뿔을 꺾으나 숫양에게는 그것을 대적할 힘이
없으므로 그것이 숫양을 땅에 엎드러뜨리고 짓밟았으나 숫양을 그 손에서 벗
어나게 할 자가 없었더라 8숫염소가 스스로 심히 강대하여 가더니 강성할 때

에 그 큰 뿔이 꺾이고 그 대신에 현저한 뿔 넷이 하늘 사방을 향하여 났더라
[9]그 중 한 뿔에서 또 작은 뿔 하나가 나서 남쪽과 동쪽과 또 영화로운 땅을
향하여 심히 커지더니 [10]그것이 하늘 군대에 미칠 만큼 커져서 그 군대와 별
들 중의 몇을 땅에 떨어뜨리고 그것들을 짓밟고 [11]또 스스로 높아져서 군대의
주재를 대적하며 그에게 매일 드리는 제사를 없애 버렸고 그의 성소를 헐었
으며 [12]그의 악으로 말미암아 백성이 매일 드리는 제사가 넘긴 바 되었고 그것
이 또 진리를 땅에 던지며 자의로 행하여 형통하였더라 군대와 [13]내가 들은즉
한 거룩한 이가 말하더니 다른 거룩한 이가 그 말하는 이에게 묻되 환상에
나타난 바 매일 드리는 제사와 망하게 하는 죄악에 대한 일과 성소와 백성이
내준 바 되며 짓밟힐 일이 어느 때까지 이를꼬 하매 [14]그가 내게 이르되 이천
삼백 주야까지니 그 때에 성소가 정결하게 되리라 하였느니라. [15]나 다니엘이
이 환상을 보고 그 뜻을 알고자 할 때에 사람 모양 같은 것이 내 앞에 섰고
[16]내가 들은즉 을래 강 두 언덕 사이에서 사람의 목소리가 있어 외쳐 이르되
가브리엘아 이 환상을 이 사람에게 깨닫게 하라 하더니 [17]그가 내가 선 곳으로
나왔는데 그가 나올 때에 내가 두려워서 얼굴을 땅에 대고 엎드리매 그가 내
게 이르되 인자야 깨달아 알라 이 환상은 정한 때 끝에 관한 것이니라 [18]그가
내게 말할 때에 내가 얼굴을 땅에 대고 엎드리어 깊이 잠들매 그가 나를 어루
만져서 일으켜 세우며 [19]이르되 진노하시는 때가 마친 후에 될 일을 내가 네
게 알게 하리니 이 환상은 정한 때 끝에 관한 것임이라 [20]네가 본 바 두 뿔
가진 숫양은 곧 메대와 바사 왕들이요 [21]털이 많은 숫염소는 곧 헬라 왕이요
그의 두 눈 사이에 있는 큰 뿔은 곧 그 첫째 왕이요 [22]이 뿔이 꺾이고 그 대신
에 네 뿔이 났은즉 그 나라 가운데에서 네 나라가 일어나되 그의 권세만 못하
리라 [23]이 네 나라 마지막 때에 반역자들이 가득할 즈음에 한 왕이 일어나리
니 그 얼굴은 뻔뻔하며 속임수에 능하며 [24]그 권세가 강할 것이나 자기의 힘
으로 말미암은 것이 아니며 그가 장차 놀랍게 파괴 행위를 하고 자의로 행하
여 형통하며 강한 자들과 거룩한 백성을 멸하리라 [25]그가 꾀를 베풀어 제 손
으로 속임수를 행하고 마음에 스스로 큰 체하며 또 평화로운 때에 많은 무리

> 를 멸하며 또 스스로 서서 만왕의 왕을 대적할 것이나 그가 사람의 손으로 말미암지 아니하고 깨지리라 [26]이미 말한바 주야에 대한 환상은 확실하니 너는 그 환상을 간직하라 이는 여러 날 후의 일임이라 하더라 [27]이에 나 다니엘이 지쳐서 여러 날 앓다가 일어나서 왕의 일을 보았느니라 내가 그 환상으로 말미암아 놀랐고 그 뜻을 깨닫는 사람도 없었느니라

8장은 7장과 긴밀한 관계를 가진다. 8장의 환상은 "나 다니엘에게 처음에 나타난 환상 후 벨사살 왕 제삼년"(8 : 1)에 본 것이다. 8장은 7장과 유사한 구조로 서론(7 : 1 ; 8 : 1-2)으로 시작하여 다니엘의 반응으로 끝난다(7 : 28 ; 8 : 27). 본문은 환상(7 : 2-14 ; 7 : 19-22 ; 8 : 3-14)과 해석(7 : 15-18 ; 7 : 23-27 ; 8 : 15-26)으로 이루어졌는데, 환상의 해석은 천사가 매개하고 있다. 7장과 같이 8장에서도 다니엘은 삼인칭에서 일인칭으로 서술되고 있다. 그런데 7장과 8장을 비교해 보면 7장에서는 네 왕국을 상세히 서술하면서도 구체적으로 그 왕국들이 무엇을 의미하는지 직접적인 언급이 없는데 반해, 8장에서는 네 왕국 중에서 숫양은 메대-바사, 숫염소는 그리스 왕국을 의미한다고 해석하고 있다. 또한 7장에서는 열 뿔과 세 뿔이 무엇인지에 대해서는 언급이 없는데, 8장에서는 큰 뿔과 네 뿔이 알렉산더 대왕과 그의 네 명의 후계자임을 암시한다. 즉, 7장에서는 역사적인 추측이 모호한 반면에 8장에는 역사적인 암시가 드러나 있다. 그리고 7장에서 천사의 이름은 드러나지 않았지만, 8장에서 천사의 이름은 가브리엘로 나타난다(Seow, 117-118). 또 다른 차이점은 8장은 7장과 달리 아람어가 아니라 히브리어로 쓰여졌으며 이것은 다니엘서의 마지막인 12장에 이르기까지 계속되고 있다. 이는 8장이 처음에는 아람어로 쓰였다가 후에 히브리어로 바뀌었다기보다는, 아람어로 쓰인 2~7장보다는 늦게 히브리어로 쓰였다고 볼 수 있다. 한편 7장과 마찬가지로 8장의 예언은 바벨론의 생활을 전제한 디아스포라의 입장이 아니라, 예루살렘을 중심으로 살아가는 삶을 전제한다. 2~7장에서는 유대인

의 하나님이 우주적인 통치를 하신다고 주장하는데 반해서(백성들과 나라들과 각 방언 하는 자–단 4 : 1 ; 5 : 19 ; 6 : 25 ; 7 : 14), 8~12장은 유대인들과 성전에 어떤 일이 닥칠 것인가에 관심이 있다(단 8 : 13 ; 9 : 2, 24 ; 10 : 14 ; 11 : 31 이하 ; 12 : 1, 7)(Lucas 212). 7장이 2장에 근거하여 네 왕국 사상을 구체화하였다면, 8장은 7장의 구체적인 문맥을 제공한다고 볼 수 있다. 또한 8장은 7장의 전제하에 종말 후에 다가오는 하나님 나라에 관한 언급이 아닌 단지 안티오쿠스의 종말과 박해의 끝을 다루고 있다.

다니엘서 8장은 다음의 문학적 구조를 가지고 있다 :

Ⅰ. 서론 : 환상의 배경(1–2절)
Ⅱ. 환상보고(3–14절)
Ⅲ. 해석(15–26절)
Ⅳ. 결론 : 다니엘의 반응(27절)

본문의 서론에는 다니엘이 환상을 보는 때와 장소가 언급되어 있고, 결론에서는 환상에 대한 해석을 들은 다니엘의 반응이 나타난다. 본론은 전형적인 묵시문학의 형태로서, 환상에 대한 보고, 천사의 등장, 등장한 천사가 환상을 해석해 주는 세 단계를 취하고 있다. 환상에 대한 보고에서는 네 짐승이 아닌 두 짐승이 나타나고, 안티오쿠스를 암시하는 작은 뿔의 등장과 함께 박해가 상세하게 언급되고 있다. 환상 보고 후에는 지극히 높으신 자에 대한 언급은 없지만, 지극히 높으신 자로부터 파송된 중보자가 등장하여 환상의 해석을 돕는다. 15절부터 등장하는 천사의 해석은 궁극적으로 정한 때, 곧 끝에 관한 일임을 선언한다. 이어서 "네가 본바"(20절)라는 말로 시작하는 안티오쿠스의 등장과 그의 박해에 대한 상세한 서술은 그의 종말이 이를 것을 보여준다.

1. 서론 : 환상의 배경(8 : 1-2)

[8 : 1-2] 다니엘이 환상을 본 때는 벨사살 왕 3년이다(8 : 1). 7장과 8장이 모두 벨사살 왕 때에 쓰인 것으로 보아 시기적으로 바벨론 멸망의 시작 시점에 쓰였음을 알 수 있다. 7장이 벨사살 원년(주전 553년)에 쓰였고, 8장은 벨사살 삼 년(주전 550년)에 쓰인 것으로 보면 다니엘은 7장에서 깨닫지 못한 계시에 대하여 8장에 이르러서 깨닫게 된 것이라고 볼 수 있다. 이때는 고레스가 메대로부터 독립하고 페르시아 제국의 건설을 향하여 나아가고 있을 때였다. 즉, 벨사살 3년은 이제 메대와 페르시아 시대가 시작되고, 동시에 바벨론 왕국의 종말이 임박한 때라고 볼 수 있다(Seow 118-119).

본문에서는 지명이 두 개 등장하는데 엘람 지방 수산 성과 을래 강변이다. 수산 성은 바벨론과 페르시아 지역 사이에 있는 성으로 페르시아 만에서 240km 떨어져 있다. 이 도시는 주전 646년에 앗수르의 아수르바니팔에 의하여 파괴되었다가 주전 625년에 복구되었지만, 주전 521년 다리우스의 겨울 궁전으로 유명해지기 전까지는 버려져 있었다. 그러므로 페르시아의 유명한 도시이기도 했던 수산 성은(느 1 : 1 ; 에 1 : 2), 다니엘이 이 환상을 볼 당시에는 페르시아의 영광된 도시라기보다는 바벨론의 버려진 도시로 생각하여야 한다. 을래 강은 수산 성이 서 있는 강변의 이름이다. 전승에 따르면 다니엘은 오랫동안 수산 성에서 살았고, 수산성에서 묻혔다고 한다. 본문에서 다니엘은 자신이 환상 중에 수산 성에 있었다고 말한다.

2절은 다음과 같다 : "내가 환상을 보았는데 내가 그것을 볼 때에 내 몸은 엘람 지방 수산 성에 있었고 내가 환상을 보기는 을래 강변에서이니라" 이 본문에서 을래 강변은 수산 성이 있는 지역이다. 벨사살 왕 제 삼년에 다니엘은 자신의 몸과 영이 분리된 상태로 환상 가운데 자신의 몸이 수산 성, 을래 강변에 있음을 발견하게 된다. 이와 같이 몸과 영이 분리되는 경험은 에스겔서에서도 나타난다(겔 8 : 3 ; 11 : 24 ; 40 : 2). 에스겔은 포로로서 그발 강 가에 있었지만, 하나님은 에스겔을 예루살렘으로 데려가신다. 이렇듯 영이 몸에서 분리되어 하나님 앞에 서는 현상(멀카바)은 후기 유대교에서 나타나는 신비주의의 출발점이 된다. 이 신비주의는 또한 고린도후서에서 나온 대로 몸 안에 있었는지 몸 밖에 있었는지 알지 못하는 바울의 삼층천 체험에서도 발견된다(고후 12 : 1-3). 하나님의 환상체험은 현재 서 있는 공간을 넘어서 다른 지역에서 환상을 통하여 경험하게 하시는 것이다. 그리하여 다니엘은 환상 가운데 수산 성 을래 강변에서 환상을 체험하게 된다.

2. 환상보고(8 : 3-14)

1) 숫양과 숫염소의 환상(8 : 3-8)

[8 : 3-8] 처음의 환상은 네 왕국 중 두 왕국인 메대와 바사에 대한 것이다. 숫양의 두 뿔이 다 길지만 나중에 난 한 뿔이 먼저 난 뿔보다 길다. 즉, 숫양의 두 뿔이 서로 구별되면서도 두 뿔은 한 짐승인 숫양으로 상징된다. 그런데 두 뿔을 가진 숫양의 활동은 뿔의 종류와 상관없이 위협적인 것으로 제시된다. 사방을 향한 숫양의 공격을 당할 짐승이 없고, 그 손에서 구할 자도 없고, 그것이 원하는 대로 행하고 강하여졌다. 점성학적인 면에서 숫양의 두 뿔은 메대와 바사로 표현되는데, 페르시아(바사)는 메대보다 역사적으로 늦게 시작하여, 메대를 점령하게 되었지만, 나라는 메대-바사가 한 왕국인 것처럼 활동하였다. 이 제국은 서쪽으로는 바벨론, 시리아, 소아시아를 점령하고, 북쪽으로는 아르메니아, 스키디아, 카스피해, 그리고 남쪽으로는 이집트와 이디오피아를 정복하였다(8 : 4)(Lucas, 160). 비록 페르시아가 후에 그리스에 의하여 멸망되지만 한때는 절대적인 힘을 자랑하였다.

숫양 이후에 숫염소가 등장한다(8 : 5). 점성학적인 면에서 숫염소는 메대와 바사를 무너뜨린 헬라 왕들을 배출한 헬라 나라를 의미한다. 숫양으로 표현되는 거대한 제국인 페르시아는 숫염소로 표현되는 그리스 왕국에 의하여 멸망되었다(8 : 6 - 7). 발이 땅에 닿지 아니할 정도로(8 : 5) 그리스의 확장은 진행되어, 두로를 점령하고(주전 333년), 팔레스타인과 이집트를 침입하여(주전 332년), 마침내 가우가멜라 전투에서 다리우스 3세를 정복하였다(주전 331년). 헬라 왕국 역시 겉보기에 스스로 심히 강대해져 가지만, 무리한 동방원정으로 인하여 알랙산더 대왕이 죽고(주전 323 년), 왕국은 현저한 네 뿔, 즉 네 왕국(디아도키)으로 분열된다. 알랙산더의 이복형제인 필립은 마케도니아를, 안티고누스는 소아시아를, 셀류쿠스 1세는 시리아와 바벨론을, 그리고 프톨레미 1세가 이집트를 다스렸다.

2) 작은 뿔의 환상(8 : 9 - 12)

[8 : 9–12] 9~12절에서 숫염소의 큰 뿔은 안티오쿠스 왕을 나타낸다. 7장의 해석과 8장의 꿈은 모두 안티오쿠스의 죄악에 관심이 있다. 그러나 8장은 7장과는 다른 변화된 상황 또는 다른 관점을 보여주고 있는데, 우선 7장에서 안티오쿠스 4세는 네 번째 왕국과 열 왕의 등장과 더불어 세 왕을 복종시킴으로 등장한다. 8장에서 안티오쿠스는 큰 뿔이 꺾인 후에 생긴 네 뿔들 중의 한 뿔에 속한다. 즉, 네 번째 왕국인 헬라 왕국의 시조인 알렉산더의 죽음 이후에 생긴 디아도키 네 왕국 가운데 한 왕국인 셀류시드 왕조의 왕이다. 안티오쿠스는 작은 뿔로 시작하여 심히 커진다. 안티오쿠스 4세는 남쪽으로 이집트를 침략하고(마카비상 1 : 16 - 20), 동쪽으로는 파르티아 왕국에 대항하며(마카비상 3 : 127 - 37), 마침내 영화로운 땅에 이르렀다(단 11 : 16, 41). 구약성서에서도 이스라엘은 아름다운 땅이라고 불렸지만(렘 3 : 19 ; 겔 20 : 6, 15 ; 슥 7 : 14), 이 문맥에서 아름다운 땅이란 하나님의 성전이 있는 시온 산 또는 예루살렘을 의미한다. 안티오쿠스 4세는 감히 시온 산과 하나님의 성전이 있는 곳으로 진출한 것이다.

7장에 나타난 안티오쿠스의 죄악은 세 가지로 1) 지극히 높으신 자를 대적하며 ; 2) 지극히 높으신 자의 성도를 괴롭히고 ; 3) 때와 법을 변개할 것 등이다. 7장의 진술과 달리, 8장은 안티오쿠스의 교만한 행위를 세부적으로 진술하는데 5장에서의 벨사살의 죄악을 연상시키면서 제사장 전승의 용어를 사용하고 있다. 그 죄악은 첫째, 안티오쿠스 4세는 "군대에 미칠 만큼 커져서 그 군대와 별들 중의 몇을 땅에 떨어뜨리고 그것들을 짓밟았다"(8 : 10). 안티오쿠스를 작은 뿔이라고 표현한 이유는 알렉산더 왕을 상징하는 큰 뿔과 대조적으로 안티오쿠스의 처음을 작은 뿔로 표현하는 것으로 보인다. 처음에 숫염소가 심히 강대하다가 강성할 때에 큰 뿔이 꺾이고(8 : 8), 네 개의 뿔 중의 작은 뿔 하나인 안티오쿠스가 심히 커지기 시작하여, 마침내 하늘 군대에 미칠 만큼 커졌다(8 : 10). 하늘 군대에 미칠 만큼 커졌다는 이 표현은 신화적인 표현으로 가나안 신화에서 바알에게 속한 보좌를 차지하기 위하여 북극 집회의 산(Mount Zaphone)에 오르려다가 실패한 새벽별(Morning Star)인 아스탈(Athtar)에 관하여 말하고 있는 것이다(ANET, 140). 이사야 14 : 12~15에서는 북극 집회의 산에 자신의 자리를 높이려던 아침의 아들, 계명성에 관하여 말하고 있다. 이 본문을 염두에 두고 다니엘은 천상의 보좌를 상징하는 하늘 군대에 미칠 만큼 올라가는 안티오쿠스를 그리고 있다. 그 다음 안티오쿠스의 행동은 "떨어뜨리고 그것들을 짓밟고"이다. 앞에서 넷째 짐승은 그 나머지를 발로 밟았으며(7 : 7), 숫염소는 숫양에게로 나아가서 "숫양을 땅에 엎드러뜨리고 짓밟았다"(8 : 7). 원래 하나님은 하늘에 계신 존재로서 타락한 하늘의 존재들을 지상으로 쫓아내는 역할을 하신다. 10절에서 군대와 별은 비신화화 되어 하늘의 일을 맡은 자들을 뜻하지만 원래 이 의미는 신화적이다. 하늘의 군대는 이방 신을 뜻하기도 하지만(신 4 : 19 ; 왕하 17 : 1 ; 대하 33 : 3 ; 렘 8 : 3), 하나님을 보필하는 천상의 존재들이다(왕상 22 : 19 ; 대하 18 : 18). 별들도 하늘로부터 나와서 하나님을 위하여 일하는 존재이다(삿 5 : 20). 본문에서 군대와 별들은 안티오쿠스에 대항하는 하나님의 백성들에 대한 신적인 표현이다. 즉, 하늘의 일을 맡은 존재인 제사장들을 핍박한다는 것을 상징한다고 보아야 할 것이다.

둘째, 11절에서 스스로 높아져 군대의 주재를 대적하고, 그에게 매일 드리는 제사를 없애 버렸고 그의 성소를 헐었다(8 : 11). 군대의 주재는 야웨 하나님을 말한다. 그래서 안티오쿠스의 신성모독은 바로 야웨를 향한 것으로 이해된다. 안티오쿠스가 스스로 높아져서 군대의 주재를 대적한 일은 제사를 버리고 성소를 허는 것으로 나타난다. 주전 167년에 안티오쿠스는 큰 군대를 동원하여 예루살렘 도시를 침략하고, 다윗성이 있는 산에 수비대와 배교자들을 세웠다. 그리고 성전을 훼파하고, 성전 안에 제우스 신을 위한 제단을 쌓고, 그곳에서 돼지를 잡아 바쳤으며, 고유한 음식법, 할례, 안식일, 절기 지키는 것을 금지하였다(마카비상 1 : 41 – 64). 교만한 그는 하늘의 별들도 건드릴 수 있다고 생각한 자로 기억되었다(마카비하 9 : 10). 안티오쿠스는 그 당시 주조되는 화폐에 자신의 얼굴과 자신의 머리 옆에 별을 새겨 넣음으로 땅만이 아니라 하늘까지도 대적하는 존재로 여겨졌다. 하나님의 백성들을 향한 대적은 곧 하나님에 대한 대적을 의미하였다(Seow 124).

셋째, 12절에서 '차바'라는 히브리어를 어떻게 번역할 것인지로 인하여 해석이 분분하다. 이 단어는 안티오쿠스의 군대로 보기도 하고 10~11절에서와 같이 이스라엘의 백성으로 보기도 한다. 개역성경은 이 단어를 이스라엘 백성으로 보고 "그의 악으로 말미암아 백성이 매일 드리는 제사가 넘긴바 되었고"라고 번역한다. 수동태로 번역된 것은 하나님이 안티오쿠스의 악한 행위를 허락하여, 마침내 백성들이 안티오쿠스에게 넘겨진 것을 말한다(참조 단 1 : 2). 즉, 안티오쿠스의 행위는 하나님의 무기력을 증명하는 것이 아니라, 하나님이 허락하시고 때가 되면 끝나는 행위라는 것이다. 12절 후반부는 안티오쿠스의 계속 되는 악행에 대해 이야기한다. "진리를 땅에 던지며 자의로 행하여 형통하였더라"라는 말은 아마도 유대 백성이 심화된 박해의 상황에 처한 것을 의미할 것이다. 진리란 유대인들의 경전인 토라를 의미하는데, 당시에는 토라를 소유하는 것은 금지 시 되었을 뿐 아니라 불태워지기도 했다(마카비상 1 : 56 – 57).

3) 종말까지의 기한(8 : 13 – 14)

[8 : 13–14] 환상(8 : 2 – 12)이 끝난 후에 바로 천사의 해석이 주어지지 않고 천사들의 대화에 대한 환청이 이어진다(8 : 13 – 14). 다니엘은 거룩한 자가 다른 거룩한 자에게 말하는 것을 듣는다. 다니엘서에서 거룩한 자는 비신화화되어 이스라엘 백성을 뜻하기도 하지만, 본문에서는 천상의 존재인 천사를 말한다. 8 : 13~14는 이사야 6장과 유사하다. 거룩한 자의 소리는 천상 회의를 연상시킨다(사 6 : 2, 8). 거룩한 자는 "어느 때까지"냐고 질문한다(단 8 : 13 ; 사 6 : 11). 13~14절에서 다니엘이 천상의 대화를 엿듣고 있지만 대답은 거룩한 자가 직접 다니엘에게 대답하는 형식이다. 거룩한 자가 궁금해 하는 것은 이미 환상에서 예언된 일인 "매일 드리는 제사와 망하게 하는 죄악에 관한 일과 성소와 백성이 내준바 되며 짓밟히는 일"이 언제까지 계속 될 것인가 하는 것이다. "어느 때 까지이니이까?"라는 질문은 신정론적인 것으로, 10~12절에서 언급된 안티오쿠스의 박해가 언제까지 진행될 것인가라는 질문이다. "어느 때까지"라는 질문은 탄식시의 배경이나(시 74 : 9 – 10 ; 79 : 5 ; 90 : 13), 주로 예언서(사 6 : 11 ; 렘 12 : 4)에서 나타나는 것으로 안티오쿠스의 핍박 가운데 고난 받는 공동체의 질문이다. 망하게 하는 죄악은 다니엘서에서 여러 번 나오는데(단 9 : 27 ; 11 : 31 ; 12 : 11), 안티오쿠스 왕의 제사를 받는 제우스 신이 제단에 세워진 것을 말한다. 성소가 정결하게 되기까지 예정된 기간은 2300주야이다. 주야란 히브리어에서 하루를 뜻하는 것으로 2300주야는 7년이 약간 부족한 기간이다. 성소가 정결케 되는 때가 마카비에 의하여 성전이 재봉헌되는 주전 164년을 의미한다면, 2300주야가 시작되는 시점은 주전 171년 12월 합법적인 제사장이었던 대제사장 오니야스 Ⅲ세가 배교자

메넬라우스에 의하여 살해되고 성전이 훼파되는 시점이 된다(마카비 4 : 23-50). 2300주야 중에서 주전 167년에 성전이 훼파됨으로 박해의 절정에 이르게 되는데, 주전 164년은 성전이 재봉헌되고 다시금 제사가 드려진 때이다(마카비 4 : 53). 2300주야라는 표현이 모호하기 때문에 2300일(Miller, Goldinggay) 또는 1,150일(Porteous, Collins, Lacocque, Hartman and Di Lella, Montgomery) 등으로 해석된다. 1,150일은 7 : 25와 9 : 27에 나오는 삼년 반보다는 짧고, 실제 성전훼파로부터 회복되기까지의 기간(삼 년 팔 일)보다는 긴 기간이다. 전자의 경우에는 2300일이라는 기간이 주전 171년 12월 합법적인 제사장인 대제사장 오니야스 Ⅲ세가 배교자 메넬라우스에 의하여 살해되고 성전이 훼파되는 시점이 된다(마카비 4 : 23-50). 후자의 경우에는 (1150일) 주전 167년 안티오쿠스 Ⅳ세가 제우스 제단을 쌓은 때를 기점으로 주전 164년 12월 마카비에 의해 성전이 재봉헌된 때까지를 그 기간으로 본다. 대다수의 학자들이 후자를 지지한다. 왜냐하면 벨사살 왕 원년에 쓰인 7장에서 '한 때 두 때 반 때'(7 : 25)를 심판의 절정으로 보는데, 이보다 뒤인 벨사살 왕 3년에 쓰인 8장에서 심판의 절정을 7년 전인 171년으로 보기는 어렵다. 백성이 어느 때까지냐고 탄식하는 시점은 171년에서 3년 반이 지난 167년으로 보는 것이 적절하다(Collins(1993), 336).

3. 해석(8 : 15-26)

[8 : 15-26] 다니엘이 환상을 보고 천사들의 이야기를 들었지만 여전히 환상의 의미는 명백하지 않다. 그래서 이제 환상을 해석해 주기를 기다리고 있다. 그런데 전형적인 묵시문학의 형태는 환상, 하나님의 현현, 해석의 형식이다. 이 중에 하나님의 현현은 해석의 진정성을 확증하는 역할을 하는데, 본문에서 2~14절은 환상의 내용이고, 15~26절에서 천사 가브리엘은 이 환상에 대한 해석을 담당하고 가브리엘의 역할을 하나님이 보증한다. 15절에서 다니엘 앞

에 등장한 존재는 '사람 모양 같은 것'이다. 에스겔서에서 나타나는 '사람의 모양'(겔 1 : 26)은 천상의 보좌에 있는 하나님 자신을 뜻하는 것으로 보이지만, 다니엘서 8장에서 '사람 모양 같은 것'은 사람의 목소리에 의하여 가브리엘 천사라고 소개되고 있다. 본문에서 하나님의 현현은 나타나지 않고 단지 사람의 목소리로만 등장한다. 사람의 목소리는(8 : 16) 천상의 존재로부터 들려오는 목소리이다(참조 겔 1 : 28 ; 사 40 : 3).

천사로 판명된 가브리엘은 그 뜻이 "나의 용사는 하나님이다."인데 성경에서 천사의 이름이 소개된 처음의 경우로, 같은 이름이 단 9 : 20~27에 나타나고, 후에 신약에서는 주의 천사로 불리며 수태고지를 위하여 나타난다(눅 1 : 11, 19, 26). 가브리엘만이 아니라 또 다른 천사인 미가엘도 다니엘서에서 등장한다(단 10 : 13, 21 ; 12 : 1). 가브리엘에게 맡겨진 사명은 다니엘에게 환상을 깨닫게 하는 것이었다(8 : 16). 가브리엘이 등장했을 때 모습은 하나님의 현현과 유사하다. 그가 나올 때에 다니엘은 두려워서 얼굴을 땅에 대고 엎드려 깊이 잠들었으며, 가브리엘은 잠자는 다니엘에게 꿈 가운데 환상의 의미를 가르친다. 구약에서는 하나님 앞에서 만이 아니라 하나님의 사자 앞에서도 엎드리는 장면이 나타난다(단 10 : 9 ; 수 5 : 14 ; 겔 1 : 28 ; 3 : 23). 동시에 환상의 해석을 받기 위하여 다니엘은 깊이 잠듦으로 무의식 상태에 들어간다. 지금까지 다니엘이 환상을 보는 때는 의식 상태였지만 이제 해석을 들을 때는 무의식 상태인 것이다(창 15 : 12 ; 계 1 : 17). 그 후에 천사는 다니엘을 어루만져서 일으켜 세운다. 이러한 신적인 접촉은 구약성서에서 몇 가지 예를 통해 나타나는데(Seow 128), "스랍은 숯을 이사야의 입에 댔다"(사 6 : 7) ; "여호와께서 말을 예레미야의 입에 두었다"(렘 1 : 9) 등이다. 천상의 접촉은 예언자에게 하나님의 말씀을 말하는 능력을 제공하는 것이다. 엘리야가 잠자고 있을 때 천사가 그를 어루만지고 그에게 일어나라고 말했다(왕상 19 : 5). 에스겔도 사람의 모양 같은 하나님의 현현 아래 땅에 엎드렸고 천상의 목소리가 그를 일으켜 발로 서게 하였다(겔 1 : 28 - 2 : 2). 다니엘도 오직 수동적인 입장에서 메시지를 듣게 된다.

가브리엘은 환상에 대한 해석을 하면서 이 환상이 '정한 때 끝에 관한 것' 임을 반복하여 확인시킨다. 이 구절은 하박국서를 연상케 한다 : "이 묵시는 정한 때가 있나니 그 종말이 속히 이르겠고 결코 거짓되지 아니하리라"(합 2 : 3). 아모스도 이 단어를 통하여 이스라엘의 끝을 말하고(암 8 : 2), 에스겔은 유다의 멸망을 언급했다(겔 7 : 2, 3, 6). 이러한 예들에서 보는 대로 끝이란 정해진 기간의 끝을 말한다. 8장을 7장과 관련하여 이해할 때 7장이 안티오쿠스의 종말만이 아니라 이 종말로 시작되는 하나님 나라의 시작에 관하여도 보여주는 것이라면, 8장에서의 '정한 때'란 하나님 나라의 시작보다는 안티오쿠스로 인한 박해의 끝을 가리키는 정한 때를 보여준다. 그리하여 8장에서는 11 : 45에서와 같이 사건의 끝이라는 의미로서 지속적인 주기의 끝을 의미한다. 8 : 19에서 이 끝은 "진노하시는 때가 마친 후"라고 표현한다. 성경에서 진노는 보통 하나님의 심판으로서의 진노를 말하기 때문에 본문에서의 진노는 안티오쿠스의 진노라기보다는 하나님의 진노라고 보아야 한다(겔 22 : 24, 31 ; 사 26 : 20). 이 진노는 하나님이 하나님의 백성들을 이방 족속들의 손에 허락하시는 것을 말한다. 비록 인간이 하나님에 대항하는 것이지만 하나님의 허락 없이 일어나지는 않는다. 이 진노는 하나님의 진노로서 이스라엘 백성의 죄와 관련 있고, 안티오쿠스의 핍박을 허락함으로 나타난다. 하지만 마지막 때에 하나님은 안티오쿠스의 죄의 행위를 심판하심으로 그의 끝이 오게 하신다.

환상의 해석을 한마디로 언급한 후에 20절 이하에서 환상에 대한 해석을 다음과 같이 세부적으로 언급하고 있다.

8장의 꿈(8 : 3–8)	8장의 해석(8 : 20–22)
3 내가 눈을 들어 본즉 강가에 두 뿔 가진 숫양이 섰는데 그 두 뿔이 다 길었으며 그 중 한 뿔은 다른 뿔보다 길었고 그 긴	20 네가 본바 두 뿔 가진 수양은 곧 메대와 바사 왕들이요

것은 나중에 난 것이더라 [4]내가 본즉 그 숫양이 서쪽과 북쪽과 남쪽을 향하여 받으나 그것을 당할 짐승이 하나도 없고 그 손에서 구할 자가 없으므로 그것이 원하는 대로 행하고 강하여졌더라	
[5]내가 생각할 때에 한 숫염소가 서쪽에서부터 와서 온 지면에 두루 다니되 땅에 닿지 아니하며 그 염소의 두 눈 사이에는 현저한 뿔이 있더라 [6]그것이 두 뿔 가진 숫양 곧 내가 본 바 강 가에 섰던 양에게로 나아가되 분노한 힘으로 그것에게로 달려가더니 [7]내가 본즉 그것이 숫양에게로 가까이 나아가서는 더욱 성내어 그 숫양을 쳐서 그 두 뿔을 꺾으나 숫양에게는 그것을 대적할 힘이 없으므로 그것이 숫양을 땅에 엎드러뜨리고 짓밟았으나 숫양을 그 손에서 벗어나게 할 자가 없었더라	[21]털이 많은 숫염소는 곧 헬라 왕이요 두 눈 사이에 있는 큰 뿔은 곧 그 첫째 왕이요
[8]숫염소가 스스로 심히 강대하여 가더니 강성할 때에 그 큰 뿔이 꺾이고 그 대신에 현저한 뿔 넷이 하늘 사방을 향하여 났더라	[22]이 뿔이 꺾이고 그 대신에 네 뿔이 났은즉 그 나라 가운데서 네 나라가 일어나되 그 권세만 못하리라

환상과 해석을 비교하면 3절에 등장하는 숫양의 두 뿔은 20절에서 메대와 바사라고 해석한다. 네 왕국의 구조는 없고 숫양과 숫염소의 표현을 사용한다. 5절부터 7절에 이르는 숫염소에 관한 표현은 21절에서 숫염소가 헬라 왕이요, 큰 뿔이 첫째 왕이라고 해석한다. 이어서 8절에 대한 해석인 22절은 2장과 7장에 나타나는 네 왕국과는 다른 알렉산더 이후에 나타나는 네 왕국으로 네 왕국의 왕들은 각각 프톨레미 라구스(Ptolemy Lagus), 필립 아리데우스(Philip Aridaeus), 안티고누스(Antigonus), 그리고 셀류쿠스 니카노르

(Seleucus Nicanor) 등이다. 그러나 이 네 나라들의 권세는 알렉산더 당시의 권세만 못하다고 판단한다.

이어지는 해석은 작은 뿔의 흥망(興亡)에 관한 것이다.

8장의 꿈(8 : 9–14)	8장의 해석(8 : 23–25)
9그 중 한 뿔에서 또 작은 뿔 하나가 나서	23이 네 나라 마지막 때에 반역자들이 가득할 즈음에 한 왕이 일어나리니
남쪽과 동쪽과 또 영화로운 땅을 향하여 심히 커지더니 10그것이 하늘 군대에 미칠 만큼 커져서 그 군대와 별들 중의 몇을 땅에 떨어뜨리고 그것들을 짓밟고	그 얼굴은 뻔뻔하며 속임수에 능하며 24그 권세가 강할 것이나 자기의 힘으로 말미암은 것이 아니며 그가 장차 놀랍게 파괴 행위를 하고 자의로 행하여 형통하며 강한 자들과 거룩한 백성을 멸하리라
11또 스스로 높아져서 군대의 주재를 대적하며 그에게 매일 드리는 제사를 없애 버렸고 그의 성소를 헐었으며 12그의 악으로 말미암아 백성이 매일 드리는 제사가 넘긴바 되었고 그것이 또 진리를 땅에 던지며 자의로 행하여 형통하였더라.	25그가 꾀를 베풀어 제 손으로 속임수를 행하고 마음에 스스로 큰 체하며 또 평화로운 때에 많은 무리를 멸하며 또 스스로 서서 만왕의 왕을 대적할 것이나
14그가 내게 이르되 이천삼백 주야까지니 그 때에 성소가 정결하게 되리라 하였느니라	그가 사람의 손으로 말미암지 아니하고 깨지리라

작은 뿔에 대하여는 7장에서부터 계속 이어지는데, 7장의 환상에 있어서는 작은 뿔의 죄악에 대한 언급은 거의 없지만, 해석에 있어서는 세 가지 특징이 있다 : 1) 성도를 괴롭힘 ; 2) 때와 법을 고치려 함 ; 3) 성도들은 한 때 두 때 반 때를 지냄. 다시 8장의 환상에서 때는 2300주야로 변형되고 하나님을 향한 교만이 증가되고, 성도에 대한 박해로 제사를 없애고, 성소를 헐고, 진리를 땅에 던지며, 자의로 행하는 죄악이 나타났다. 그런데 8장에서 이 환상에 대한 해석은 환상을 축자적으로 해석하기보다는 발전된 작은 뿔의 운명을 자세히 서술하고 있다. 첫째로, 작은 뿔의 속성을 서술한다 : "그 얼굴은

뻔뻔하며 속임수에 능하며 그 권세가 강할 것이나 자기의 힘으로 말미암은 것이 아니며"(8 : 23b - 24a). 뻔뻔함은 부끄러움을 모르고 악을 행하는 속성이다(잠 7 : 13). 속임수라는 단어는 원래 수수께끼나 신의 신비를 이해하는 능력으로 사용되지만, 여호와를 경외하지 않는 자에게는 부정적인 의미로 사용된다. 이 단어는 안티오쿠스에게 지속적으로 사용된다(단 11 : 21, 23, 27, 32). 이어서 그의 권세가 강한 것을 말하지만, 이 권세에 대한 신학적인 평가를 덧붙인다. 안티오쿠스에게 주어진 권세는 사람들이 보기에 스스로 잘나서 강한 것처럼 보이지만 사실은 하나님이 부여하신 것이라는 말이다. 곧 자기의 능력으로 강해진 것이 아니라, 하나님의 능력을 힘입어 강해진 것이다. 본문에서 자기의 힘으로 말미암은 것이 아니라는 말은, 곧 자기가 누리는 권세가 자기의 힘으로 말미암은 것인 양 착각하고 있다는 암시를 주고 있다.

이어서 안티오쿠스의 권세 남용이 나타난다 : "그가 장차 놀랍게 파괴 행위를 하고 자의로 행하여 형통하며 강한 자들과 거룩한 백성을 멸하리라 그가 꾀를 베풀어 제 손으로 속임수를 행하고 마음에 스스로 큰 체하며 또 평화로운 때에 많은 무리를 멸하며"(8 : 24b - 25). 이 진술은 7장에서 지극히 높으신 이의 성도를 핍박한다는 진술보다 더 상세한 것이다. 안티오쿠스는 자신의 권력을 위한 정치적인 획책과 더불어 하나님의 공동체를 핍박하는 일을 하게 된다. 그 결과는 바로 자신에게 권세를 주신 하나님을 대적하는 일이다 : "또 스스로 서서 만왕의 왕을 대적할 것이나 그가 사람의 손으로 말미암지 아니하고 깨지리라"(8 : 25b). 이는 환상에서 "군대의 주재를 대적한다"는 안티오쿠스에 대하여 예언한 부분이다. 마지막 안티오쿠스의 종말은 인간의 계획을 통하여 일어나는 것이 아니다. 인간이 예측하지 못하는 방법으로 이루어진다. 이는 2장의 "손대지 아니한 돌이 나와서 금 신상을 무너뜨리는 장면"(2 : 34, 45)의 확장이다. 안티오쿠스의 종말에 관한 것은 환상에서 직접적으로 나타나지 않았지만 2300주야 후에 끝이 온다는 말에서(8 : 13 - 14) 간접적으로 표현되어 있다.

가브리엘의 해석은 확실하다는 전제 아래 환상을 간직하라는 명령으로 끝나면서(26 ; 12 : 4, 9), 예언한 일들이 '여러 날 후의 일'이라고 말한다. 즉, 8장에서 다니엘이 한 예언은 현재를 위한 예언이 아니라 미래를 위한 예언임을 알 수 있다. 본문에서 우리는 두 가지 시간적인 흐름을 나타내는 구조가 있음을 알 수 있다. 다니엘은 역사적인 포로 70년의 마지막을 기다리는 디아스포라 중의 하나로서 장차 70이레라는 포로 기간 중에 종말을 기다리는 공동체를 위하여 예언하고 있음과 동시에 70이레로 간주되는 신학적인 포로 기간의 끝을 기다리는 미래의 공동체를 향해 예언을 하는 것이다.

4. 결론 : 다니엘의 반응(8 : 27)

[8 : 27] 마지막 결론은 예언이 끝난 다니엘의 상황이다. 개역개정판에서 "왕의 일을 보았다."는 것은 다시 환상을 받은 것이 아니라 평소와 같이 왕이 맡긴 직책을 수행한다는 말이다. 2절에서 다니엘이 몸과 달리 영이 수산 궁에서 환상을 체험하였다면, 이제 환상이 끝난 후에 다니엘은 현실 세계로 돌아왔다. 역사적인 포로 안에서 이 환상을 체험한 다니엘의 반응은 두 가지이다. 첫째는, 육체적인 반응이다. "다니엘이 지쳐서 여러 날 앓다가 일어났다."는 말은 환상을 받는 무의식 상황으로 인해 이 환상을 받은 자가 신체적으로 영향을 받았다는 현상적인 진술이다. 일상적인 일과는 달리 환상의 수신자는 앓을 정도의 충격을 받는다. 회복이 된 후에 다니엘은 평소와 같이 왕이 맡긴 직책을 수행하였다. 그 다음에는 환상을 본 다니엘의 반응인데, 환상을 보고 놀랐고 그 뜻을 깨닫는 사람도 없다는 것이다. 천사는 환상을 충분히 설명했지만, 다니엘은 환상과 해석이 가르쳐준 미래에 대하여 놀라고, 한편으로는 환상이 전해 주는 미래가 여전히 명백하지 않기에 놀라워한다. 미래에 있을 악한 왕의 핍박과 종말을 기다리는 공동체의 탄식에 관한 환상은 충격적이었을 것이고, 여전히 뚜렷하지 않은 미래에 대하여 궁금해 했을 것이다. 그리하

여 9장의 환상이 다시금 필요한 것이다.

1) 다니엘서에 나타난 종말에 대한 예언과 재해석

다니엘서에 나타나는 종말에 관한 예언의 공통적인 특징은 네 왕국을 언급하면서 지상에 나타나는 왕국들이 결국은 멸망하고 마지막에 하나님 나라가 들어선다는 것이다. 문제는 이 예언의 성취를 지켜본 신약의 입장에서 본문을 해석하는 방법이다. 네 번째 왕국인 그리스 왕국에서 안티오쿠스가 죽고, 이어서 그리스 왕국이 멸망하고, 로마 왕국이 계속 되었으며, 로마제국의 기간에 예수 그리스도가 나타났고, 교회의 시대가 들어서면서도 세상의 나라는 계속 되고 있다. 확실한 것은 안티오쿠스의 죽음 이후에 성전은 회복되고, 그리스 왕국은 사실상 유명무실해졌고, 로마제국 아래 예속되었다는 것이다. 그렇다면 이미 이러한 예언 이후의 역사를 이해한 입장에서 다니엘서에서 나타난 종말에 관한 예언을 어떻게 해석해야 하는가?

우선 비평적인 학자들은 다니엘서 2장, 7장, 그리고 8장에 나타나는 왕국에 관하여 다음과 같이 해석한다.

왕국	다니엘서 2장	다니엘서 7장	다니엘서 8장
바벨론	금 머리	날개달린 사자	
메대	은 가슴	곰	숫양의 뿔 1
바사	놋 배	표범	숫양의 뿔 2
그리스	철 다리	네 번째 짐승	숫염소

이 표에서 보면 네 번째 왕국은 명백히 그리스 왕국을 가리킨다. 이와 아울러 다니엘서의 예언은 그리스 왕국을 벗어날 수 없다고 말한다. 그리스 왕국 이후에 하나님 나라가 온다고 예언하는 것이다. 이에 반해 전통적인 해석자들은 예수 그리스도를 네 왕국 이후에 다가오는 하나님 나라를 받는 인자

로 여긴다. 그리하여 다음과 같이 네 번째 왕국을 로마제국과 일치시킨다.

왕국	다니엘서 2 장	다니엘서 7장	다니엘서 8장
바벨론	금 머리	날개달린 사자	
메대-바사	은 가슴	곰	숫양
그리스	놋 배	표범	숫염소
로마	철 다리	네 번째 짐승	

이들의 특징은 바사와 메대를 한 나라로 보는 것이다. 특히 8장에서 한 숫양의 두 뿔로 묘사된 것에 유념한다(8 : 3). 그리하여 이들은 7장에 나오는 인자를 예수로 해석한다. 이 해석의 문제는 전통적으로 안티오쿠스로 해석되는 8장의 작은 뿔을 7장의 작은 뿔과는 다른 개인으로 본다는 것이다. 8장의 작은 뿔은 명백히 헬라왕국의 왕으로 묘사하기에 안티오쿠스라고 볼 수 있지만, 7장에서는 명백히 헬라왕국이라고 해석하지 않기에 이것은 로마의 다른 왕을 지칭한다고 보는 것이다. 그런데 사실상 이 두 장들은 서로 평행하게 나타나기에 다른 것으로 보기는 어렵다. 다니엘서 7장은 8장보다는 더 과거에 있는 안티오쿠스를 가리킨다. 다니엘서 7 : 21에서 안티오쿠스는 성도들과 대결하고, 7 : 25에서 하나님을 모독한다. 그의 힘이 절정에 있을 때, 하나님은 그를 심판하고 왕국을 백성에게 넘긴다(7 : 27). 마지막 기간은 한 때, 두 때, 반 때로 나타난다. 다니엘서 8 : 10~12에서도 안티오쿠스는 백성들과 전쟁하고, 짓밟고, 하나님에 대항한다. 성소를 헐고 2300주야 후에 그의 권세는 끝이 난다. 전통적인 학자들은 8장은 확실히 안티오쿠스를 의미하지만, 7장은 8장보다 뒤에 오는 다른 백성들을 가리킨다고 보는 것이다. 즉, 7장은 안티오쿠스 이후의 왕들을 보여주고, 8 : 23~26은 단지 안티오쿠스 4세만 가리킬 뿐 아니라 종말이 오기까지의 안티오쿠스와 같은 유형의 왕들을 보여준다고 이해한다.

이러한 해석의 차이가 나타나는 이유는 다니엘서가 보여주는 예언의 성취를 이해하는 방법의 차이 때문이다. 비평학자들은 다니엘서가 철저히 안티오쿠스 시대 이후에 찾아올 종말에 대한 기대를 보여준다고 주장하고, 전통적인 학자들은 로마 시대 이후에 찾아올 그리스도의 초림에 대한 예언 자체가 이미 다니엘서에 존재한다고 주장한다. 결론적으로 종말에 관한 예언은 다음과 같이 보완될 수 있다.

첫째, 다니엘서는 안티오쿠스의 종말을 기대하는 긴박한 역사적인 상황 아래에서 쓰였다. 이 종말은 바벨론 포로의 시작과 더불어 반복하여 나타난 전승으로 안티오쿠스 시대에 이르러 종말에 대한 신학이 완성된다. 만약 이것이 로마를 뜻한다면 다니엘서는 당대의 사람들에게 의미 없는 전승이 될 수밖에 없다. 그러므로 네 번째 왕국의 원래 의미는 안티오쿠스가 속해 있는 그리스 왕국을 의미한다.

둘째, 종말에 관한 예언은 다니엘서에서 점점 발전되는데 종말 직전의 왕으로서 처음에는 바벨론의 마지막 왕(2장의 꿈), 그리고 그리스의 안티오쿠스(7장, 8장, 9장, 11장)로 나타난다. 안티오쿠스의 박해의 심각성이 인식되면서, 박해의 끝은 종말의 성취와 연결된다. 당대인들에게 안티오쿠스의 종말과 역사의 종말은 구분되지 않았다.

셋째, 안티오쿠스의 죽음에도 불구하고 종말이 찾아오지 않았을 때 교회는 종말에 대한 새로운 해석을 시도하게 된다. 안티오쿠스의 종말이 실현되기 전까지는 안티오쿠스의 종말과 하나님 나라의 도래 간에 간격이 존재한다는 것이 인식되지 않았다. 그러나 안티오쿠스의 죽음 이후에도 하나님 나라가 찾아오지 않자 이 간격이 신학적으로 인식되기 시작하였다. 그리스 왕국이 멸망한 후에 하나님의 나라가 오리라고 믿었지만 다시금 로마 왕국이 이어지면서 로마 왕국이 다섯 번째 왕국으로 이해되지 않고, 네 번째 왕국으로 재해석되는 과정을 거치게 된다. 학자들은 다니엘서 최종본문을 상징적으로 해석하기보다는 마지막 왕국을 로마로 일치시키는 시도를 하였다. 네 번째 왕국을 로마로 이해하는 학자들의 의견은 다음과 같이 정리할 수 있다

(Young, 399－425) : 1) 8장의 뿔과 7장의 작은 뿔의 비유는 각각 다른 나라를 나타내고 있다. 8장의 뿔은 안티오쿠스 에피파네스이지만, 7장의 뿔은 안티오쿠스 에피파네스가 아니다 ; 2) 두 번째 왕국은 메대－바사이다 ; 3) 7장의 네 번째 짐승과 8장의 숫염소는 서로 다른 왕국을 가리킨다 ; 4) 메시야 제국이 헬라 왕국의 때에 세워지지 않았기 때문에 마지막 왕국은 로마 왕국이다 ; 5) 메시야 왕국은 네 번째 왕국이 멸망한 후에 오는 것이 아니라, 네 번째 왕국이 존재하고 있는 시점에 오는 것이다(2 : 44).

그러나 이러한 기독론적인 해석은 주전 2세기의 정황을 약화시키는 약점이 있다. 8장을 일회적인 안티오쿠스에 관한 신학적 해석으로 볼 수 있지만 동시에 이것은 후에 오는 위기에 대한 재해석으로도 볼 수 있다. 8장은 7장에서 나타나는 역사적인 종말을 전제하고 있기 때문에 역사적인 종말에 대학 해석은 언급하지 않는다. 그리고 8장은 위기의 종말이 어떻게 찾아올지를 설명하고 있다. 우리에게 위기의 종말에 대한 신학에서 나타나는 두 가지 요소를 강조해야 하는바, 하나는 안티오쿠스로 대표되는 악의 화신이고 다른 하나는 역사의 종말과 함께 다가오는 하나님 나라의 도래이다. 역사의 종말에 관한 모델은 7 : 10~14이다. 네 번째 왕국과 작은 뿔은 하나님 나라가 도래하기 전에 교회를 위협하는 세력이라고 볼 수 있다. 네 번째 왕국의 안티오쿠스는 도래하는 시대에 하나님을 대적하고 교회를 위협하는 세력을 의미한다고 볼 수 있다(마 24 : 15). 또한 어느 순간인지는 인간이 예측할 수 없지만 하나님이 당신의 자유로 종말을 이루실 때 그 종말은 하나님이 현현하시어 안티오쿠스로 대표되는 악의 화신을 심판하시고, 이어서 인자의 현현과 함께 영원한 하나님 나라를 이룬다는 것이다. 인자가 하나님 나라를 유업으로 받는 것은 신약시대에 그리스도의 죽음과 부활을 통하여 시작되었으며, 예수 그리스도의 재림을 통하여 완성될 것이다(마 26 : 64).

설교를 위한 묵상

본문에서는 주전 6세기에 존재하는 다니엘이 벨사살 왕 제 삼년에 예언을 하고, 주전 2세기의 공동체가 이 예언을 듣게 된다. 주전 2세기의 공동체의 정황을 알려주는 정황은 8 : 13~14에 나타난다 : "매일 드리는 제사와 망하게 하는 죄악에 대한 일과 성소와 백성이 내준 바 되며 짓밟힐 일이 어느 때까지 이를꼬" 이는 이방 왕에 의하여 성소가 더럽힌 결과에 대한 탄식이다. 여기에서도 다니엘의 예언은 "내준 바 되어"라는 말로 핍박이 하나님이 허락하신 일인 것으로 이해한다. 동시에 하나님이 허락하신 기간이 있다. 다니엘의 관심은 그 기간이 언제까지인가이다 : "어느때까지 이를꼬" 이 질문에 대한 대답은 곧 '이천 삼백 주야'까지이다. 하나님은 거듭 강조하기를 환상은 '정한 때 끝에 관한 것'이라고 말씀하신다(8 : 17, 19).

신앙인들은 세상 나라를 다스리도록 세워진 왕에 대하여 하나님의 복을 구해야 한다. 우리가 그들과 분리되어야 할 때는 그 왕이 자신에게 주어진 권세로 하나님을 공격하며 신앙의 핵심을 공격할 때이다. 이때가 성도들이 탄식할 때이다. 자신의 아픔이나 어려움을 위해서만 탄식하는 것이 아니라 하나님의 교회를 위한 거룩한 슬픔을 가져야 한다. 8장에서 강조하는 것은 역사의 종말이 아니라 위기의 종말이다. 7장에서는 위기의 종말과 역사의 종말 모두에 대하여 말하고 있다면, 8장은 더 심화된 성도들의 견디기 어려운 위기의 종말에 관하여 강조한다. 하나님은 때가 되면 성소가 회복될 것을 가르쳐 주신다. 하나님의 교회의 위기는 하나님의 백성들의 눈물과 탄식을 필요로 한다. "그가 사람의 손으로 말미암지 않고 깨진다."고 예언한다. 악한 세력이 득세할 때 우리는 하나님이 그 잘못된 권세의 끝을 정하셨음을 알고 힘을 다하여 이 세력에 저항하고 신앙의 정체성을 지키기 위하여 노력해야 한다.

C. 포로 칠십 년의 비밀(9 : 1 - 27)

1메대 족속 아하수에로의 아들 다리오가 갈대아 나라 왕으로 세움을 받던 첫
해 2곧 그 통치 원년에 나 다니엘이 책을 통해 여호와께서 말씀으로 선지자
예레미야에게 알려 주신 그 연수를 깨달았나니 곧 예루살렘의 황폐함이 칠십
년만에 그치리라 하신 것이니라 3내가 금식하며 베옷을 입고 재를 덮어쓰고
주 하나님께 기도하며 간구하기를 결심하고 4내 하나님 여호와께 기도하며
자복하여 이르기를 크시고 두려워할 주 하나님, 주를 사랑하고 주의 계명을
지키는 자를 위하여 언약을 지키시고 그에게 인자를 베푸시는 이시여 5우리
는 이미 범죄하여 패역하며 행악하며 반역하여 주의 법도와 규례를 떠났사오
며 6우리가 또 주의 종 선지자들이 주의 이름으로 우리의 왕들과 우리의 고관
과 조상들과 온 국민에게 말씀한 것을 듣지 아니하였나이다 7주여 공의는 주
께로 돌아가고 수치는 우리 얼굴로 돌아옴이 오늘과 같아서 유다 사람들과
예루살렘 거민들과 이스라엘이 가까운 곳에 있는 자들이나 먼 곳에 있는 자
들이 다 주께서 쫓아내신 각국에서 수치를 당하였사오니 이는 그들이 주께
죄를 범하였음이니이다 8주여 수치가 우리에게 돌아오고 우리의 왕들과 우리
의 고관과 조상들에게 돌아온 것은 우리가 주께 범죄하였음이니이다 마는 9
주 우리 하나님께는 긍휼과 용서하심이 있사오니 이는 우리가 주께 패역하였
음이오며 10우리 하나님 여호와의 목소리를 듣지 아니하며 여호와께서 그의
종 선지자들에게 부탁하여 우리 앞에 세우신 율법을 행하지 아니하였음이니
이다 11온 이스라엘이 주의 율법을 범하고 치우쳐 가서 주의 목소리를 듣지
아니하였으므로 이 저주가 우리에게 내렸으되 곧 하나님의 종 모세의 율법에
기록된 맹세대로 되었사오니 이는 우리가 주께 범죄하였음이니이다 12주께서
큰 재앙을 우리에게 내리사 우리와 및 우리를 재판하던 재판관을 쳐서 하신
말씀을 이루셨사오니 온 천하에 예루살렘에서 일어난 일 같은 것이 없나이다
13모세의 율법에 기록된 대로 이 모든 재앙이 이미 우리에게 내렸사오나 우리
는 우리의 죄악을 떠나고 주의 진리를 깨달아 우리 하나님 여호와의 얼굴을

기쁘게 하지 아니하였나이다 [14]그러므로 여호와께서 이 재앙을 간직하여 두
셨다가 우리에게 내리게 하셨사오니 우리의 하나님 여호와께서 행하시는 모
든 일이 공의로우시나 우리가 그 목소리를 듣지 아니하였음이니이다 [15]강한
손으로 주의 백성을 애굽 땅에서 인도하여 내시고 오늘과 같이 명성을 얻으
신 우리 주 하나님이여 우리는 범죄하였고 악을 행하였나이다 [16]주여 구하옵
나니 주는 주의 공의를 따라 주의 분노를 주의 성 예루살렘, 주의 거룩한 산
에서 떠나게 하옵소서 이는 우리의 죄와 우리 조상들의 죄악으로 말미암아
예루살렘과 주의 백성이 사면에 있는 자들에게 수치를 당함이니이다 [17]그러
하온즉 우리 하나님이여 지금 주의 종의 기도와 간구를 들으시고 주를 위하
여 주의 얼굴 빛을 주의 황폐한 성소에 비추시옵소서 [18]나의 하나님이여 귀를
기울여 들으시며 눈을 떠서 우리의 황폐한 상황과 주의 이름으로 일컫는 성
을 보옵소서 우리가 주 앞에 간구하옵는 것은 우리의 공의를 의지하여 하는
것이 아니요 주의 큰 긍휼을 의지하여 함이니이다 [19]주여 들으소서 주여 용서
하소서 주여 귀를 기울이시고 행하소서 지체하지 마옵소서 나의 하나님이여
주 자신을 위하여 하시옵소서 이는 주의 성과 주의 백성이 주의 이름으로 일
컫는 바 됨이니이다 [20]내가 이같이 말하여 기도하며 내 죄와 내 백성 이스라
엘의 죄를 자복하고 내 하나님의 거룩한 산을 위하여 내 하나님 여호와 앞에
간구할 때 [21]곧 내가 기도할 때에 이전에 환상 중에 본 그 사람 가브리엘이
빨리 날아서 저녁 제사를 드릴 때 즈음에 내게 이르더니 [22]내게 가르치며 내
게 말하여 이르되 다니엘아 내가 이제 네게 지혜와 총명을 주려고 왔느니라
[23]곧 네가 기도를 시작할 즈음에 명령이 내렸으므로 이제 네게 알리러 왔느니
라 너는 크게 은총을 입은 자라 그런즉 너는 이 일을 생각하고 그 환상을 깨
달을지니라 [24]네 백성과 네 거룩한 성을 위하여 일흔 이레를 기한으로 정하였
나니 허물이 그치며 죄가 끝나며 죄악이 용서되며 영원한 의가 드러나며 환
상과 예언이 응하며 또 지극히 거룩한 이가 기름 부음을 받으리라 [25]그러므로
너는 깨달아 알지니라 예루살렘을 중건하라는 영이 날 때부터 기름 부음을
받은 자 곧 왕이 일어나기까지 일곱 이레와 예순두 이레가 지날 것이요 그

곤란한 동안에 성이 중건되어 광장과 거리가 세워질 것이며 [26]예순두 이레 후에 기름 부음을 받은 자가 끊어져 없어질 것이며 장차 한 왕의 백성이 와서 그 성읍과 성소를 무너뜨리려니와 그의 마지막은 홍수에 휩쓸림 같을 것이며 또 끝까지 전쟁이 있으리니 황폐할 것이 작정되었느니라 [27]그가 장차 많은 사람들과 더불어 한 이레 동안의 언약을 굳게 맺고 그가 그 이레의 절반에 제사와 예물을 금지할 것이며 또 포악하여 가증한 것이 날개를 의지하여 설 것이며 또 이미 정한 종말까지 진노가 황폐하게 하는 자에게 쏟아지리라 하였느니라 하니라

다니엘서 9장은 다니엘서의 다른 부분과는 차이가 있다. 첫째로, 다니엘서 9장에서의 예언의 출발점은 제도의 핍박(1, 3, 6장)도 아니고 꿈이나 환상도 아니다(2, 4, 5, 7, 8장과 10-12장). 9장은 예언자 예레미야의 예언에 대한 깨달음으로부터 시작한다. 둘째로, 9장 중간에 묵시문학의 장르와는 구별되는 고백과 간구로 이루어진 긴 기도(4-19절)가 삽입되어 있다. 그러므로 이 삽입의 위치와 기능에 대한 논의가 9장을 연구하는데 중요하다. 다니엘은 7장과 8장에서 환상을 통하여 제시된 종말에 관한 계시로 인하여 무척 당황해 하고, 놀라워할 뿐 아니라 부분적으로 여전히 깨닫지 못하는 내용들도 있었다. 그리하여 9장은 7장과 8장에서 다룬 종말에 관한 계시를 새로운 형식으로 이해하도록 돕는다. 7장과 8장에서 환상을 통하여 공동체가 원하는 종말에 관한 계시를 드러냈다면, 9장에서 시도한 것은 이스라엘의 권위 있는 전승인 하나님의 말씀을 통한 종말에 관한 계시가 드러나 있다. 7장과 8장에서 나타난 계시의 형식이 환상, 신의 현현, 천사의 해석이라는 형식이었다면, 9장에서의 환상은 하나님의 말씀으로 바뀐다. 그리고 천사의 해석은 그 말씀에 대한 해석이 된다. 이러한 시도는 바로 종말에 관한 계시가 하나님의 말씀으로 나타났다는 면에서 이전과는 차이가 있다. 그러므로 9장에서 눈여겨 살필 것은 주전 2세기 공동체를 위하여 언제 종말이 오는가라는 계시의 내용만

이 아니라 그 종말에 관한 계시가 이스라엘 백성들이 받아들일 만한 진정성 있는 형식으로 주어졌는가이다. 이는 이스라엘 전승과는 이질적인 종말에 관한 계시가 이스라엘의 권위 있는 전승 아래 놓이게 된 것으로 특이할 만한 일이다. 그래서 9장에서 다루는 것은 계시의 내용과 계시의 형식이다.

다니엘서 9장의 문학적 구조는 다음과 같이 이루어진다.

Ⅰ. 계시의 내용 : 예레미야의 칠십 년 예언(1-2절)

Ⅱ. 기도 : 계시의 깨달음을 간구(3-20절)

Ⅲ. 계시의 해석 : 칠십 년의 비밀(21-27절)

다니엘서에서 기억해야 할 것은 역사적 포로 70년과 신학적 포로 70이레에 관한 것이다. 다니엘은 포로 70년이라는 시대 안에서 살아갔기 때문에 그가 하는 70이레에 대한 예언은 사실상 역사적으로 다니엘이 경험하지 못할 사건에 관한 것이다. 그러므로 문학적 구조 속에 역사적인 다니엘은 칠십 년이라는 포로의 틀 안에서 다가올 하나님의 칠십 이레를 예언하고 있음을 기억해야 한다. 즉, 다니엘은 역사적 포로 70년이라는 구조아래 신학적 포로 70이레에 대하여 예언하고 있다. 다니엘이라는 역사적인 인물은 포로의 시작부터 포로 70년이 지나는 시점을 기다리고 있으며, 또한 예언을 통해 포로 70이레의 끝을 향하여 가고 있는 이중구조로 되어 있다. 여호야김 3년(주전 605년)에 시작된 포로생활은 바벨론의 마지막 왕 벨사살이 죽고 바벨론이 멸망하였음에도 아직 끝은 오지 않고, 역사적 포로 70년이 끝나는 고레스 3년(주전 536년)까지는 아직 시간이 남아 있다. 다니엘서 9장은 바벨론은 멸망하였지만 아직 포로 70년의 끝은 오지 않은 다리오 통치 원년을 배경으로 한다. 다니엘은 바벨론은 멸망하였는데 왜 아직 포로의 종말이 오지 않았는지 궁금해 하면서 역사적인 포로 70년의 끝을 기다리면서 기도하다가, 장차 주전 2세기의 공동체가 맞이할 신학적 포로 70이레의 계시를 깨닫게 된다.

아직 끝나지 않은 포로에 대하여 생각할 때 하나님은 예레미야에게 계시하신 포로 칠십 년을 묵상하게 하신다 : "곧 예루살렘의 황폐함이 칠십 년 만에 마치리라"(9 : 2). 그 칠십 년은 저절로 오는 것이 아니기 때문에 이를 성취하시는 하나님은 회복을 간구하는 중보자의 기도를 요청한다는 것을 깨닫고 다니엘은 기도에 돌입하게 된다. 다니엘은 금식하고, 베옷을 입고, 재를 무릅쓰고 기도하였다(9 : 3). 그는 개인의 기도가 아니라 공동체를 위한 기도를 하는데 신명기 신학을 담은 전형적인 기도를 드린다(9 : 4－19). 기도가 끝나고 하나님은 포로 칠십 년에 얽힌 또 다른 비밀인 칠십 이레에 관한 계시를 보여주기 시작한다(9 : 23). 마침내 가브리엘은 주전 2세기의 공동체를 위한 환상을 해석한다(9 : 24－27). 그 내용은 곧 예레미야의 칠십 년을 칠십 이레로 이해하고 칠십 이레가 구체적으로 어떤 사건을 통해 이루어지며, 마침내 어떻게 종말이 이루어지는지를 보여주는 것이다.

1. 계시의 내용 : 예레미야의 칠십 년 예언(9 : 1－2)

[9 : 1–2] 9 : 1~2에서 이전의 환상의 계시와는 달리 예레미야의 포로 칠십 년이라는 예언이 계시의 내용이 된다. 다니엘은 역사적인 포로 70년을 살고 있기 때문에 그의 관심은 바벨론이 멸망하였는데도 아직 포로의 끝이 오지 않아 언제 포로가 끝날 것인가에 관심이 있었다. 그런데 이에 대한 하나님의 응답은 예레미야가 예언한 칠십 년을 제시하시는 것이다.

9 : 1은 예언의 시기를 "메대 족속 아하수에로의 아들 다리오가 갈대아 나라 왕으로 세움을 받던 첫 해"로 제시하는데, 그가 왕이 되던 때가 아니라 "왕으로 세움을 받는"(מלך 동사의 호팔형) 때라고 명기함으로 하나님에 의하여 왕으로 세워짐을 드러낸다. 그런데 다리오 왕을 메대 나라의 왕이라 하지 않고, 갈대아 나라 왕이라고 부른다. 벨사살 왕도 갈대아 왕으로 언급되고(5 : 30－31), 이어서 다리오도 갈대아 왕으로 언급되고 있다[(다리오 왕을 아하수

에르의 아들이라고 서술하는데, 연대로 볼 때 성경에 나오는 아하수에르 일리가 없다(에 1 : 1 ; 2 ; 16-17 ; 스 4 : 6)]. 그렇지만 벨사살을 언급할 때 바벨론 벨사살 왕(단 7 : 1)이라고 언급하는 것을 보면 같은 갈대아 왕으로 보면서도 바벨론과 메대를 구분하려는 시도를 읽을 수 있다.

다리오의 통치 원년에 어떠한 일이 벌어졌는가? 왜 다리오 왕의 통치 원년에 다니엘에게 예레미야의 말씀이 주어졌는가? 다니엘은 어떤 계시를 기다리고 있었는가? 예레미야는 바벨론이 멸망되고 메대가 뒤를 이을 것이라고 예언하였다(렘 51 : 28). 다니엘이 경험하는 현실은 현재 바벨론이 멸망하였지만 아직 포로가 끝나고 회복이 찾아오지 않은 상태에 있다. 벨사살과 다리오를 동일한 갈대아 왕으로 표현하고 있지만, 벨사살의 죽음은 바벨론의 멸망을 의미한다. 다니엘의 의문은 바벨론의 멸망에도 불구하고 이스라엘의 회복이 시작되지 않은 것이다. 그러한 다니엘에게 임한 계시는 바벨론의 멸망과 함께 회복이 시작되는 것이 아니라, 정한 기간 70년이 지나야 한다는 것이다. 예레미야도 포로 70년 후에 회복이 시작될 것이라고 예언하였다(렘 25 : 11-12 ; 29 : 10). 하나님은 이 말씀을 통하여 바벨론의 멸망이 아니라 포로 칠십 년 후에 예루살렘의 황폐함이 그치리라고 하신 것이다. 다니엘은 마침내 포로 기간을 칠십 년이라고 보는 예레미야의 예언의 의미를 깨닫게 된다. 물론 다니엘서를 읽는 주전 2세기의 공동체는 이미 역사적 포로는 지나간 과거임을 알고 있고, 당면한 위기의 종말인 칠십 이레의 끝에 관심이 있을 것이다. 그러나 2절에서 역사적인 다니엘이 관심 있는 것은 역사적 포로의 종언이다. 그가 칠십 이레의 종언에 관심있다고 말하는 것은 시대착오적인 것이다. 그렇다면 포로의 끝이 바벨론의 멸망이 아니라 포로 칠십 년이 지나야 한다는 것을 계시로 깨달았다면 다니엘은 70년을 기다리면 되는데 무엇을 하려고 했는가?

포로기는 칠십 년으로 정해졌지만 포로의 끝은 저절로 오지 않는다. 포로로부터의 회복을 위하여 공동체가 해야 할 것이 있다. 다니엘은 신명기 신학을 통하여 그들이 무엇을 해야 하는지를 알게 된다. 여호와를 찾으라는 회복을 위한 조건은 예레미야서 29장만이 아니라 신명기 역사의 포로기를 암시하는 구절에서 빈번히 나타난다(신 4 : 27-31 ; 30 : 1-10 ; 왕상 8 : 46-53). 이러한 구절들에서 보여주는 신학은 다음과 같다 : 1) 하나님의 심판(신 4 : 27-28 ; 30 : 1 ; 왕상 8 : 46) ; 2) 죄의 고백, 회개, 그리고 회복을 위한 기도(신 4 : 29 ; 30 : 2 ; 왕상 8 : 47-48) ; 3) 포로의 마지막과 회복(신 30 : 3-5 ; 왕상 8 : 49-53). 열왕기상 8 : 46~53에는 이스라엘 백성이 죄를 고백하고, 회개하며, 회복을 간구하면, 여호와가 이 기도에 응답하여 나라를 회복시키리라는 약속이 담겨 있다. 역사적인 포로 70년까지 시간이 더 남았다는 것을 알고 다니엘이 시작한 것은 바로 공동체의 회복을 위한 기도이다. 3절 이하에서 다니엘이 기도를 시작한 것은 바로 포로 가운데 회개를 통하여 하나님께 회복을 간청하는 데 초점이 있다. 다니엘은 하나님의 약속에 따라 회복을 간구하는 기도를 드림으로 하나님의 은혜를 갈망하고 있음을 표현하는 것이다.

2. 기도 : 계시의 깨달음을 간구(9 : 3-20)

[9 : 3-20] 이 기도를 이해하기 위해서는 전체적인 구조에 주목하여야 한다. 다니엘서 9장은 전형적인 신명기 신학에 입각하여 쓰고 있다. 7장과 8장에서 종말에 관한 계시는 꿈과 환상을 통하여 이루어졌다. 9장에서 종말에 관한 계시는 예레미야에게 하신 하나님의 말씀을 통하여 이루어진다. 계시의 내용은 "예루살렘의 황폐함이 칠십 년 만에 그치리라는 것"이다. 포로의 연수는 칠십 년이지만 아직 그 칠십 년이 끝나지 않은 상황에서 이스라엘 백성들에게 필요한 것은 회복을 간구하는 기도를 드리는 것이다. 즉, 신명기 신학에 입각하여 회복을 간구하는 기도를 드리는 것이다. 그리하여 다니엘은 중보자로서 회개의 전형적인 모습인 금식하고, 베옷을 입고, 재를 뒤집어씀으로써

하나님을 향한 경건한 신앙의 모양을 갖춘다.

이어지는 기도는 신명기 신학에 맞추어 이스라엘 백성들을 위하여 드리는 참회의 기도이다. 이 기도는 구약성서에 나오는 다른 기도들과 유사하다. 성전 봉헌을 위하여 드리는 솔로몬의 기도(왕상 8 : 23－53), 성전의 멸망 앞에서 드리는 공동체의 기도(시편 79편), 금식과 회개로 드리는 에스라의 기도(스 9 : 6－15), 재를 쓰고 금식으로 드리는 느헤미야의 기도(느 1 : 5－11 ; 9 : 6－38) 등과 유사하다. 그러므로 다니엘은 독창적인 기도를 드린 것이 아니라 전통적으로 드리는 기도문을 취하여 공동체를 위하여 기도드리고 있는 것이다(Seow, 141－142). 다니엘은 자신이 드리는 기도를 처음에는 "기도하며 자복하는"(단 9 : 4) 기도라고 말하고, 기도를 마친 후에는 "기도하며 내 죄와 내 백성 이스라엘의 죄를 자복하고 내 하나님의 거룩한 산을 위하여 내 하나님 여호와 앞에 간구하는" 기도라고 명명한다(9 : 20). 그러므로 다니엘의 기도는 크게 자복(9 : 4－14)과 간구(9 : 15－19)로 볼 수 있다.

자복하는 기도(9 : 4－14)는 다음 몇 가지 특징을 가지고 있다. 첫째, 이 기도는 하나님의 속성에 근거한다. 4절에서 하나님은 크시고 두려워해야 할 분이시며(신 7 : 21 ; 느 1 : 5 ; 4 ; 14 ; 9 : 31), 언약을 지키시고, 하나님의 백성들에게 인자를 베푸시는 분이시다(신 7 : 9 ; 느 1 : 5). 둘째, 다니엘은 백성들의 중보자로서 백성들이 포로를 초래한 그들의 죄를 고백한다 : 1) 우리가 범죄하고, 패역하고, 행악하며, 반역하였다(스 9 : 6－7 ; 왕상 8 : 47 ; 단 9 : 9, 15) ; 2) 주의 법도와 규례를 떠났다(스 9 : 10 ; 단 9 : 5b, 10) ; 3) 주의 종 선지자들의 말을 듣지 아니하였다(스 9 : 11 ; 단 9 : 6, 10) ; 4) 그들이 주께 죄를 범하였다(스 9 : 7 ; 왕상 8 : 46 ; 단 9 : 7a, 11) ; 5) 재앙은 하나님의 종 모세의 율법에 기록된 대로 이루어졌다(왕상 8 : 53 ; 단 9 : 13 ; 레 26 : 14－22 ; 신 28 : 15－68). 셋째, 그들이 겪는 포로생활은 하나님이 임의로 만든 것이 아니라 전적으로 자신들의 책임이다. 그리하여 하나님의 심판은 옳다고 해석한다 : "우리의 하나님 여호와께서 행하시는 모든 일이 공의로우시나 우리가 그 목소리를 듣지 아니하였음이니이다"(단 9 : 14 ; 스 9 : 13). 넷째, 범죄함으로 백성들이 각국으로 쫓겨났다(스 9 : 9 ; 왕상 8 : 46 ; 단 9 : 7b).

다음으로 간구하는 기도(15-19절)에서 다니엘은 다시금 그들이 겪고 있는 포로생활은 그들과 그들의 조상들의 죄악으로 인한 것이며(9 : 15-16), 이 죄로 인하여 백성들은 수치를 당하고 있음을(9 : 16) 받아들인다. 그리고 하나님께 주의 분노가 예루살렘에서 떠나시기를 간구하고(9 : 16), 주의 얼굴 빛을 주의 황폐한 성소에 비추기를 간구한다(9 : 17). 결코 자신들의 공의를 의지하지 않고 주의 큰 긍휼을 의지하는 간구이다. 왜냐하면 주의 성과 주의 백성이 주의 이름으로 일컫는 바가 되기 때문이며, 그래서 주의 이름을 위하여 이 일을 하시기를 간청하는 것이다(9 : 18). 이 회복의 기도는 곧 이스라엘 백성들의 죄로 초래된 포로를 끝내고 회복이 이루어지기를 간구하는 기도이다.

3. 계시의 해석 : 칠십 년의 비밀(9 : 21-27)

[9 : 21-27] 기도가 끝난 후에 하나님의 응답이 왔다. 다니엘의 기도의 내용은 "내 죄와 내 백성 이스라엘의 죄를 자복하고 내 하나님의 거룩한 산을 위하여 내 하나님 여호와 앞에 간구하는" 기도였다. 다니엘이 기도하는 중 이전에 환상 중에 나타났던 천사 가브리엘이(8 : 17) 저녁 제사 시간에 다니엘에게 다가와서 말한다. 다니엘이 기도를 시작할 즈음에 이미 하나님의 명령은 내려졌다. 가브리엘에게 맡겨진 사명은 다니엘에게 '지혜와 총명'을 주는 것이다. 이는 다니엘이 포로 70년이라는 예레미야의 예언을 이해하지 못해서가 아니라 그것이 바벨론 포로 기간을 넘어서서 갖는 의미를 전해주려는 것이다(Lucas, 241). 다니엘에게 주시려는 지혜와 총명은 장차 주전 2세기의 공동체를 위한 것이다. 이에 명령을 받은 가브리엘은 다니엘의 기도가 시작되었을 때에 빨리 날아서 다니엘에게 이른 것이다. 이는 기도와 무관하게 하나님의 천사가 임하는 것이 아니라, 기도의 능력을 통하여 하나님이 역사하신다고

보아야 한다.

기도 후에 천사 가브리엘은 해석하기 전에 이렇게 말한다 : "너는 그 일(말씀=דָּבָר)을 생각하고, 그 환상을 깨달을지니라"(9 : 23). 여기에서 일이라는 뜻으로 다바르(דָּבָר)가 사용되었는데, 일이라는 뜻도 있지만, 말씀이라는 뜻이 있다. 그러므로 그 일이라고 번역한 것은 그 말씀으로 번역하고, 2절에서 하나님이 예레미야에게 주신 포로 70년에 관한 말씀으로 이해해야 한다. 즉, 다니엘은 7장이나 8장에서와 같이 새로운 환상으로 볼 필요가 없다. 이미 주어진 말씀이 바로 환상이고 천사는 다니엘에게 그 말씀의 해석을 가르쳐 주는 것이다. 이는 그동안 환상-해석으로 견지되던 계시의 틀이 말씀-해석으로 바뀜을 의미한다. 이제 종말에 관한 계시는 환상을 통하여 주어지는 것이 아니라 말씀을 통하여 주어진다.

말씀에 대한 해석이 주어지는데(9 : 24-27), 종말에 관한 계시는 7장과 8장에서 이미 주어졌고, 아직도 종말에 관한 계시를 깨닫지 못하는 다니엘을 위하여 다른 틀로 계시가 주어진다. 이 계시는 주전 2세기에 닥쳐올 종말을 기다리는 공동체에게 종말까지 얼마나 남았으며, 그 기간 동안 어떤 일이 일어나는지에 대한 설명이 담겨 있다. 제일 먼저 주어진 것은 칠십 년을 칠십 이레로 해석하는 포로의 기간이다. 왜 다니엘은 포로 칠십 년의 예언을 어떻게 문자 그대로의 칠십 년이 아니라 칠십 이레로 해석하였는가 하는 것이다. 예레미야가 염두에 두었던 칠십 년의 심판은 이제 그 심판의 일곱 배가 되는 490년 또는 칠십 이레가 되었다.

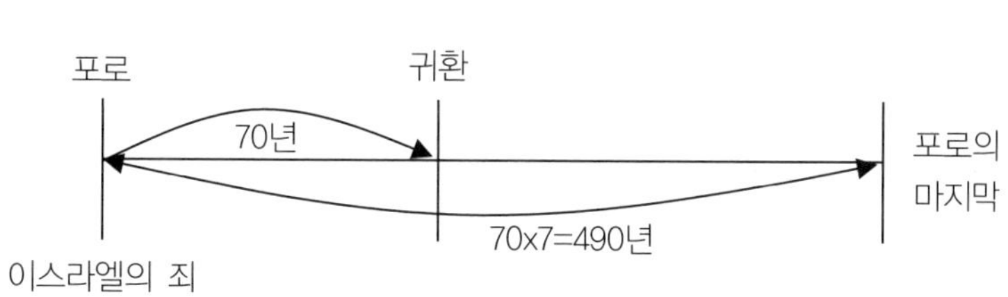

포로의 기간이 왜 일곱 배가 되었을까? 레위기는 심판이 일곱 배가 되는 이유를 보여준다 : "너희가 이같이 될지라도 내게 청종하지 아니하고 내게 대항할진대 내가 진노로 너희에게 대항하되 너희의 죄로 말미암아 칠 배나 더 징벌하리니"(레 26 : 27 - 28). 본문에는 포로라는 심판에도 불구하고 회개치 않고 깨닫지 못하는 인간의 죄에 대한 진노로 일곱 배의 심판을 행하신다고 표현한다. 다니엘은 이것에 근거하여 칠십 년의 일곱 배가 되는 칠십 이레로 이해한 것이다. 그리하여 포로 기간은 70년에서 70이레로 변화된다.

24절에서 칠십 이레 동안에 여섯 가지가 이루어진다 : 1) 허물이 그치며 ; 2) 죄가 끝나며 ; 3) 죄악이 용서되며 ; 4) 영원한 의가 드러나며 ; 5) 환상과 예언이 응하며 ; 6) 또 지성소가 기름 부음을 받으리라. 첫 번째 목적어인 허물은 8 : 13에도 나타나는데, 이는 안티오쿠스에 의한 예루살렘과 성전을 향한 패역 행위를 뜻하는 것으로써 본 절은 이 일이 마지막 때 끝나게 될 것을 암시한다. 두 번째, 죄도 첫 번째 의미를 반복한다. 안티오쿠스가 주전 167년에 행한 성전 훼파라는 죄의 종언을 언급한다. 첫 번째와 두 번째 목적어가 안티우쿠스의 죄악을 가리키는 반면에 세 번째 목적어인 죄악은 이스라엘 백성들이 범한 죄이다(9 : 13, 16). 세 번째 사건은 포로 이전에 지은 이스라엘 백성들의 죄악이 다 용서받고 속해진다는 것이다. 네 번째 목적어인 의는 원래 하나님의 의를 언급한다(9 : 7, 14, 16). 칠십 이레가 지날 때 앞에서 언급한 세 가지가 사라지고, 하나님의 영원한 의가 드러날 것이다. 다섯 번째로 환상과 예언이 응한다는 말은 하나님이 다니엘에게 보여주신 환상과 예레미야를 통해 하신 예언이 그대로 이루어질 것을 하나님이 도장을 찍어 진정성을 확증한다는 말이다. 여섯 번째로 개역개정판 번역인 "지극히 거룩한 이"는 사람이 아니라 지성소를 의미하는 말이다. 즉, 회복의 절정은 지성소가 기름부음 받아 성소가 회복되는 것이다. 지성소의 회복은 다니엘서 8 : 13~14에서 예언되고, 주전 164년에 유다 마카비에 의하여 실제로 이루어졌다(마카비상 4 : 36 - 59).

25절에서 27절까지는 칠십 이레가 어떻게 이루어지는지를 묘사한다. 9 : 24~27에서 칠십 이레에 대한 해석의 방법은 크게 두 가지로 나타나는데, 하나는 예수 그리스도의 오심에 초점을 맞추어 메시야의 도래를 설명하는 기독론적인 해석이며, 다른 하나는 당대의 박해의 중심에 서 있는 안티오쿠스의 죽음에 초점을 맞추는 해석이다. 해석을 시도하기 위해 쟁점이 되는 본문은 9 : 25이다. 이 본문에 대한 해석은 다음과 같이 두 가지가 있다.

데오도시온(θ)	히브리 성경
예루살렘을 중건하라는 영이 날 때부터 기름부음을 받은 자 곧 왕이 일어나기까지 일곱 이레와 육십 이 이레가 지날 것이요 그때 곤란한 동안에 성이 중건되어 거리와 해자가 이룰 것이며	예루살렘을 중건하라는 영이 날 때부터 기름부음을 받은 자 곧 왕이 일어나기까지 일곱 이레가 지날 것이요, 육십이 이레 동안 광장과 해자(垓字)와 함께 회복되고 재건될 것이지만, 곤경의 때가 임하리라

개역성경은 데오도시온 역을 따라 단 9 : 25를 번역한다. 이 번역은 일종의 해석을 반영하는 것으로 일곱이레, 육십이 이레, 그리고 한 이레를 연결하여 칠십 이레를 계산하려는 의도가 담겨 있다. 그러나 히브리 성경에 따르면 일곱 이레 다음에 절의 중간을 알리는 아트나 표시가 있다. 그러므로 히브리 성서에 따른다면 위의 표와 같이 해석하여야 한다. 언뜻 보면 두 해석이 같은 것으로 보이지만, 히브리 성경에서 두 번째 육십 이 이레가 반드시 앞의 일곱 이레를 지난 후라는 암시는 없다. 차라리 종말로부터 한 이레를 남긴 때로부터 거꾸로 육십이 이레 전(前)임을 강조할 수 있다. 그것은 예레미야의 예언부터 일곱이레가 지난 후와 일치할 수도 있지만 반드시 그렇지 않을 수도 있는 가능성을 열어 놓는다. 히브리 성서의 해석은 데오도시온 번역을 따라 해석할 수도 있지만, 반드시 그렇지는 않을 수도 있다.

기독론적인 해석을 시도하는 학자들은 데오도시온 번역을 따라 25절에 나오는 일곱이레와 육십이 이레를 한 단위로 다룬다. 예루살렘을 중건하라는 영이 날 때에 대해서는 우선 예루살렘을 중건하라는 명령을 어느 시점으로 볼 것인가에 대해 다음과 같이 다양한 견해가 있다(Lucas, 242-243). 1. 예레미야의 칠십 년 예언[렘 25 : 12(605), 렘 29 : 10(597)]. 2. 예레미야의 회복 예언[렘 30 : 18-22 ; 31 : 38-40(587)]. 3. 가브리엘이 다니엘에게 한 말(539?). 4. 에스라 1 : 1~4에 나오는 고레스의 조서(539). 5. 에스라 6 : 1~12에 나오는 다리우스의 조서(521). 6. 에스라 7 : 12~26에 나오는 아닥사스다의 조서(458). 7. 느헤미야의 파견에 나오는 아닥사스다의 조서(445). 또한 24절에 지극히 거룩한 기름부음 받은 자는 누구인가에 대해서도 여러 견해가 있다. 첫째는, 귀환할 때의 인물로서 고레스(사 45 : 1), 스룹바벨, 대제사장 여호수아(슥 4 : 14) 등과 일치시킨다. 둘째로, 예수 그리스도라고 보기도 한다. 이중에서 445년과 458년을 잡는 학자들이 많다. 아닥사스다 왕이 느헤미야를 보내서 성벽을 건축하게 할 해(느 2 : 1-6)인 주전 445년을 잡는 학자들이 있다(Walvoord). 이에 따르면, 이때부터 69이레인 483년(69×7)을 더하면 주후 39년인데, 예언의 일년을 360일로 볼 경우 32년이 되는데 이때는 예수의 죽음으로 연결된다. 그리고 나머지 칠년은 예수의 재림으로까지 연장된다. 그러나 예언의 일년을 360일로 조정하는 것은 설득력이 약하다는 단점이 있다. 또 다른 기독론적인 해석은 아닥사스다가 에스라를 보낸 주전 458년에서부터 시작하는 것이다. 69이레를 더하면 483년(69×7) 후에 주후 26년이 되는데 이때가 예수의 공생애를 시작하는 시점으로 볼 수 있다는 것이다. 여기에 7년의 반인 3년 반이 지나면 예수의 죽음의 해인 주후 30년이 된다. 다른 반은 예수의 재림까지의 기약 없는 미래로 돌릴 수 있다. 밀러(Miller)는 458년에서 시작하여 그리스도의 첫 번째 오심과 죽음을 바라보며, 마지막 한 이레를 예수님의 재림과 연결한다. 볼드윈(Baldwin)은 숫자가 맞지 않음으로 숫자는 문자적인 것이 아니라 상징적인 것이며, 죽임당한 기름부음 받은 자는 예수로 보고 칠십 년은 예수의 재림을 포함한다고 본다. 이 해석들의 장점은 일곱이레와 육십이 이레 및 한 이레를 병렬로 연결함으로 칠십 이레를 맞출 수 있도록 시도되었다는 것이다. 그러나 이 이론들의 약점은 성전을 회복하라고 하는 영이 난 시점을 458년으로 보는 것의 정당성이 약하다는 것이다. 또한 일곱 이레와 육십 이 이레를 더한 육십 구 이레가 지난후의 사건이 너무 작위적이며, 객관성이 없다는 것이다. 더구나 본문에 나타나는 육십 구 이레 후에 나타나는 사건이 다니엘서의 저작 당대로부터 한참 후이기 때문에 다니엘서 저작 시대의 급박감이 사라졌다는 것이다. 그리하여 이 예언은 다니엘의 당대에는 의미가 없고 오직 그리스도의 시대를 위하여 예언되었다는 단점을 가진다.

안식교의 교리는 다니엘서에 대한 해석에 기초한다(「제칠일 안식일 예수 재림교 기본교리」 27. 제칠일 안식교는 예루살렘을 중건하라는 명령을 457년으로 본다.) 그런데 안식교는 칠십 이레보다는 2300 주야를(8 : 14) 2300년으로 여기고 안식교 교리를 확립한다. 안식교에서는 1844년 10월 22일에 중요한 의미를 부여하는 것은 윌리엄 밀러(W. Miller)가 이 날에 예수가 재림할 것이라고 예언을 했으나 실패로 돌아가자, 엘렌지 화이트(Elleng White) 여사가 예수 재림의 날이 아니라 그녀의 환상 중에 예수께서 하늘의 지성소로 들어가는 것을 보았다고 하는 것을 주장했기 때문이다. 2300주야와 관련된 성구는 다니엘 8 : 14, 9 : 25, 에스라 7 : 11~26 등으로 다니엘 8 : 14는 다니엘이 본 환상으로서 "그가 네게 이르되 2300주야까지니 그때에 성소가 정결하게 함을 입으리라"기록됐고 이 2300주야에 대한 환상을 다니엘 9 : 25의 예루살렘을 중건하라는 말과 연결시켰으며 그것을 다시 에스라 7 : 11~26에 나오는 아닥사스다 왕의 에스라에게 내린 조서와 연결시켰다. 바로 아닥사스다 왕의 조서가 내려진 때가 BC 457년이고 그때로부터 2300년 후가 바로 화이트 부인이 환상을 본 해가 되는 것이다(BC 457 + 2300 = 1844). 안식교는 그리스도께서 오셨으나 지상에 오시지 않고 하늘의 지성소에 오셔서 그곳을 정결케 하시고 조사심판을 시행하고 계신다는 견해를 채택했다. 조사심판이란 그리스도께서 하늘의 지성소에 들어가셔서 누가 참된 크리스천인가를 보시기 위해 심령을 감찰하시기 시작하셨다는 것이다.

칠십 이레의 마지막을 안티오쿠스의 죽음에 맞추는 해석은 다니엘서 9장 25절에서 "예루살렘을 중건하라는 영"을 예레미야의 예언으로 이해한다. 이는 다니엘서의 저자의 의도와 일치하는데, 그가 이해하는 포로의 시작은 여호야김 3년(단 1 : 1, 렘 25 : 1에는 여호야김 4년)이며, 이때는 바로 예레미야가 나라의 심판을 선언하는 해이며(렘 25 : 1), 느부갓네살의 침략을 받는 605년이다. 이 경우 기름부음을 받은 왕의 등장은 일곱이레 후인데 바로 556년에 일어난 고레스의 등장으로 볼 수 있다. 데오도시온의 번역을 취한다면 556년 이후에 육십이 이레가 지나야 하지만, 히브리 성경을 따르면 육십이 이레는 일곱 이레 후부터가 아니라, 포로의 정점으로부터 역으로 계산해야 한다. 그리하여 주전 605년에 육십이 이레인 434년을 더하면 171년이 되는 것이다. 이때가 바로 성경에서 기름부음을 받은 자가 끊쳐졌다는 표현에 해당되는 시점이다(단 9 : 26). 끊쳐진다는 표현은 사형을 당한 것을 의미하는데(창 9 : 11 ; 레 7 : 20), 이와 같이 끊쳐진 사람은 바로 오니야스 Ⅲ세에 해당한다. 오니야스 Ⅲ세는 대제사장으로부터 축출당한 후 대제사장 메넬라우스에 의하여 사형을 당한다. 이때가 주전 171년이다. 본문의 문맥을 따른다면, 주전 605년은 종말 한 이레 전으로부터 거꾸로 계산하면 육십이 이레 전이 된다. 이 경우 주전 605년은 종말의 시작이 아니라 거치점이 되는 셈이다. 171년 이후의 한 이레는 성전이 회복되는 164년에 마치고, 세때 반은 167년으로서 박해의 절정에 이른 시기를 의미한다. 이 이론의 강점은 기독론적인 해석의 문제를 피하며, 당대인들에게 위기의 근원을 알리고 삼 년 반을 견디도록 용기를 북돋는 예언에 해당한다는 것이다. 그러나 이 이론의 가장 큰 문제는 일곱이레와 육십이 이레를 더하지 않고 따로 계산함으로, 실제로 종말의 시점은 포로의 시작으로부터 칠십 이레 후가 아니라 육십삼 이레 후가 된다는 것이다. 즉, 일곱이레가 빠지는데 어떻게 칠십 이레를 산정할 수 있는가 하는 문제가 제기된다. 여기에서 일곱이레, 육십이 이레, 그리고 한 이레의 구조를 사용하여 칠십 이레를 다음과 같이 설명할 수 있다.

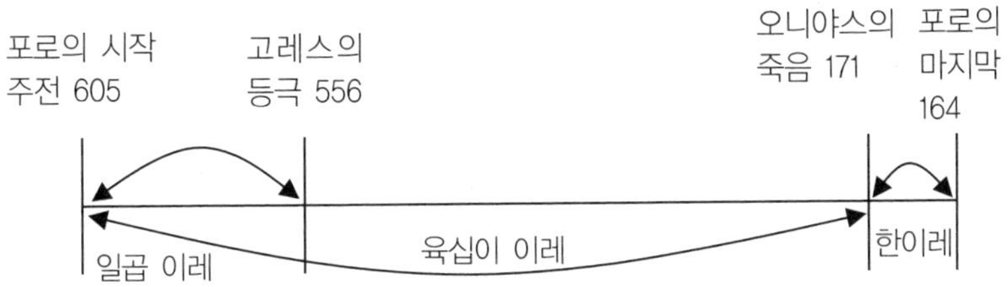

위에서 제기한 문제점으로 인하여 종말을 구체적인 연대기에 맞추려는 노력을 포기하고, 예언을 문자적이기보다는 상징적으로 해석하려는 학자들도 있다. 예언서의 숫자는 상징성을 띄기 때문이다. 그러므로 문자적으로 사건과 연대기를 맞추려는 노력보다 더 중요한 것은 당대의 사건을 전승의 맥락에서 해석함으로 이 상징들이 어떠한 신학적인 의미를 갖게 되었는가 하는 것이다. 다니엘서에서 일곱은 전체를 뜻한다. 칠십 이레는 완전한 기간을 말하는데, 열 번의 희년으로서(490년), 압제로부터의 궁극적인 해방으로 끝나기에 적절한 기간이다. 첫 이레는 포로를 연대기적으로 계산하기에 적절하다. 그 인물은 첫 번째 희년을 말하기 위하여 선택되었다. 황폐함의 절정은 육십구 이레의 마지막에 온다. 육십이 이레는 육십구에서 일곱이레를 뺀 결과이다. 한 이레는 마지막 이전으로 적절하다. 오니야스의 죽음과 성전의 회복은 칠 년의 차이가 있다. 이 예언은 한편으로는 세 때 반을 남겨 놓은 칠십 이레의 역사를 돌아봄으로 해석하고, 한편으로는 남은 세 때 반 동안 안티오쿠스의 종말이 옴을 예언하는 형식을 담고 있다. 이 예언의 목표는 절망스러운 위기를 극복하도록 돕는 것이었으며, 결과적으로 예루살렘 성전이 회복됨으로 회복은 이루어졌다. 그러나 안티오쿠스의 종말이 역사의 종말은 아니었으며, 포로 칠십 년 후에 이루어진 회복처럼 인간의 죄악으로 인한 또 다른 파행이 예견된 새로운 역사의 시작이었을 뿐이었다.

1. 하나님의 말씀은 모든 신앙인들의 삶을 해석하는 기준이 된다. 다니엘은 하나님이 허락하신 포로생활을 겪으면서 언제 포로생활이 끝날 것인지를 고민했다. 세상에는 언제 종말이 올 것인지에 관하여 많은 이론들이 있지만 하나님은 그러한 이론에 귀 기울이기를 원하지 않으신다. 성도들이 구원을 얻고 어떻게 살아갈 것인지에 대한 모든 답은 성경에 있다는 것을 확신했지만 그 답을 찾지 못했다. 그런데 하나님은 말씀하신다. 포로생활이 언제 끝날 것인지에 대한 답은 포로에 관한 하나님의 말씀 안에 있다는 것이다. 이미 바벨론은 멸망하였지만 아직 포로생활의 끝이 오지 않았기 때문에 다니엘은 하나님의 말씀을 묵상하게 된다. 다니엘은 예레미야가 예언한 포로 칠십 년의 계시를 붙들고 묵상하는 중에 천사의 해석을 듣게 된다. 그리하여 이스라엘 민족을 향하신 하나님의 예언을 확인하게 된다.

2. 민족의 비극인 포로기를 끝내기 위해서 하나님은 중보자의 기도를 원하신다. 다니엘은 칠십 년의 비밀을 알기 위해 기도한 것이 아니라 포로기가 끝나기를 간구하는 기도를 드렸다. 이 기도를 위하여 금식하고, 베옷을 입고, 재를 덮어 하나님께 간구한다. 그는 전형적인 기도의 형식에 따라 민족을 대신하여 기도한다. 이 기도의 중심에는 애통하는 마음으로 민족의 죄를 회개하는 기도가 있다. "여호와께서 행하시는 모든 일이 공의로우시나, 우리는 범죄하였나이다."라는 기도가 핵심이다. 이 기도는 하나님의 의무에 대한 요구가 아니라 은혜에 대한 간구이다. 그렇게 하나님의 백성을 위한 간구를 드렸을 때 하나님은 이 기도를 듣고 응답하신다. 하나님은 택한 자들이 민족을 위한 기도를 드리게 하기 원하신다.

3. 다니엘은 포로가 칠십 년이 아니라 칠십 이레로 바뀐 이유를 듣는다. 그것은 바로 백성들의 강퍅함 때문이다. 하나님의 정하신 때가 지연되는 것은 이유가 있다. 다니엘은 포로 가운데 인간이 더 강퍅해지면 이 포로의 기간이 지연됨을 알게 된다. 그러므로 포로가 지연되는 것은 하나님의 문제가 아니라 인간의 문제 때문이다. 다니엘은 포로 70년의 끝을 위해 기도했는데 하나님은 포로 70년이 지연됨을 알게 하고, 이제는 새로운 계시인 포로 칠십 이레를 알게 하신다. 그리하여 다니엘은 칠십 이레의 끝에 있는 백성들을 위한 계시를 전하는 역할을 하게 되는 것이다. 하나님은 인간의 강퍅함 때문에 포로기를 지연시켰지만 지연된 포로기를 위하여 또 인간을 준비

시키기도 하신다.

4. 다니엘의 예언의 핵심은 지연된 포로기의 마지막 반 이레 중에 있는 이스라엘 백성들을 위한 위로이다. 지연된 포로 기간 동안 일어날 중요한 일들을 나열하고, 가장 어려운 반 이레 때에 어떻게 포로를 극복할 수 있는지를 가르친다. 다니엘이 9장에서 포로 중에 있는 백성들에게 가르치는 내용은 역사의 종말이라기보다는 위기의 종말이다. 이 예언의 역할은 백성들에게 이레의 절반에 생기는 사건들을 알고 준비하게 하는 것이다 : "제사와 예물을 금지할 것이며 또 포악하여 가증한 것이 날개를 의지하여 설 것이며 또 이미 정한 종말까지 진노가 황폐하게 하는 자에게 쏟아지리라."(단 9 : 27). 정한 기간은 칠십 이레이기에 남은 반 이레를 기다리면 하나님의 승리가 임할 것이라는 예언이다. 이 예언은 이스라엘 백성들이 아직도 끝나지 않은 포로를 잘 견디고 승리하도록 돕기 위함이다.

D. 역사 속에 나타난 하나님의 계시(10 : 1－12 : 13)

다니엘서 7~12장이 모두 하나님의 나라가 임하기 전 네 나라에 관하여 말하고 있지만 각각 서로 다른 방식으로 말하고 있다. 10 : 1~12 : 4는 분량이 많기는 하지만 계시를 드러내는 형식을 이루는 통일성 있는 단위가 된다. 그리고 9장에 이어서 종말에 관한 다른 형식의 계시를 제공한다. 7장에서는 네 왕 사상으로부터 네 나라 사상으로, 8장에서는 네 번째 나라의 종말, 그리고 9장에서는 네 나라와 칠십 이레를 연결하게 된다. 마지막으로 10~12장에서는 이미 정해진 네 나라와 칠십 이레의 구조 아래 나라와 왕들의 흥망성쇠에 대하여 전개하고 있다. 네 나라와 왕들의 흥망성쇠를 예언하는 이유는 공동체가 위기를 당했을 때 위기의 절정은 세 때 반이 남았을 때인데 그때 과거를 돌아보면서 지금까지 하나님이 말씀하신 대로 성취되었음을 알고 남음 세 때 반 동안 견딜 수 있는 힘을 제공하기 위함이다.

10 : 1~12 : 13는 크게 세 부분으로 나눌 수 있다. 첫 부분(10 : 1-20)은 계시가 하나님으로부터 왔다는 권위를 보여주는 보좌환상이다. 보좌환상은 계시의 내용이라기보다는 계시의 형식을 다루는데, 이것은 다니엘이 받을 계시의 진정성을 확증하는 역할을 한다. 둘째 부분(10 : 21-12 : 4)은 계시의 내용으로서 주전 2세기의 공동체들이 궁금해 하는 종말에 관한 계시를 보여준다. 셋째 부분(12 : 5-13)은 위기의 종말은 끝났지만 역사의 종말이 아직 찾아오지 않은 중간시대에 신앙 공동체가 어떻게 서야 하는지를 보여준다. 첫째 부분(10 : 1-20)이 하는 역할은 둘째 부분에 나타나는 계시의 내용이 하나님으로부터 왔다는 것을 보여주는 것이다. 구약성경에서는 이러한 계시의 형식을 보여주기 위하여 주로 하나님을 대면하는 보좌환상이 나타나는데, 이러한 전승에 따라 이 첫째 본문도 보좌환상을 통하여 하나님의 현현이 중심 내용을 이루는 것이 특징이다.

1. 계시의 형식(10 : 1-20)

계시의 진정성을 보여주는 10 : 1~20은 다음과 같은 문학적 구조를 갖는다.

1. 환상 : 큰 전쟁에 관한 말씀(1절)
2. 계시의 배경(2-4절)
3. 보좌 환상(4-9절)
4. 천사의 출현과 환상 해석(10-20절)

[1]바사 왕 고레스 제삼년에 한 말씀이 벨드사살이라 이름한 다니엘에게 나타났다. 그 말씀이 참되니 곧 큰 전쟁에 관한 것이라. 다니엘이 그 말씀을 분명히 알았고 그 환상을 깨달으니라 [2]그 때에 나 다니엘이 세 이레 동안을 슬퍼

하며 3세 이레가 차기까지 좋은 떡을 먹지 아니하며 고기와 포도주를 입에
대지 아니하며 또 기름을 바르지 아니하니라 4첫째 달 이십사일에 내가 힛데
겔이라 하는 큰 강 가에 있었는데 5그 때에 내가 눈을 들어 바라본즉 한 사람
이 세마포 옷을 입었고 허리에는 우바스 순금 띠를 띠었더라 6또 그의 몸은
황옥 같고 그의 얼굴은 번갯빛 같고 그의 눈은 횃불 같고 그의 팔과 발은 빛
난 놋과 같고 그의 말소리는 무리의 소리와 같더라 7이 환상을 나 다니엘이
홀로 보았고 나와 함께 한 사람들은 이 환상은 보지 못하였어도 그들이 크게
떨며 도망하여 숨었느니라 8그러므로 나만 홀로 있어서 이 큰 환상을 볼 때에
내 몸에 힘이 빠졌고 나의 아름다운 빛이 변하여 썩은 듯하였고 나의 힘이
다 없어졌으나 9내가 그의 음성을 들었는데 그의 음성을 들을 때에 내가 얼굴
을 땅에 대고 깊이 잠들었느니라 10한 손이 있어 나를 어루만지기로 내가 떨
었더니 그가 내 무릎과 손바닥이 땅에 닿게 일으키고 11내게 이르되 큰 은총을
받은 사람 다니엘아 내가 네게 이르는 말을 깨닫고 일어서라 내가 네게 보내
심을 받았느니라 하더라 그가 내게 이 말을 한 후에 내가 떨며 일어서니 12그
가 내게 이르되 다니엘아 두려워하지 말라 네가 깨달으려 하여 네 하나님 앞
에 스스로 겸비하게 하기로 결심하던 첫날부터 네 말이 응답 받았으므로 내
가 네 말로 말미암아 왔느니라 13그런데 바사 왕국의 군주가 이십일 일 동안
나를 막았으므로 내가 거기 바사 왕국의 왕들과 함께 머물러 있더니 가장 높
은 군주 중 하나인 미가엘이 와서 나를 도와 주므로 14이제 내가 마지막 날에
네 백성이 당할 일을 네게 깨닫게 하러 왔노라 이는 이 환상이 오랜 후의 일
임이라 하더라 15그가 이런 말로 내게 이를 때에 내가 곧 얼굴을 땅에 향하고
말문이 막혔더니 16인자와 같은 이가 있어 내 입술을 만진지라 내가 곧 입을
열어 내 앞에 서 있는 자에게 말하여 이르되 내 주여 이 환상으로 말미암아
근심이 내게 더하므로 내가 힘이 없어졌나이다 17내 몸에 힘이 없어졌고 호흡
이 남지 아니하였사오니 내 주의 이 종이 어찌 능히 내 주와 더불어 말씀할
수 있으리이까 하니 18또 사람의 모양 같은 것 하나가 나를 만지며 나를 강건
하게 하여 19이르되 큰 은총을 받은 사람이여 두려워하지 말라 평안하라 강건

하라 강건하라 그가 이같이 내게 말하매 내가 곧 힘이 나서 이르되 내 주께서 나를 강건하게 하셨사오니 말씀하옵소서 20 그가 이르되 내가 어찌하여 네게 왔는지 네가 아느냐 이제 내가 돌아가서 바사 군주와 싸우려니와 내가 나간 후에는 헬라의 군주가 이를 것이라

1) 환상 : 큰 전쟁에 관한 말씀(10 : 1)

[10 : 1] 1절에서 다니엘을 말할 때 "나"라고 말하지 않고 "벨드사살이라 이름하는 다니엘"이라는 삼인칭으로 표현하고, 2절 이하부터는 다니엘이 "나"라고 1인칭으로 표현한다. 그리하여 1절은 나머지와 구별되면서 나머지 10장 전체에 대한 표제 역할을 한다. 다니엘은 자신이 환상을 받은 시기를 바사 왕 고레스 삼 년이라고 말한다. 다니엘서는 일관성 있게 역사적인 포로의 기간을 여호야김 3년(주전 605년)에서부터 고레스 3년(주전 536년)까지로 여긴다. 고레스 3년은 포로 70년 마지막 한해 전, 즉 포로 69년을 의미한다. 종말이 바벨론의 멸망으로 시작되는 것이 아니라 다리오 왕이 즉위를 하고, 나아가 고레스 삼년이 지나야 이루어진다는 것을 전제로, 포로의 기간이 바벨론 멸망보다는 칠십 년의 기간과 관련됨을 강조한다.

표제는 이 환상이 다니엘서 7장에서 시작한 일련의 환상들의 마지막임을 보여준다(단 7 : 1 '벨사살 원년' ; 8 : 1 '벨사살왕 삼년' ; 단 9 : 1 '다리오 원년' ; 단 10 : 1 '고레스 삼년'). 다니엘서 7 : 1에서 꿈을 꾸었다고 하면서 7 : 2에서는 이 꿈이 바로 환상이라고 정의했다. 다시 8 : 1에서는 7장에 나타난 것을 "처음에 나타난 환상"이라고 표현하고, 같은 왕인 벨사살 왕 삼 년에 "다시 환상이 나타났다"고 말한다. 9장에서는 종말에 관한 환상이 이미 예레미야에게 임했던 하나님의 말씀 자체로 변한다. 다시 마지막 계시인 10장에 이르면 10장 1절에 바사왕 고레스 삼 년에 한 일(말씀)이 다니엘에게 나타났다고 말한다.

한 일이 벨드사살이라 이름한 다니엘에게 나타났는데(10 : 1)

개역개정판에서는 말씀 대신 일이라고 번역하였지만 본문의 문맥으로 볼 때 말씀으로 보는 것이 더 정확하다. 본문에서 "나타난다"는 표현은 히브리어로 나갈(נגל)인데 구약의 예언자들에게 말씀이 임할 때 사용되는 단어이다.

> 여호와의 말씀도 아직 그에게 나타나지(נגל) 아니한 때라(삼상 3 : 7).
> 주 여호와께서는 자기의 비밀을 그 종 선지자들에게 보이지 아니하시고는(נגל) 결코 행하심이 없으시리라(암 3 : 7).

10 : 1에는 말씀이 환상이고 그 환상의 내용은 곧 큰 전쟁에 관한 것이라고 말한다.

> 그 일이 참되니 곧 큰 전쟁에 관한 것이라 그가 그 일을 분명히 알았고 그 환상을 깨달으니라(10 : 1).

본문이 중요한 이유는 다니엘서 7장과 8장에서는 하나님의 계시로 환상이 주어졌는데 이제는 7장과 8장의 환상 대신 말씀이 주어졌기 때문이다. 그런데 차바(צבא)라고 번역한 히브리어는 전쟁 또는 종말까지의 기간이라는 두 가지로 해석될 수 있다. 개역개정판에는 전쟁이라고 번역하고 있다. 환상대신 주어진 말씀이 곧 큰 전쟁에 관한 것이라고 하고 있다. 따라서 전쟁이라고 번역할 경우 이 전쟁은 천상의 전쟁이기도 하고(10 : 20 ; 12 ; 1), 지상의 전쟁이기도 하다(11장).

한편 이 차바라는 히브리 단어를 종말의 뜻으로 해석할 수도 있는데, 다니엘서의 주된 관심은 종말에 관한 것이다. 2장에서 네 왕국과 종말, 7장에서도 역시 네 왕국과 종말까지의 남은 기간을 말한다. 이 기간에 대하여는 "한 때, 두 때, 반 때"(7 : 25), "정한 때 끝"(8 : 19), "일흔 이레"(9 : 24)로 구체적으로 나타난다. 이러한 표현들의 특징은 종말까지의 남은 기간을 의미하는데, 갑자기 10장에 이르러 큰 전쟁을 말한다면 이 전쟁은 종말이 오기까지 이루어지는 큰 전쟁을 의미할 것이다. 그런데 전쟁으로 번역한 차바(Baldwin)라는 단어는 이사야서에서 노역의 때라고 번역된다 : "그 노역(צבא)의 때가 끝났고 그 죄악의 사함을 받았느니라 그 모든 죄로 말미암아 여호와의 손에서 배나 받았느니라 할지니라"(사 40 : 2). 이사야서에서 차바(צבא)라는 단어는 전쟁이 아니라 포로의 기간을 의미한다. 이렇게 본다면 10장 1절에서 말씀이 담고 있는 계시는 차바(צבא)에 관한 것, 곧 종말까지의 남은 기간을 의미한다고 볼 수 있다. 10장에서 천사의 말에 따르면 그가 다니엘에게 보내어진 이유는 "마지막 날에 백성의 당할 일"을 깨닫게 하기 위함이다(단 10 : 14). 그래서 이것을 전쟁이라고 번역한다면 말일에 백성들이 닥칠 전쟁에 관한 것이 될 것이며, 포로의 기간이라고 한다면 백성들이 어떤 일들을 겪은 후에 어떻게 "포로의 기간"이 끝나는지를 설명하는 것이 된다.

2) 계시의 배경(10 : 2 - 4)

[10 : 2-4] 10 : 2~4는 환상을 보게 될 다니엘이 처한 상황에 대하여 설명하고 있다. 환상으로 주어진 말씀은 그것으로 이해되지 않고 해석이 필요하기에 다니엘은 주어진 말씀에 대한 해석을 기다린다. 본문은 환상인 말씀을 이해하기 위한 율법중심의 경건을 보여주고 있다. 9장에서 회복을 간구하기 위하여 "금식하며, 베옷을 입고, 재를 무릅쓰고 기도하였다면"(9 : 3), 10장에서는 세 이레 동안 슬퍼하여, 떡과 포도주를 금하고 기름을 바르지 않았다(10 : 2 - 3). 이러한 행위는 "하나님 앞에 스스로 겸비케 하는 것"이다(10 : 12). 이 슬퍼함은 거룩함을 위하여 겸비케 되는 기간인데, 그 기간은 2년(출 40 : 17) 또는 한달(신 21 : 13)로 다양하게 나타난다. 원래 속죄일의 특징은 슬퍼함이

다. 그러나 본문에서 세 이레 후에 정월 이십사 일이 된 것을 보면 속죄일이라기보다 유월절/무교절을 보내면서 슬퍼했던 것으로 보여진다. 유월절/무교절이 정월 십사 일부터 이십일 일까지 거행되기 때문에(레 23 : 5), 다니엘은 이 절기(유월절/무교절) 중에도 음식을 절제한 것으로 보인다. 1장에서처럼 다니엘은 술과 포도주를 취하지 않으며, 또한 기름을 바르지 않음으로 슬픔을 표현하였다. 유대 관습에 따르면 기름을 바르는 것은 탄식의 종언을 의미한다(삼하 14 : 2). 삼 주간을 뜻하는 세 이레는 하나님이 환상으로 주신 전쟁의 의미를 깨닫는 기간이다. 다니엘의 관심은 마지막 환란의 기간이었으며, 환상을 이해하기 위하여 다니엘은 율법에 순종했다.

이어서 계시를 받은 날짜와 장소가 언급되는데, 처음에 보좌환상을 목격한 날은 첫째 달 이십사 일이다. 이때는 세 이레를 슬퍼한 이후이기 때문에 다니엘이 금식을 시작한 날은 첫째 달 삼일이 될 것이다. 그가 있던 곳은 큰 강가로 원래 큰 강은 유프라테스를 의미하지만(창 15 : 18 ; 신 1 : 7 ; 수 1 : 4 ; 계 9 : 14 ; 계 16 : 12), 이곳에서는 유프라테스 강 대신 힛데겔(티그리스) 강을 언급한다. 무대가 힛데겔 강가라고 언급함으로 고레스 때 제국의 중심이 더 이상 유프라테스 강가의 바벨론이 아님을 알 수 있다.

3) 보좌환상(10 : 5－9)

[10 : 5-9] 이제 다니엘은 계시를 받기 전에 보좌환상을 경험하게 된다. 계시를 위해서 다니엘에게 다가온 사람은 다음과 같이 설명한다 : "한 사람이 세마포 옷을 입었고 허리에는 우바스 순금 띠를 띠었더라 또 그의 몸은 황옥 같고 그의 얼굴은 번갯빛 같고 그의 눈은 횃불 같고 그의 팔과 발은 빛난 놋과 같고 그의 말소리는 무리의 소리와 같더라"(10 : 5－6). 과연 다니엘에게 나타난 사람은 누구인가? 학자들은 이 사람이 누구인가에 대하여 선재하는 아들 예수, 하나님, 천사 가브리엘 등의 세 가지 입장이 있다. 10 : 5~9에서 다니엘은 하

나님의 현현을 경험한다고 보아야 할 것이다. 종합적으로 볼 때, 10장에서 다니엘은 신적인 존재를 두 번 만난다. 첫째 단락(10 : 5 – 9)에서는 다니엘이 '한 사람'을 통하여 보좌환상을 경험하고 깊이 잠이 들었다. 이 단락에서 '한 사람'은 신적인 존재이다. 둘째 단락(10 : 10 – 20)에서 천사가 두 번 나타나는데, 처음에 천사가 나타나서 격려하고 환상의 의미를 해석해 주고, 두 번째에는 "인자와 같은 이" 또는 "사람의 모양 같은 것 하나"라고 묘사되어 이름보다는 그 행동이 천사로 보인다.

보좌환상을 보여주는 첫째 단락(10 : 5 – 9)에서 우리는 신적인 존재의 보좌환상과 다니엘의 반응을 볼 수 있다. 우선 본문 10 : 5~6을 에스겔서와 비교하면 하나님의 보좌환상을 서술하고 있음을 알 수 있다.

다니엘 10 : 5–6	에스겔 1 & 9장
5그때에 내가 눈을 들어 바라본즉 한 사람이 세마포 옷을 입었고	9 : 3여호와께서 그 가는 베옷을 입고
허리에는 우바스 정금 띠를 띠었고	1 : 27그 허리 환상의 모양은 단 쇠 같아서
6그 몸은 황옥 같고	1 : 16그 바퀴의 형상과 그 구조는 넷이 한 결 같은데 황옥 같고
그 얼굴은 번갯빛 같고	1 : 13그 가운데서는 번개가 나며
그 눈은 횃불 같고	또 생물의 모양은 숯불과 횃불 모양 같은데

10 : 8~9에서 나타나는 다니엘의 반응도 하나님의 보좌 환상을 경험한 사람들의 모습이다. 특히나 이스라엘의 영웅들의 소명이야기나(사 6 : 5 ; 렘 1 : 6 – 9) 하나님의 신언을 받는 것(겔 3 : 1 – 3)과 유사하다. 그런데 하나님의 보좌환상 앞에 같이 있던 다른 사람들은 어떤 반응을 보였는가? 다른 사람들은 단지 크게 떨며 도망하고 숨었고(10 : 7), 오직 다니엘만 환상을 목격한다. 3장에서 느부갓네살이 신의 아들을 목격하고, 5장에서는 벨사살만이 홀로 글을 쓰는 손을 목격한 것처럼, 다니엘은 혼자만 이 환상을 목격한다(단 10 : 7). 신현현을 목격한 다니엘은 황홀경을 경험한다. 몸에 힘이 빠지고, 힘이 없어

지며(10 : 8 - 9), 얼굴을 땅에 대고 깊이 잠들게 되었다. 깊이 잠든다는 것은 계시를 받을 수 있는 상태를 의미한다. 본문에서 "한 사람"의 묘사는 하나님의 보좌전승으로 이해해야 한다. 다니엘은 하나님의 현현이라는 환상을 경험하고, 그 앞에서 "몸에 힘이 빠졌고 아름다운 빛이 변하여 썩은 듯하였고 힘이 다 없어졌으나 그의 음성을 들을 때에 얼굴을 땅에 대고 깊이 잠들게 되었다."(10 : 8 - 9).

원래 묵시문학에서는 신현현 - 환상 - 천사의 등장과 해석의 형식을 취한다. 신현현이 나타났으면 이어서 이러한 황홀경이후에 바로 신탁이나 환상이 "내가 보니"라는 구절과 함께 시작되고(7 : 9, 13 ; 8 : 2), 천사들의 해석이 이어져야 한다. 그러나 10~12장에서 환상 자체는 빠져 있는데, 이 환상은 서론에서 이미 설명한 말씀, 곧 큰 전쟁에 관한 것이다(10 : 1). 다니엘의 황홀경 경험 이후에 다니엘을 어루만지고 일으킨 자는 보냄을 받은 천사이다(10 : 10). 천사는 다니엘을 일으키고 첫 번째 강화를 시작한다. 천사는 자신이 하나님으로부터 보냄을 받은 자임을 밝힌다(10 : 11 "내가 네게 보내심을 받았느니라."). 12절에서 가브리엘의 첫 번째 말은 곧 두려워하지 말라는 구원신탁이다. 이는 고난 중 죽음의 위협 가운데 있는 자들을 버리지 않고 구원하시리라는 하나님의 위로의 선포이다. 천사의 말에 따르면 다니엘이 스스로를 겸비케 한 것은 원래 대속죄일에 행하던 일인데(레 16 : 29), 말씀 앞에서 말씀을 깨닫기 위해 회개하는 자세로 이해되는 행위이다(왕상 21 : 27). 즉, 이러한 행위의 목적은 환상을 깨닫기 위함인데, 이를 위하여 다니엘은 율법 중심의 경건을 보여준 것이다. 하나님은 다니엘이 겸비케 하기로 결심하던 첫날부터 기도를 들으시고 응답하셨다. 8장과 9장에서의 가브리엘의 역할은 단순히 보냄을 받아 해석하는 존재였는데, 10~12장에서는 이스라엘의 수호천사인 미가엘과 함께 천상의 전쟁에 참여하고 있다.

4) 천사의 출현과 환상 해석(10 : 10 – 20)

[10 : 10-20] 두 번째 단락(10 : 10 – 20)에서는 천사의 출현과 환상, 그리고 해석을 다룬다. 천사는 첫째 단락에서 나타난 "한 사람"과는 달리 "한 손", "인자와 같은 이", 그리고 "사람의 모양 같은 이"로 표현된다. 천사는 다니엘과 대화하는 도중에 다니엘의 말문이 막히면("말문이 막혔더니" 10 : 15) 입술을 만져서 열게 하고, 힘이 빠져 있으면 강건하게 하여 계시를 드러낸다. 다니엘은 자신의 입술을 만지는 자를 "인자 같은 이"라고 말한다. 다니엘서에서 "인자 같은 이"는 사람을 뜻하지 않고 천상의 존재를 의미한다. 하나님이 예언자의 입술을 만지는 장면은 흔히 예언자의 소명장면에서 나온다(사 6 : 7 ; 렘 1 : 9). 이사야서에서 하나님은 입술을 정결케 하시고 전할 말씀을 주시며, 예레미야서에서도 역시 전할 말씀을 주신다. 마찬가지로 다니엘서에서 이 장면은 받은 계시를 전하는 예언자 직책을 위하여 입술이 말할 수 있도록 도우시는 것이다. 다니엘이 앞으로 일어날 일들을 전하는 사명의 직책을 감당할 수 있도록 입술에 말씀을 담으시는 것이다. 즉, 다니엘이 하나님의 현현 앞에서 말할 수 없는 상태에 있을 때, 인자와 같은 이가 입술을 만져서 말하게 한다. 또한 다니엘은 환상으로 말미암아 힘이 빠지고 호흡이 남지 않아 주와 더불어 말할 수 없다고 고백할 때, "사람의 모양 같은 것" 하나가 "평안하라 강건하라 강건하라"고 말함으로 강건하게 된다. 이와 같이 환상을 받는 중에 기력을 잃은 다니엘이 천사의 도움으로 기력을 회복하고 계시를 받을 수 있는 상태가 된다.

천사는 종말에 관한 계시의 내용을 해석하고 있다. 천사가 늦게 오는 이유를 밝히는 과정에서 민족들의 싸움 배경에는 보이지 않는 천사들의 세계에서 벌어지는 싸움이 있다고 표현함(10 : 13)으로 민족마다 보호하는 천사가 있음을 암시하고 있다. 10 : 13에서 바사 왕국의 군주라는 말은 고레스를 말하는 것이 아니라 페르시아의 수호천사를 의미한다. 이스라엘의 수호천사는 미가엘이다(12 : 1). 미가엘은 페르시아의 수호천사와 전투를 벌여 가브리엘이 다니엘에게 이르도록 돕고(10 : 13), 다시 가브리엘은 페르시아군의 수호천사와 싸우러 돌아가고 그가 나간 후에는 헬라군의 수호천사가 이르게 된다(10 : 20). 구약에서 하나님이 이스라엘을 위하여 싸운다는 표현이 간접적으로 많이 나타난다(민 10 : 35－36 ; 삿 5 : 19－20 ; 합 3 : 12－13). 서로 다른 국가들을 위하여 각각의 수호신들이 싸운다는 것은 근동국가들에서 흔히 나타나는데, 가나안 정복을 앞둔 여호수아 앞에 여호와의 사자가 나타나는 등(수 5 : 13), 성경의 다른 곳에서도 언급된다(왕하 18 : 35 ; 19 : 35 ; 신 32 : 8－9).

13절에서 지상의 전투는 천상의 전투에 의해 결정됨을 보여준다. 하나님을 대항하는 세력은 마침내 형벌을 받지만 일정 기간 동안은 세력을 유지하고 있다. 기도가 시작되고 나서 가브리엘이 파송되고 21일 동안 바사 왕국의 군주에 의하여 제지되다가, 군주 중 하나인 미가엘의 도움으로 다니엘에게 왔으며 바사군과의 싸움 후에는 다시 헬라군과의 싸움이 남아 있다고 서술한다. 그러므로 이 전쟁은 이스라엘 민족이 바사군과 헬라군과 싸우는 형태가 아니라, 곧 하늘의 전쟁으로 신들의 전쟁의 결과에 따라 사람들의 운명이 결정된다. 유다를 지키는 수호천사는 바사군과의 전투를 치렀으며, 이 결과는 바로 바사의 멸망을 의미한다. 이어서 헬라군의 수호천사와의 싸움이 남아 있으며(10 : 20), 이 싸움은 곧 마지막 때를 알리는 신호탄이다. 본문에서 문맥을 통하여 깨닫게 되는 것은 기도가 시작한 직후에 하나님은 천사인 가브리엘을 보내었지만, 바로 다니엘에게 도달하지 못하고 21일 동안 지체되었다는 것이다. 하나님의 말씀이 도래함은 곧 말씀의 성취를 의미하기에 바사의 수호천사는 말씀의 도래를 막는다. 말씀의 성취를 막는 신적인 세력들이 존재하며 이 기간 동안의 금식은 하나님과 하나님을 대적하는 세력 가운데 하나님의 주권을 인정한다는 신앙고백임을 의미하며, 이것이 곧 신적인 싸움을 돕는 것임을 보여준다. 21일간은 영적인 전쟁 가운데 바사 왕국의 군주가 견던 기간이다.

다니엘에게 나타난 가브리엘이 전한 메시지는 "마지막 날"에 백성들이 당할 일이다(10 : 14). 여기에서 "마지막 날"이라는 단어는 구약에서 두 가지 종류의 의미로 쓰였는데 첫 번째는 종말이라기보다는 나중에 있을 일을 말함이고(창 49 : 1 ; 민 24 : 14 ; 신 4 : 30 ; 31 : 29), 두 번째는, 예언서에서 미래에 하나님 나라가 임하여 이스라엘이 회복되는 날임을 의미하고 있다(사 2 : 2 ; 미 4 : 1 ; 호 3 : 5 ; 겔 38 : 16). 본문(10 : 14)에서 이 마지막 날은 바사의 멸망과 헬라의 멸망을 통하여 이루어진다고 말한다. 마지막 날에 나타날 예언의 내용은 두 가지로 볼 수 있는데, 안티오쿠스의 종말에 이르는 위기의 종말의 과정(11 : 2 – 45)과 역사의 종말에 이루어지는 일들(12 : 1 – 4)이다.

2. 계시의 내용(10 : 21 – 12 : 4)

다니엘서 10 : 21~12 : 4는 10 : 1~20과 더불어 다니엘에게 보여준 마지막 계시이다. 10 : 1~20에서 계시의 형식을 보여주었다면 10 : 21~12 : 4는 계시의 내용을 다룬다. 이중에서 10 : 21~11 : 1은 11 : 2~12 : 4를 앞장과 연결하는 연결구에 해당한다. 7장에서는 네 왕국으로, 8장에서는 네 번째 왕으로 그리고 9장에서는 칠십 이레로 표현된 종말의 내용이 11 : 2~45에서는 페르시아부터 헬라시대에 이르는 역사를 통하여 표현된다. 본문해석을 위해서 당시에 성행하던 사후예언이라는 장르를 반드시 알아야 하는데, 사후예언이란 사건이 지난 다음에 쓰면서도, 마치 사건이 나타나기 전에 쓴 것처럼 쓴다는 것이다. 비평학자들이 다니엘서의 예언의 권위를 가볍게 여기는 이유 가운데 하나가 바로 이 사후예언의 형식 때문이다. 그런데 사후예언은 거짓말로 예언을 작성하는 것이 아니다. 사후예언의 역할은 지금까지의 사건이 예언한 대로 이루어졌음을 보여줌으로 남은 기간 동안의 예언이 반드시 성취될 것이라는 권위를 부여하는 것이다. 따라서 실질적인 예언은 과거의 일이 아니라 저자의 시대에서 미래에 남아 있는 사건에 대한 예언이다.

사후예언을 10 : 21~12 : 4에 적용한다면, 10 : 21~11 : 1은 서론이고 11 : 2~12 : 4가 예언에 해당한다. 이 예언을 좀 더 나누어 본다면 11 : 2~20은 안티오쿠스 이전의 왕들의 역사, 11 : 21~45는 안티오쿠스의 역사, 그리고 12 : 1~4는 역사의 종말에 관한 예언이다. 그런데 안티오쿠스에 관한 예언 부분인 11 : 21~45는 또 둘로 나눌 수 있다. 11 : 21~39는 안티오쿠스에 관한 성취된 예언이며, 11 : 40~45는 안티오쿠스에 관한 미래의 역사이다. 그래서 전체적으로 볼 때 11 : 2~39는 성취된 예언, 11 : 40~12 : 4는 성취될 예언을 다루고 있는 것이다. 다니엘의 예언은 예언된 직후부터 사람들이 성취되기를 간구하는 책이 아니라, 11 : 2~39의 사건이 끝난 직후에 핍박이 가장 심할 때에 읽어야 할 책이다. 다니엘서의 예언을 읽는 사람들은 11 : 2~39까지의 예언이 이미 성취된 것을 알고 있고, 그러므로 그렇게 성취된 예언의 능력은 백성들로 하여금 11 : 40~12 : 4의 예언도 반드시 이루어질 것을 믿게 만든다. 그러므로 11 : 2~12 : 4는 사후예언을 적용하여 다음과 같이 문학적 구조를 나눌 수 있다.

A. 성취된 예언 : 역사 속에 나타난 계시(11 : 2 – 39)
   1) 성취된 예언 1 : 안티오쿠스 때까지의 왕들(11 : 2 – 20)
   2) 성취된 예언 2 : 안티오쿠스의 과거(11 : 21 – 39)
B. 성취될 예언 : 역사 속에 나타날 계시(11 : 40 – 12 : 4)
   1) 성취될 예언 1 : 안티오쿠스의 미래(11 : 40 – 45)
   2) 성취될 예언 2 : 역사의 종말(12 : 1 – 4)

11 : 2~12 : 4는 주전 6세기에 살던 다니엘이 주전 2세기에 살던 공동체를 위하여 한 예언이다. 그런데 이 예언을 듣는 청중들은 주전 6세기에 바벨론 포로기를 겪는 백성들이 아니다. 다니엘의 예언은 인봉되어 감추어졌다가

안티오쿠스의 박해를 받고 있는 백성들이 읽도록 되어 있다. 이 백성들은 페르시아 제국의 발흥과 멸망, 헬레니즘 시대의 시작, 그리고 안티오쿠스의 박해까지도 알고 있는 사람들이다. 다니엘의 예언을 읽을 청중들은 이미 성취된 예언(11 : 1－39)을 읽으면서 하나님의 예언이 실현되었음을 확인하게 된다. 동시에 지나간 과거의 역사는 미래를 해석하는 예언의 역할을 한다. 과거의 역사 속에서 왕들이 어떠한 역할을 했는지를 보면 현재 이스라엘 백성들을 핍박하는 안티오쿠스 4세의 운명을 알 수 있는 것이다.

이로 인해 이 예언을 사후예언이라고 부르는 것은 전체가 아니라 11 : 2~39의 예언을 말하는 것이다. 즉, 다니엘의 예언은 예언된 직후부터 사람들이 성취되기를 간구하는 책이 아니라 11 : 2~39의 사건이 끝난 직후에 읽어야 할 책이다. 이 시점은 핍박이 가장 심한 때로, 그때 다니엘서가 읽혀져야 한다. 다니엘서의 예언을 읽는 사람들은 11 : 39까지의 예언이 이미 성취된 것을 알고 있고, 그러므로 그렇게 성취된 예언의 능력은 백성들로 하여금 11 : 40~12 : 4의 예언도 반드시 이루어질 것을 믿게 만든다.

> [21]오직 내가 먼저 진리의 글에 기록된 것으로 네게 보이리라 나를 도와서 그들
> 을 대항할 자는 너희의 군주 미가엘뿐이니라 [1]내가 또 메대 사람 다리오 원년
> 에 일어나 그를 도와서 그를 강하게 한 일이 있었느니라 [2]내가 참된 것을 네
> 게 보이리라 보라 바사에서 또 세 왕들이 일어날 것이요 그 후의 넷째는 그들
> 보다 심히 부요할 것이며 그가 그 부요함으로 강하여진 후에는 모든 사람을
> 충동하여 헬라 왕국을 칠 것이며 [3]장차 한 능력 있는 왕이 일어나서 큰 권세
> 로 다스리며 자기 마음대로 행하리라 [4]그러나 그가 강성할 때에 그의 나라가
> 갈라져 천하 사방에 나누일 것이나 그의 자손에게로 돌아가지도 아니할 것이
> 요 또 자기가 주장하던 권세대로도 되지 아니하리니 이는 그 나라가 뽑혀서
> 그 외의 다른 사람들에게로 돌아갈 것임이라 [5]남방의 왕들은 강할 것이나 그
> 군주들 중 하나는 그보다 강하여 권세를 떨치리니 그의 권세가 심히 클 것이
> 요 [6]몇 해 후에 그들이 서로 단합하리니 곧 남방 왕의 딸이 북방 왕에게 가서

화친하리라 그러나 그 공주의 힘이 쇠하고 그 왕은 서지도 못하며 권세가 없
어질 뿐 아니라 그 공주와 그를 데리고 온 자와 그를 낳은 자와 그 때에 도와
주던 자가 다 버림을 당하리라 7그러나 그 공주의 본 족속에게서 난 자 중의
한 사람이 왕위를 이어 권세를 받아 북방 왕의 군대를 치러 와서 그의 성에
들어가서 그들을 쳐서 이기고 8그 신들과 부어 만든 우상들과 은과 금의 아름
다운 그릇들은 다 노략하여 애굽으로 가져갈 것이요 몇 해 동안은 그가 북방
왕을 치지 아니하리라 9북방 왕이 남방 왕의 왕국으로 쳐들어갈 것이나 자기
본국으로 물러가리라 10그러나 그의 아들들이 전쟁을 준비하고 심히 많은 군
대를 모아서 물이 넘침 같이 나아올 것이며 그가 또 와서 남방 왕의 견고한
성까지 칠 것이요 11남방 왕은 크게 노하여 나와서 북방 왕과 싸울 것이라 북
방 왕이 큰 무리를 일으킬 것이나 그 무리는 그의 손에 넘겨 준 바 되리라
12그가 큰 무리를 사로잡은 후에 그의 마음이 스스로 높아져서 수만 명을 엎드
러뜨릴 것이나 그 세력은 더하지 못할 것이요 13북방 왕은 돌아가서 다시 군
대를 전보다 더 많이 준비하였다가 몇 때 곧 몇 해 후에 대군과 많은 물건을
거느리고 오리라 14그 때에 여러 사람이 일어나서 남방 왕을 칠 것이요 네 백
성 중에서도 포악한 자가 스스로 높아져서 환상을 이루려 할 것이나 그들이
도리어 걸려 넘어지리라 15이에 북방 왕은 와서 토성을 쌓고 견고한 성읍을
점령할 것이요 남방 군대는 그를 당할 수 없으며 또 그가 택한 군대라도 그를
당할 힘이 없을 것이므로 16오직 와서 치는 자가 자기 마음대로 행하리니 그
를 당할 사람이 없겠고 그는 영화로운 땅에 설 것이요 그의 손에는 멸망이
있으리라 17그가 결심하고 전국의 힘을 다하여 이르렀다가 그와 화친할 것이
요 또 여자의 딸을 그에게 주어 그의 나라를 망하게 하려 할 것이나 이루지
못하리니 그에게 무익하리라 18그 후에 그가 그의 얼굴을 바닷가로 돌려 많이
점령할 것이나 한 장군이 나타나 그의 정복을 그치게 하고 그 수치를 그에게
로 돌릴 것이므로 19그가 드디어 그 얼굴을 돌려 자기 땅 산성들로 향할 것이
나 거쳐 넘어지고 다시는 보이지 아니하리라 20그 왕위를 이을 자가 압제자를
그 나라의 아름다운 곳으로 두루 다니게 할 것이나 그는 분노함이나 싸움이

없이 몇 날이 못 되어 망할 것이요 [21]또 그의 왕위를 이을 자는 한 비천한 사람
이라 나라의 영광을 그에게 주지 아니할 것이나 그가 평안한 때를 타서 속임
수로 그 나라를 얻을 것이며 [22]넘치는 물 같은 군대가 그에게 넘침으로 말미
암아 패할 것이요 동맹한 왕도 그렇게 될 것이며 [23]그와 약조한 후에 그는 거
짓을 행하여 올라올 것이요 소수의 백성을 가지고 세력을 얻을 것이며 [24]그가
평안한 때에 그 지방의 가장 기름진 곳에 들어와서 그의 조상들과 조상들의
조상이 행하지 못하던 것을 행할 것이요 그는 노략하고 탈취한 재물을 무리
에게 흩어 주며 계략을 세워 얼마 동안 산성들을 칠 것인데 때가 이르기까지
그리하리라 [25]그가 그의 힘을 떨치며 용기를 다하여 큰 군대를 거느리고 남방
왕을 칠 것이요 남방 왕도 심히 크고 강한 군대를 거느리고 맞아 싸울 것이나
능히 당하지 못하리니 이는 그들이 계략을 세워 그를 침이니라 [26]그의 음식을
먹는 자들이 그를 멸하리니 그의 군대가 흩어질 것이요 많은 사람이 엎드러
져 죽으리라 [27]이 두 왕이 마음에 서로 해하고자 하여 한 밥상에 앉았을 때에
거짓말을 할 것이라 일이 형통하지 못하리니 이는 아직 때가 이르지 아니하
였으므로 그 일이 이루어지지 아니할 것임이니라 [28]북방 왕은 많은 재물을 가
지고 본국으로 돌아가리니 그는 마음으로 거룩한 언약을 거스르며 자기 마음
대로 행하고 본토로 돌아갈 것이며 [29]작정된 기한에 그가 다시 나와서 남방에
이를 것이나 이번이 그 전번만 못하리니 [30]이는 깃딤의 배들이 이르러 그를
칠 것임이라 그가 낙심하고 돌아가면서 맺은 거룩한 언약에 분노하였고 자기
땅에 돌아가서는 맺은 거룩한 언약을 배반하는 자들을 살필 것이며 [31]군대는
그의 편에 서서 성소 곧 견고한 곳을 더럽히며 매일 드리는 제사를 폐하며
멸망하게 하는 가증한 것을 세울 것이며 [32]그가 또 언약을 배반하고 악행하는
자를 속임수로 타락시킬 것이나 오직 자기의 하나님을 아는 백성은 강하여
용맹을 떨치리라 [33]백성 중에 지혜로운 자들이 많은 사람을 가르칠 것이나 그
들이 칼날과 불꽃과 사로잡힘과 약탈을 당하여 여러 날 동안 몰락하리라 [34]그
들이 몰락할 때에 도움을 조금 얻을 것이나 많은 사람들이 속임수로 그들과
결합할 것이며 [35]또 그들 중 지혜로운 자 몇 사람이 몰락하여 무리 중에서 연

단을 받아 정결하게 되며 희게 되어 마지막 때까지 이르게 하리니 이는 아직
정한 기한이 남았음이라 36그 왕은 자기 마음대로 행하며 스스로 높여 모든
신보다 크다 하며 비상한 말로 신들의 신을 대적하며 형통하기를 분노하심이
그칠 때까지 하리니 이는 그 작정된 일을 반드시 이룰 것임이라 37그가 모든
것보다 스스로 크다 하고 그의 조상들의 신들과 여자들이 흠모하는 것을 돌
아보지 아니하며 어떤 신도 돌아보지 아니하고 38그 대신에 강한 신을 공경할
것이요 또 그의 조상들이 알지 못하던 신에게 금 은 보석과 보물을 드려 공경
할 것이며 39그는 이방신을 힘입어 크게 견고한 산성들을 점령할 것이요 무릇
그를 안다 하는 자에게는 영광을 더하여 여러 백성을 다스리게도 하며 그에
게서 뇌물을 받고 땅을 나눠 주기도 하리라 40마지막 때에 남방 왕이 그와 힘
을 겨룰 것이나 북방 왕이 병거와 마병과 많은 배로 회오리바람처럼 그에게
로 마주 와서 그 여러 나라에 침공하여 물이 넘침 같이 지나갈 것이요 41그가
또 영화로운 땅에 들어갈 것이요 많은 나라를 패망하게 할 것이나 오직 에돔
과 모압과 암몬 자손의 지도자들은 그의 손에서 벗어나리라 42그가 여러 나라
들에 그의 손을 펴리니 애굽 땅도 면하지 못할 것이니 43그가 권세로 애굽의
금 은과 모든 보물을 차지할 것이요 리비아 사람과 구스 사람이 그의 시종이
되리라 44그러나 동북에서부터 소문이 이르러 그를 번민하게 하므로 그가 분
노하여 나가서 많은 무리를 다 죽이며 멸망시키고자 할 것이요 45그가 장막
궁전을 바다와 영화롭고 거룩한 산 사이에 세울 것이나 그의 종말이 이르리
니 도와 줄 자가 없으리라

1그 때에 네 민족을 호위하는 큰 군주 미가엘이 일어날 것이요 또 환난이 있으
리니 이는 개국 이래로 그 때까지 없던 환난일 것이며 그 때에 네 백성 중
책에 기록된 모든 자가 구원을 받을 것이라 2땅의 티끌 가운데에서 자는 자
중에서 많은 사람이 깨어나 영생을 받는 자도 있겠고 수치를 당하여서 영원
히 부끄러움을 당할 자도 있을 것이며 3지혜 있는 자는 궁창의 빛과 같이 빛
날 것이요 많은 사람을 옳은 데로 돌아오게 한 자는 별과 같이 영원토록 빛나
리라 4다니엘아 마지막 때까지 이 말을 간수하고 이 글을 봉함하라 많은 사람

이 빨리 왕래하며 지식이 더하리라

1) 서론(10 : 21 – 11 : 1)

[10 : 21–11 : 1] 10 : 21~11 : 1는 계시의 형식으로부터 계시의 내용으로 바뀌는 과정에서의 연결 구절이다. 10장 21절은 10장 20절로부터 페르시아와 그리스의 수호신들과의 싸움이라는 주제를 취한다. 10 : 21 전반부는 12 : 1의 책을 암시하는 "진리의 책"을 설명한다. 아마도 가브리엘은 다니엘에게 이 진리의 책의 내용을 가르치려는 것으로 보인다. 이 책에는 마지막 때에 하나님이 무엇을 하시려는지가 담겨 있다. 10 : 21 후반부는 10 : 20의 주제를 받아서 페르시아와 헬라의 수호신들과의 전쟁을 수행하기 위하여 가브리엘이 미가엘의 도움을 받는 것을 보여준다. 11 : 1은 메대 사람 다리오를 언급함으로 다니엘서 11장과 9장을 연결시킨다(Redditt, 175 – 176.). 또한 11 : 1은 10장과 12장을 연결하는 역할을 한다. 10 : 13에서 가브리엘은 바사 왕국의 방해에도 불구하고 다니엘에게 왔으며, 다시 돌아가면 수행해야 할 바사 왕국 수호천사와의 전쟁이 남아 있다. 그리하여 10 : 20에는 바사 왕국과 싸우고, 이어서 헬라 왕국과 싸울 것임을 보여준다. 11 : 1은 바벨론 제국으로부터 바사 제국으로 넘어가는 과도기에 존재하는 메대를 언급함으로 바사왕들을 언급하는 11 : 2에 연결되는 것이다. 11 : 1에 바벨론에서 메대로 넘어갈 때 가브리엘의 도움이 있었고, 이후에 가브리엘은 다니엘 시대에 존재하는 바사 왕국의 멸망에도 관여한다(10 : 20). 그리고 11 : 2~45에서는 헬라의 처음 왕부터 안티오쿠스 왕에 이르기까지 역사에 대한 서술을 시작하는 것이다.

2) 역사 속에 나타난 계시 : 위기의 종말(11 : 2 – 45)

[11 : 2–11 : 45] 11 : 2~12 : 4는 주전 6세기에 살던 다니엘이 한 예언이다. 그

런데 이 예언을 듣는 청중들은 주전 6세기에 바벨론 포로기를 겪는 백성들이 아니다. 다니엘의 예언은 인봉되어 감추어졌다가 안티오쿠스의 박해를 받고 있는 백성들이 읽도록 되어 있다. 이 백성들은 페르시아 제국의 발흥과 멸망, 헬레니즘 시대의 시작, 그리고 안티오쿠스의 박해까지도 알고 있는 사람들이다. 다니엘의 예언을 읽을 청중들은 이미 성취된 예언(11 : 1－39)을 읽으면서 하나님의 예언이 실현되었음을 확인하게 된다. 동시에 지나간 과거의 역사는 미래를 해석하는 예언의 역할을 한다. 과거의 역사 속에서 왕들이 어떠한 역할을 했는지를 보면 현재 이스라엘 백성들을 핍박하는 안티오쿠스 4세의 운명을 알 수 있는 것이다. 과연 청중들은 지나간 과거의 역사를 통하여 어떤 계시를 읽을 수 있을까?

다니엘서 2 : 21에 나타난 예언에 따르면 왕들은 그들을 세우시고 폐하시는 하나님의 권세 아래 있는 존재들이다. 왕들은 권력을 부여받아 정점에 이르며, 짧은 시기 또는 긴 시기동안 크게 이 권력을 행사한다. 11 : 2~45에서 왕들의 역사는 반복되지만 그들의 흥망에는 일정한 패턴(pattern)이 있다. 왕들은 권세를 이용하여 조공을 받고 부를 축적하나(11 : 28, 43), 권세의 한계가 지난 후에는 멸망으로 치닫는다. 그들은 이 권세의 한계를 알지 못하고 임의로 행하고(11 : 3b, 16, 36a), 왕의 권세 남용을 위하여 거주민들의 도움을 받는다(11 : 14, 30b, 32a). 모든 왕들에게는 하나님이 정한 끝이 있으며, 이 끝은 아무 때나 일어날 수 있다(11 : 4a, 19, 20b, 45b). 왕의 권세 남용이 극에 달해 하나님의 성전이 있는 영화로운 땅 팔레스타인을 침범하고, 그 땅을 더럽힐 것이지만(11 : 16, 41), 그것은 바로 멸망이 임박했다는 징조이기도 한 것이다.

11 : 2~20은 페르시아부터 그리스의 안티오쿠스 이전까지의 왕들의 역사로서 다음과 같이 전개된다. 11 : 2는 페르시아 왕국의 역사에서 고레스 이후에 네 왕의 역사를 보여준다. 11 : 3~4에서 능력 있는 왕은 알렉산더 대왕이다. 그는 큰 권세로 다스리고, 자기 마음대로 행하다가(11 : 3), 나라가 다른

사람들에게로 돌아가는(11 : 4) 전형적인 왕의 모델이 된다. 그의 나라는 네 나라로 나뉘었다. 이중 팔레스타인의 운명과 관련하여 중요한 나라들은 셀류시드와 프톨레미이다. 11 : 5~9는 남방왕(이집트의 프톨레미 왕가) 과 북방왕(시리아의 셀류시드 왕가)의 갈등의 역사를 보여준다. 11 : 10~19는 팔레스타인 땅을 빼앗아 프톨레미 왕국으로부터 셀류시드 왕국에 집어 놓은 안티오쿠스 3세의 전성기와 몰락을 다룬다. 안티오쿠스 3세는 한때 남방 왕을 누르고 자기 마음대로 행하며 당할 사람이 없는 존재가 되어 영화로운 땅에 들어서지만(11 : 16), 주전 190년 소아시아의 마그네시아에서 로마에게 패배하여 수치를 당하고 다시는 보이지 않게 된다(11 : 18－19). 11 : 20은 안티오쿠스 3세의 아들이자, 후계자인 셀류쿠스 3세가 즉위하였으나 자신의 재무장관인 헬리오도르에 의하여 살해되어 사라짐을 보여준다.

11 : 21~39는 안티오쿠스 4세의 역사를 회고하는 것인데, 왕들의 역사 패턴을 따르고 있다. 그는 궤휼로 나라를 얻고(11 : 21), 때가 이르기까지 권세를 누려왔다(11 : 24). 그의 권세가 절정에 이르던 때에 그는 임의로 행하지만(11 : 28), 잠시 깃딤의 배들로 인하여 낙심한(11 : 30) 그는 예루살렘 성전을 훼파하고 언약을 배반하고, 악행하는 자를 궤휼로 타락시켰다(11 : 31－32). 그러나 하나님을 아는 백성들은 핍박에 굴하지 않고 용맹을 발하고, 작정한 기한이 오기까지 연단되며 정결케 되고 있음을 밝히고 있다(11 : 35). 이와 같이 다니엘서의 저자는 안티오쿠스의 역사를 왕들의 역사에 비추어 해석하고 있다.

이어지는 11 : 40~45는 다니엘서의 예언을 읽는 청중들의 아직 경험하지 않은 미래의 예언이다. 그러므로 이 부분이야말로 실제적인 예언에 해당한다. 안티오쿠스의 종말은 바로 하나님이 정한 마지막 때로(11 : 40) 여겨진다. 이때 안티오쿠스의 권세는 절정에 이르고 영화로운 땅에 들어서지만 멸망에 이르게 된다. 마지막 때의 일에 대한 첫 번째 예언은 남방왕과 북방왕의 싸움인데 이는 셀류시드 왕조와 프톨레미 왕조가 역사 속에서 거듭해 온 싸움으로(11 : 10 이하), 반복된 싸움에서 안티오쿠스 왕이 승리하며, 영화로운 땅에서 많은 사람들이 넘어지고, 애굽 땅을 정복하고, 리비아와 구스 사람을 종으로 삼는 승리를 이룬다. 바로 그 승리 직후에 안티오쿠스 4세의 종말이 예언된다. 안티오쿠스 4세의 종말에 대하여 안티오쿠스 3세의 운명이 예언의 역할을 담당하는데, 안티오쿠스 3세는 권세의 정점에서 임의로 행하고, 영화로운 땅에 이르러 애굽을 점령하지만, 고국으로 돌아가 죽게 된다. 마찬가지로 안티오쿠스 4세는 연속되는 승리 후에 애굽을 떠나 바다와 영화롭고 거룩한 산 사이에 장막을 치지만 도와줄 사람이 없이, 하나님의 간섭으로 그의 끝이 이를 것이다. 실제로 안티오쿠스 4세는 주전 164년 페르시아에서 죽었는데 죽음의 원인에 대하여는 자료마다 다양하다. 중요한 것은 역사적인 정확성이 아니라 안티오쿠스 4세가 이전 왕들처럼 권세의 절정에서 죽을 것이라는 죽음 예언이 역사속의 계시에 따라 예언되었고, 그 예언이 성취되었다는 것이다.

3) **역사의 종말**(12 : 1-4)

[12 : 1-4] 11장 마지막에 안티오쿠스의 죽음이 서술된 후에 12장 서두에서 갑자기 역사의 종말에 관한 서술이 이어진다. 이는 앞부분은 안티오쿠스 4세로 인한 위기의 종말이요, 뒷부분은 역사의 종말을 뜻한다. 일반적으로 위기의 종말과 역사의 종말이 한꺼번에 오리라고 예측하였지만, 실제적으로 위기의 종말은 이루어졌지만 역사의 종말은 오지 않았다. 주전 2세기의 위기를 경험했던 이스라엘 백성들은 위기의 종말과 역사의 종말이 분리되고 역사의 종말은 아직 유보되었다는 것을 목격하게 된다. 안티오쿠스 4세는 특별한 왕이 아니라 이전 왕들과 같은 운명에 따라 권세를 받고, 임의로 행하다가 권세의 절정에 올라, 사라지는 왕들 중의 하나였다.

안티오쿠스 4세의 종말을 알리는 11장의 마지막과 역사의 종말을 알리는

12장 사이에 얼마나 많은 왕들이 흥망을 거듭할지 알지 못한다. 중요한 것은 본문에서 반복되는 왕국과 왕들의 교체 후에 하나님의 계획 가운데 하나님의 나라가 임하리라는 것이다. 저자는 역사의 종말을 구체적으로 묘사하는 것이 목표는 아니었지만 위기의 종말을 기다리는 하나님의 사람들을 위하여 일부를 계시한다. 하나님 나라의 도래에 대해서는 지금까지 알려진 것보다는 더 구체적이지만 사실 하나님 나라에 대한 묘사 자체가 목표는 아니다. 이 땅에 존재하는 마지막 나라 후에 다가올 하나님 나라의 도래는 종말론적인 전쟁을 동반한다. 이 전쟁은 악의 세력으로부터 하나님의 사람들을 분리하는 것이다. 이 분리는 한편으로 이방 사람들과 이스라엘 사람들 사이에서 참 이스라엘 백성을 분리하는 것이다. 12 : 1~3에서는 이 분리의 과정인 전쟁, 환란, 영생과 심판이 상세히 전개된다.

본문을 역사의 종말로 보는 근거는 12 : 1에 나타나는 "그때에"이다. 11 : 40에서 "마지막 때"라고 언급하면서 안티오쿠스의 종말이 시작되었음을 알리고, 12 : 1에 다시 "그때에" 라고 말하고 있는데, 이 마지막 때는 안티오쿠스의 종말과 같은 때라고 해석하는 학자들도 있다. 즉, 안티오쿠스의 종말이 역사의 종말을 부르는 전쟁을 유발한다고 보는 것이다. 그러나 안티오쿠스는 이미 11 : 45에서 종말을 고하고 12 : 1에서는 나타나지 않는다. 즉, 12 : 1에 나타나는 종말론적인 전쟁이 안티오쿠스로 인한 전쟁과 긴밀한 관계가 있다고 말하지 않는다. 물론 안티오쿠스의 종말을 기다리던 사람들에게는 안티오쿠스의 종말과 종말론적인 전쟁이 연속적인 것으로 인식되었겠지만, 안티오쿠스의 종말을 지켜본 사람들에게는 안티오쿠스로 인한 위기의 종말과 역사의 종말이 구별된 것임을 알게 되었다. 그리하여 우리는 12 : 1~4은 단지 안티오쿠스 시대의 상황을 설명하는 것이 아니라, 역사의 종말에 관한 하나님의 계시를 드러낸다고 이해해야 한다.

종말이란 곧 하나님 나라의 도래를 의미한다. 그리고 하나님 나라가 임하기 전에 종말론적인 전쟁이 임할 것임을 말하고 있다. 종말의 전쟁은 인간의 전쟁이 아니라 신들의 전쟁으로 이 전쟁의 결과에 따라 국가의 운명이 결정된다. 이스라엘의 수호신인 미가엘은 역사를 개관하기 전에(10 : 13, 21) 나타났다가 다시금 12 : 1에 나타난다. 이때에는 "민족을 호위하는 큰 군주 미가엘"이라고 말한다. 유다를 지키는 수호천사인 미가엘은 페르시아군과의 전투를 치렀고 헬라군과의 싸움을 남겨 놓았는데(10 : 20), 12 : 1의 전쟁은 헬라와의 남겨진 전쟁이라고 보기보다는 하나님 나라가 임하기 전에 악의 화신으로 등장하는 마지막 나라의 수호신과의 싸움을 의미한다고 보아야 할 것이다.

미가엘이 이끄는 종말 전쟁 이전에는 환란이 나타난다. 환란이라는 말은 예레미야 30 : 7에서도 언급되고 있다 : "슬프다 그 날이여 그와 같이 엄청난 날이 없으리라 그 날은 야곱의 환난의 때가 됨이로다 그러나 그가 환난에서 구하여 냄을 얻으리로다." 이러한 사상은 종말의 구원이 임하기 전에 인류가 지금까지 겪지 못한 환란을 겪을 것임을 보여준다. 이 환란이 주어지는 이유는 참 신앙인을 구별하기 위함이다. 환란은 바로 신앙의 절개를 지키는 것으로 3장 16~18절에서 사드락, 메삭, 아벳느고의 고백을 생각나게 한다. 그들은 하나님께서 죽음 이전에 자신들을 환란에서 건지실 것을 믿지만 그러한 원리에 하나님을 종속시키지 않는다. 3 : 16~18에서 아직 죽음 넘어서의 세계에 대한 어떤 모습도 그려주지 않고 이 세상에서 토라에 순종하는 것을 요구하였다면, 12 : 1은 3 : 16~18에서 아직 드러나지 않은 죽음 이후의 세계에 대한 소망을 제공한다. 환란에 직면하여 믿음을 포기하지 않는 자들이 구원을 얻는다고 말하고, 이어서 이 구원이 죽음 이후에 어떤 모습을 취할 것인지를 밝힌다.

1절 후반절부터 2절까지는 환란 이후에 누가 구원의 반열에 설 것인가를 설명한다. 이스라엘 백성이 민족 단위로 구원을 얻을 것이지만, 이스라엘 백성은 영생을 얻는 자와 영원한 죽음을 당하는 자로 나뉘게 될 것이다. 구약성서에서 부활에 관한 사상의 발전을 살펴본다면, 처음에는 부활에 대한 사상이 나타나지 않다가 민족적인 부활이 나타나며, 다니엘서 12장에서 비로소 개인적인 부활이 언급된다. 원래 이스라엘 백성들은 죽음에서 돌아올 수 없다고 생각했다(욥 14 : 12 ; 렘 51 : 39, 57 ; 암 5 : 2). 그 가운데 기적적으로 죽음에서 돌아온 이야기들이 존재하였고(왕하 4 : 18 – 35 ; 13 : 20 – 21 ; 호 6 : 2), 에스겔은 민족의 부활의 가능성을 말하였다(겔 37 : 1 – 14). 초대교회에 이르기까지 유대인들은 종말에 이루어질 민족적인 부활 신앙을 가지고 있었다(사 26 : 19).

본문에서도 백성의 부활은 전제되어 있다(1절의 "네 백성"). 그러나 민족이 모두 부활에 참여하는 것이 아니라, 영생하는 자와 영원한 수치를 얻을 자로 나누인다. 이 자세한 구분을 논할 때 문제되는 것은 2절에 '많이'라는 단어이다. 먼저 '많이'라는 단어를 지혜로운 자들이 가르칠 많은 사람들이나(단 11 : 33), 이사야 52 : 13~53 : 12의 많은 사람을 의롭게 한다는 말에 근거하여, 오직 잠자는 자들 중에 일부만 깨어나는데 그들, 곧 영생을 얻을 자를 가리킨다. 그러나 본문에서 '많이' 라는 단어는 11 : 34의 궤휼로 배교한 자들을 언급하기도 한다. 히브리어를 살펴볼 때에도 '많이'라는 단어 속에 영생을 얻을 자와 영원한 수치를 얻을 자가 포함된 것처럼 사용한다. 그리하여 '많이'를 구원받기 위하여 부활하는 순교자들로만 해석하기는 어렵다.

나아가서 신약의 요한복음은 다니엘서 12 : 2을 아래와 같이 해석한다 : "이를 놀랍게 여기지 말라 무덤 속에 있는 자가 다 그의 음성을 들을 때가 오나니 선한 일을 행한 자는 생명의 부활로, 악한 일을 행한 자는 심판의 부활로 나오리라"(요 5 : 28 – 29). 요한복음에 따르면 무덤 속에 있는 자들이 모두 그의 음성을 듣고 부활할 터인데, 예외 없이 모두 부활한다고 말한다. 부활은 같지만 생명의 부활과 심판의 부활로 나누인다. 다니엘서의 본문에 대해서는 다양한 해석이 가능하지만, 요한복음을 정경으로 하는 교회의 해석이 다니엘서를 해석하는 중요한 권위를 가진 것으로 보아야 한다.

이런 맥락에서 본문을 해석할 때, 부활에 관한 다니엘서의 해석을 다음과 같이 정리할 수 있다. 마지막 때에 이스라엘 민족은 열방의 나라의 침입으로부터 민족적인 구원을 받는다. 이 민족적인 구원이란 구약에서 이미 등장한 사상이다. 저절로 구원을 받는 것은 아니라는 면에서 다니엘서는 새로운 계시를 전해 준다. 토라에 순종함으로 믿음의 신실함을 보인 사람들만 구원을 얻는다. 땅의 티끌이라는 말은 인간이 죽어서 가는 곳인 음부를 의미한다(창 3 : 19 ; 욥 17 : 16). 일단 인간이 죽으면 음부에서 기다릴 것이고, 이어서 종말의 때에 전쟁이 끝나면 티끌로부터의 부활이 이루어질 것이다. 그들은 두 부류로 나뉠 것인데, 하나는 영원한 생명을 얻을 자요, 다른 부류는 영원한 수치를 경험할 자이다. 영원한 생명을 얻을 자는 책에 기록된 자들이다(출 32 : 32 - 33 ; 시 69 : 28 ; 사 4 : 3 ; 말 3 : 16 - 17). 그리하여 구약성서에서 처음으로 죽음 이후에 찾아오는 개인적인 부활신앙이 언급된 것이다. 부활은 악한 자나 선한 자 모두에게 찾아온다. 단지 그것이 영생인가 아니면 영원한 수치인가가 다를 뿐이다. 그러므로 이 예언을 듣는 자들은 죽음 앞에서 죽음 이후의 세계에서 하나님의 정의로운 심판과 믿음을 지킨 자들에게 부활이 이루어질 것을 믿고 신앙을 지키기 위하여 죽음을 선택하는 것이다.

2절까지는 죽음 이후의 부활에 대하여 언급한 후에, 3절에서 이 신앙을 가진 자들, 즉 영생을 얻게 될 자들이 속한 공동체의 정체성을 언급한다. 바로 다니엘서를 기록한 공동체의 정체성이다. 갑자기 “지혜로운 자”(마스길림)라는 용어가 나타나는데, 이들의 역할은 많은 사람(라빔)을 옳은 데로 돌아오게 하는 것으로 이미 언급하였다(단 11 : 33). 긴스버그(H. L. Ginsberg)는 이 구절을 이사야서 53장에 나타나는 종의 노래와 관련을 시켜 종의 노래에 대한 가장 오래된 해석으로 규정하고, 많은 사람을 옳은 데로 돌아오게 하는 일을 구속사역의 효과로 여겼다. 지혜 있는 자의 역할은 안티오쿠스의 핍박 아래서 부각된다. 지혜로운 자는 핍박아래에서 많은 사람들을 가르치다가 순교하지만(11 : 33), 이 순교는 가치 없는 것이 아니라, 그 순교를 통하여 연단되고, 정결케 되며, 희게 되는 결과를 가져온다(11 : 35).

3절에는 지혜로운 자의 두 가지 역할이 나타난다. 하나는 지혜로운 자 자신이 궁창의 빛과 같이 영광을 얻을 것이며, 다른 하나는 많은 사람들을 옳은 데로 돌아오게 하는 그들의 사역을 통하여 영광을 얻는 것이다. 두 구절을 조합한다면 우리는 지혜로운 자들의 역할을 알 수 있다. 지혜로운 자들의 역할은 마카비 혁명에 참여한 이들과는 구별된다. 환란 가운데 백성들이 하나님과 토라에 신실하게 설 수 있도록 가르치는 것이다. 환란에 직면하여 하나님의 백성들이 할 수 있는 일은 신실하게 토라를 지키는 일이기 때문이다. 죽음이 그들을 위협한다고 할지라도 이 일을 멈출 수 없다. 다니엘의 세 친구들이 행한 것처럼 "그리 아니 하실지라도" 그들은 토라에 신실할 것이지만, 죽음은 그들을 더욱 정결케 하는 역할을 할 것이며, 나아가서 죽음 이후에 찾아오는 부활 가운데 영생을 얻을 것이기 때문이다. 지혜로운 자들은 자신들만이 이 영광에 참여하는 것이 아니라, 이스라엘 백성들이 이 영광스러운 자리에 참여할 수 있도록 그들을 가르치고 이해하며 순교를 각오하고 신실한 신앙인의 자리에 서도록 촉구한다. 이제 하나님의 공의는 이 세상과 죽음을 넘어선 곳에까지 확장된다. 다니엘서의 저자들이 이해한 자신들의 공동체의 사역은 바로 이와 같이 구성원들이 지혜로운 자가 되며 동시에 백성들을 옳은 데로 인도하는 사역을 통하여 모든 백성의 영원한 구원을 추구하는 것이다.

4절에서 다시 다니엘은 현실로 돌아온다. 이 현실은 종말을 긴박하게 느끼는 자들이 아직도 도래하지 않는 종말 이전에 신앙과 타협의 길을 오가는 무리들이 있음을 보여준다. 본문의 해석을 위해서 지식이라는 단어를 악이라는 단어로 수정하는 것이 본문의 문맥상 어울릴 것으로 보인다. 히브리어 성경은 '지식'이라는 단어를 '악'이라는 단어로 수정할 것을 제안한다. 지식으로 번역할 경우 본문의 문맥이 모호해지지만, 악이라는 단어를 선택할 경우 뜻이 명확해진다. 즉, 악으로 해석할 경우, 다니엘의 시대로부터 종말이 오기까지 나타나는 현상은 사람들이 빨리 왕래할 것인데, 그 이유는 전통적인 토라 중심의 신앙과 헬레니즘에 타협한 신앙 사이에서 사람들이 번복을 반복하기 때문이다. 그리고 마지막이 가까워올수록 악의 세력은 더욱 강성해질 것이며, 사람들은 목숨을 건 토라중심의 신앙보다는 목숨을 유지하면서 신앙을 포기하는 악의 길을 선택할 것이라는 것이다. 다니엘이 살고 있는 시대부터 안티오쿠스의 죽음과 더불어 찾아오는 종말의 순간까지 사람들의 왕래는 계속 될 것이며, 악을 벗어나서 영원한 생명의 자리에 이르도록 가르치는 다니엘이 속한 공동체의 지혜 있는 자의 역할은 날로 가중될 것이다.

다니엘서가 가르치는 부활에 관한 계시가 나타나는 것은 종말 이후의 세계에 대한 호기심 때문이 아니다. 신앙의 위기 앞에서 순교를 요구하는 시대적 상황가운데 신앙을 위하여 죽음을 기꺼이 받아들이는 자들에게 소망을 주기 위함이다. 그들에게 죽음 이후의 세계에 대한 확신을 주기 위해서 죽음 이후에 영생을 얻는 자와 영원한 수치에 이르는 자가 구별됨을 보여주고 있다. 부활신앙의 핵심은 부활이후의 세계가 반드시 존재하며, 그 세계에서도 하나님이 우리의 주님이시며, 하나님의 피조물로서 우리의 정체성은 동일할 것이라는 것이다. 그 때가 임하기 전에 반드시 하늘의 종말론적인 전쟁이 일어난다. 잠정적으로 권세를 위임받은 세상의 악한 권세가 사라지고 하나님이 영원히 다스리시는 나라가 올 것이다. 이 세상의 나라와는 전적으로 다른 가치가 존재하는 하나님의 나라가 인간의 예측과는 다르게 임할 것이다. 그 나라는 하나님의 진정한 공의가 존재하는 곳이다. 모든 인간은 예외 없이 종말의 때에 부활하여, 영원한 생명을 누리는 자와 영원한 수치를 누리는 자로 분리된다. 악한 자들은 하나님의 심판을 받게 될 것이며 돌이킬 수 없는 운명이 결정된다. 인간을 잠정적으로 다스리던 죽음의 권세는 더 이상 힘을 발하지 못할 것이다.

종말에 어떠한 일이 나타날지 아는 사람은 어떻게 살아야 하는가? 바로 지혜로운 자들로 살아가야 한다. 종말이 가까이 올수록 신앙의 위기도 거세진다. 신앙의 길과 배교의 길을 오가며 기회를 찾으며 양다리를 찾는 자들이 많게 될 것이다. 그렇기에 이러한 때 지혜자들의 역할이 있다. 그들은 종말의 환란이 거세질수록 종말이 가까이 오는 것을 아는 자들이다. 그리고 이 세상에서 반복되는 권력자들에게 하나님에 의하여 폐해지는 종말이 반드시 온다는 것을 아는 자들이다. 지혜자들은 자신이 신앙의 길에 굳건히 섬으로 영생을 얻을 뿐 아니라, 연약한 신앙인들을 신앙인의 길로 오게 하는 자들이다. 많은 이들을 옳은 곳으로 돌아오게 함으로 말미암아 하나님의 나라에서 별과 같이 존귀하게 여김을 받을 자들이다.

부활신앙을 가진 자들은 오직 한분되신 하나님이 우리의 주님이심을 고백한다. 이 신앙을 견지하기 때문에 우리에게 주어지는 어떤 대가를 바라지 않고, 오직 그분으로 인하여 기쁘며 나의 최고의 것을 바치는 것으로 만족한다. 우리의 할 일은 하나님을 최고의 자리에 모시는 것이다. 신약에서 완전히 드러난 계시의 입장에서 해석한다면 다니엘서는 한편으로는 하나님 한분만으로 만족하며 대가를 바라지 않는 신앙의 모델이면서, 동시에 죽음 이후의 세계에서 하나님이 궁극적인 정의를 이루실 것에 대한 믿음이다. 예수께서 죽으시고 다시 부활하신 것은 바로 의로운 자를 죽음 가운데 버려두지 않으시고 살리심으로 하나님이 공의의 하나님임을 보여주고 인과응보의 원리를 이 땅에서 죽음 너머까지 확장한다고 이해하는 것이다. 다니엘서 12 : 1~4은 다니엘서 3장에서 나타난 "그리 아니하실지라도"의 신앙과 연결되고, 이들은 죽음이후의 부활신앙을 가진 현대의 기독교인들에게 더 쉽게 접근할 수 있다. 부활신앙은 곧 죽음 너머까지 확장된 하나님의 정의를 확신하면서 순교까지도 감수하겠다는 말이다. 오늘날 그리스도인이 된다는 것은 바로 죽음 너머에 있는 하나님의 공의를 확신하면서 신앙을 위하여 죽기로 결심하는 것을 의미하는 것이다.

3. 마지막 계시 : 후기(12 : 5 – 13)

다니엘서 12장 4절에서 종말에 대한 선포와 마지막 때의 결단을 요구하는 형식으로 책을 마감하고 있는데, 그렇다면 계속해서 다시 이어지는 12 :

5~13의 존재는 책 전체에서 어떤 역할을 하는지 궁금증을 유발한다. 12 : 5~13은 종말에 대한 계시의 연속이 아니다. 역사적인 포로 시대를 사는 다니엘이 종말에 대한 예언을 끝낸 후에 다시금 현실로 돌아와서 계속 되는 이야기이다. 12 : 5~13에서 제기되는 질문이 몇 가지 있다. 종말에 대한 계시가 이미 끝났는데, 다시금 "이 놀라운 일의 끝이 어느 때까지냐"고 묻는 질문(12 : 6)과 그 질문에 대한 대답으로 다시 "한 때 두 때 반 때"가 언급된다(12 : 7). 이에 대해 다니엘은 듣고도 깨닫지 못한 채 종말에 대한 질문을 반복한다 : "이 모든 일의 결국이 어떠하겠나이까"(12 : 8). 9절에서는 마지막 때까지 이 말을 간직하고 봉함할 것을 명령하면서 4절의 내용을 반복한다. 4절과 9절에서 다니엘의 예언을 봉함하라는 말은 곧 다니엘의 예언은 다니엘의 시대부터 그의 예언이 성취될 주전 2세기까지 공개되지 말아야 한다는 것이다. 다니엘의 예언은 안티오쿠스의 핍박이 절정에 오르는 때, 한 때 두 때 반 때가 남은 시점에 공개되어 읽혀져야 할 책이다. 10절은 다니엘서에서 자주 나오는 대로 지혜로운 자의 역할은 곧 "연단을 받아 정결케 되는 것"으로 정의함으로(11 : 35 ; 12 : 10) 다시금 순교를 각오하는 다니엘서의 신학이 강조된다. 또한 지혜로운 자와 악한 자의 구별을 통하여(12 : 10) 순교를 각오하고 신앙의 정절을 지키는 자에게 허락되는 이해의 비밀을 제시한다. 11~12절에서는 다시금 마지막 때인 한 때, 두 때, 반 때를 설명하는 시도로서 1290일과 1335일로 두 번 반복하여 나타난다. 종말의 때를 산출하는 일을 반복하는 이유가 무엇인지 궁금하다.

결론으로 여겨지는 후기(12 : 5-13)가 첨가된 이유에 대하여는 학자들의 다양한 견해들이 있다. 첫 번째 해석은 이 후기를 종말이 본래 기대하던 대로 오지 않자, 새로운 해석을 통하여 공동체의 실망을 극복하려는 시도로 보는 것이다(궁켈은 1290일과 1335일을 8장 14절에 나오는 1150일이 지나도 종말이 오지 않자, 부득이하게 새로운 해석을 시도한 것으로 여긴다. Hermann Gunkel). 또 다른 해석으로는 본문에서 제시하는 1150일, 1290일, 1335일 등의 예언들은 종말을 현실적인 사건과 맞추려는 시도로 해석되었다. 1,290일과 1,335일을 삼 년 반에 대한 서로 다른 해석으로 보기 위하여, 일 년을 354일로 보는 음력, 364일로 보는 양력, 그리고 두 개를 조합한 360일로 사용한 증거로 사용하기도 한다. 게제(Gese)는 1290일과 1335일의 해석에 대하여 다음과 같이 설명한다. 3년 반이란 주전 167년 12월 7일에 시작하여, 주전 163년 6월 21일에 이르는 약 1290일의 기간이다. 그러나 11~12절에서 관심을 갖는 것은 이 1,290일이 아니라, 그로부터 45일 후인 1,335일로 토라를 준수하게 된 날이다. 즉, 저자는 이미 마카비에 의하여 이루어진 성전정화만이 아니라, 유대인들이 성전을 더럽힌 셀류시드인들로부터 시온의 위치를 회복하는 시점을 말하기 위하여 1290일을 말하고 있는 것이다. 게제는 12 : 5~10과 13절은 164년 어간에 쓰여진 것으로 끝이 3년 반 만에 오고 이어서 우주의 종말에 이른다고 본다(Redditt, 195-197에서 재인용).

여러 학자들의 견해를 조합해 볼 때, 종말의 때를 산출하려는 시도에 담긴 신학적인 의도를 읽는 것이 중요하다고 볼 수 있다. 즉, 12 : 5~13은 안티오쿠스의 종말이 이루어짐으로 역사의 긴박감은 사라지고, 아직 도래하지 않은 종말을 기다리면서 가까운 미래인 1290일과 먼 미래인 1335일을 종말로 보고 있다는 것이다. 다니엘서를 기록한 공동체는 1150일을 유다 마카비에 의하여 성전의 정화가 이루어진 기한으로 보고 있다. 이 정화는 기대보다 두 달 일찍 이루어졌다. 그러나 이것은 군사적인 성취이며 아직도 팔레스타인에는 그리스인들이 남아 있다. 이것은 다니엘서 저자가 기다리던 역사의 종말은 아니기에 그들은 종말의 완전한 성취를 기대하였다. 공동체가 기대하던 끝이 이루어지기 위하여 얼마나 기다려야 하는가? 12 : 5~13은 이에 대한 대답으로 아마도 성전청결이 이루어진 주전 164년 12월 7일(1150일 후)부터 163년 6월 21일(1290일 후) 사이에 이루어진 것으로 보인다(Redditt, 196-197.). 즉, 다니엘서 10~12장은 안티오쿠스의 핍박이 절정에 이르는 시점에서 안티오쿠스의 종말과 역사의 종말에 대한 기다림을 표현한다. 기다리던 안티오쿠스의 종말과 성전의 정화는 이루어졌다. 그러나 다니엘 공동체는 안티오쿠스의 종말과 역사의 종말이 함께 이루어지지 않았음을 알게 되었다. 종말의 긴박감은 사라졌지만 이제는 역사의 종말을 기다리고 있다. 즉, 위기의 종말을 알리는 안티오쿠스의 종말은 이루어졌지만, 그것과 더불어 한 때, 두 때, 반 때라는 역사의 종말은 아직 성취되지 않은 것으로 이해하는 것이다. 그리하여 다시금 역사적 종말은 한 때, 두 때, 반 때라는 상징적인 표현으로 서술되고 있다.

본문 12절에서는 1335일까지의 기다림을 말하고 13절에서는 다니엘이 죽음 후에 찾아오는 부활을 기다리는 장면이 묘사되는 것을 보면, 1335일은 장차 있을 부활을 동반한 역사의 종말을 암시한다고 볼 수 있다. 즉, 앞에서의 용어로 설명한다면 11절에서 말하는 1,290일은 성전정화 이후에 그리스 제국의 완전한 멸망을 남아있는 위기의 종말로 이해한다(Redditt, 194-195.). 그러므로 1290일과 1335일은 각각 다니엘서가 말하는 위기의 종말과 역사의 종말을 상징하는 것이 된 셈이다. 결론적으로 12 : 5~13절에서는 단순히 8장에서 언급한 종말 예언의 시행착오를 거듭 반복하는 것이 아니라, 현재까지 이루어진 안티오쿠스의 종말과 성전정화를 종말의 시작으로 보고, 점점 종말이 진행되어 그리스 제국의 멸망에서부터 역사의 종말과 부활에 이르는 종말에 이르기까지의 미래에 대한 기대가 담겨 있다고 볼 수 있다. 그러나 전체적으로 12 : 1~4에서 보여준 종말의 긴박감은 상실되고 중간시대에 지연된 종말을 기다리면서 살아가는 일상의 종말신앙의 예를 보여주는 형식이 되고 있다.

다니엘서의 시대 사람들은 이제 안티오쿠스의 종말과 역사의 종말이 분리됨을 인식하고 위기의 종말이 끝난 후에 역사의 종말을 셈하고 있는 것이다. 역사의 종말이란 본문에서 이방제국의 멸망과 이를 시발점으로 하는 하나님 나라의 도래를 의미한다. 이와 같이 본문의 적절한 신학적인 해석은 12 : 5~13을 안티오쿠스의 죽음으로 인한 긴박한 위기가 사라진 후에 현재를 종말의 과정으로 이해하면서 남아 있는 이방제국의 멸망과 역사의 종말의 도래를 예언한 것으로 보아야 한다는 것이다. 이러한 시도를 다니엘서 전체에서 이해한다면 우리는 안티오쿠스의 종말은 위기의 종말로서 역사의 종말과 가깝지만 역사의 종말과는 간격이 존재한다. 그리하여 안티오쿠스의 위협은 역사 속에서 끊임없이 유대인들의 정체성을 위협했던 왕들과 왕국들 중의 하나에 지나지 않는다. 차이가 있다면 상황의 급박감으로 인하여 이전보다는 더 명확히 역사의 종말에 관한 계시가 더 드러났다는 것이다. 이제 남은 자들이 깨달아야 할 것은 종말은 하나님의 주권아래 도적같이 오지만 우리들에게는 시대를 분별하고, 악한 자들과 구별된 모습으로 지혜 있는 자로 살아야 할 우리의 날들이 있다는 것이다.

E. 결론(12 : 5 – 13)

다니엘서 10~12장은 다니엘서의 핵심 주제인 종말에 관한 계시를 전해주고 있다. 계시의 형식으로서 환상, 신현현, 천사의 등장, 천사의 해석 등 계시의 진정성을 보장하는 계시의 형식이 나타난다. 이어서 계시의 내용은 안티오쿠스의 박해라는 역사의 긴박감 가운데 안티오쿠스 시대에 이르는 왕들의 역사를 통하여 왕의 흥망을 살피고, 현재 백성들을 위협하는 안티오쿠스의 박해와 그의 예정된 종말을 예언한다. 안티오쿠스의 종말은 역사의 종말을 재촉하면서 종말 앞에 신실하게 설 것을 촉구한다.

묵시문학이라는 장르가 새로운 계시라는 무기로 토라의 권위를 무시할 수 있는 위험성을 가졌음에도 불구하고, 다니엘서의 저자는 안티오쿠스의 핍박 아래 요구되는 하나님의 계시를 묵시문학이라는 장르의 도입을 통하여 해결한다. 종말을 향한 하나님의 계시인 환상은 말씀으로 해석하고, 그 환상을 받을 수 있는 사람은 토라에 순종하며 율법중심의 경건을 보여주는 자이다. 다니엘서 9장에서 예레미야의 예언을 종말의 시기 산정에 도입했다면, 다니엘서 10~12장에서는 열국을 폐하시며 하나님 나라가 도래한다는 다니엘로부터 온 전승(단 2 : 44)에 기초하여 안티오쿠스 이전의 왕들의 역사 속에 드러난 계시를 통하여 안티오쿠스의 종말과 역사의 종말을 예언하게 된다. 그리고 이 예언의 진정성을 위해서 보좌환상과 천사의 해석이라는 묵시문학의 장치를 활용한다.

이러한 이해는 다음과 같은 표를 통하여 이해될 수 있다.

	고레스 3년			현재	위기의 종말	역사의 종말
	페르시아 시대	그리스 시대 초기	안티오쿠스 전기	안티오쿠스 후기	중간시대	종말시대
다니엘 10 : 1 –11 : 1	다니엘 11 : 2	다니엘 11 : 3–21	다니엘 11 : 22–39	다니엘 11 : 40–45	다니엘 12 : 5–13	다니엘 12 : 1–4

다니엘서 10~12장은 다니엘의 예언으로 되어 있다. 다니엘이 이 예언을 하는 시기는 고레스 3년이다. 고레스 3년은 페르시아 시대의 시작을 의미한다. 다니엘이 행하는 예언은 11 : 2부터 시작한다. 그러나 다니엘의 예언은 위의 표에서 현재의 시점에 서 있는 공동체를 위한 예언이다. 그래서 이 예언의 내용의 시기를 구분한다면 11 : 2~39까지는 과거의 역사를 조명하면서 예언이 어떻게 이루어졌는지를 살핀다. 11 : 2은 페르시아 시대, 11 : 3~20까지는 그리스 제국의 열왕들의 이야기로서 알렉산더 대왕, 안티오쿠스 Ⅲ세, 그리고 셀류쿠스 4세의 역사를 조명한다. 안티오쿠스 4세의 역사는 두 단계로 나타나는데 첫 단계는 현재 시점에서 과거로 확인하는 것으로 11 : 21~39까지 이어진다. 두 번째 단계는 현재로부터 안티오쿠스의 종말에 대한 예언으로 11 : 45까지 이어진다. 12 : 1~4은 역사의 종말을 예언하는데, 저자는 위기의 종말이 오면 역사의 종말이 올 것으로 예상했지만 실제적으로는 위기의 종말과 역사의 종말 사이에 중간시대가 있음이 판명되었다. 실제로 12장

1~3절까지는 역사의 종말을 서술하지만 12 : 4은 다니엘이 지혜 있는 자로 규정한 공동체의 위협이 강화되는 현재로부터 역사의 종말에 이르는 시점까지 결단을 촉구하는 내용으로 12 : 5~13을 연결하는 장치가 된다. 위의 표에서 보는 대로 12 : 5~13은 위기의 종말은 왔지만, 기다렸던 역사의 종말이 오지 않고 다시금 종말을 기다리는 중간시대에 서 있는 공동체의 모습을 그려 준다.

종말에 관한 우리의 이해를 위하여 본문에서 보여주는 것은 위기의 종말과 역사의 종말을 분리하는 것이다. 주전 2세기의 하나님의 백성들은 안티오쿠스의 종말과 역사의 종말이 함께 올 것을 기대했지만 역사의 종말은 여전히 하나님의 주권아래 가려져 있다. 이제 안티오쿠스의 종말은 그 이전에 존재하던 왕들의 역사에서 보여주던 계시의 드러남일 뿐이며 역사는 하나님이 간섭하는 그날까지 왕과 나라를 세우시고 폐하시는 하나님의 주권만 존재한다. 우리가 기억해야 할 것은 하나님만이 아시는 마지막 때에 종말은 올 것이며, 종말에 하나님의 사람들과 악에 속한 자를 분리하기 위한 마지막 전쟁을 치를 것이며, 그 전쟁은 우리를 환란 가운데 서게 할 것이라는 것이다. 하나님은 죽음을 넘어서서 영원한 생명과 영원한 수치로 나누는 공의의 하나님이다. 하나님을 바라는 하나님의 사람들에게 종말은 바로 영원한 생명에 이르는 길이다. 안티오쿠스의 위기는 사라졌지만, 종말은 언제든지 하나님의 주권아래 찾아올 수 있다. 다니엘서가 우리에게 요구하는 것은 종말 앞에서 부단히 신앙의 절개를 버리며 신앙을 버리는 세대를 본받지 말고, 다니엘 시대의 지혜 있는 자처럼 자신이 하나님과 토라 앞에 신실하게 신앙의 절개를 지킬 뿐 아니라, 많은 사람들이 그 길에 서도록 가르침으로 별과 같이 빛나는 영광스러운 존재가 되기를 결심하는 것이다.

설교를 위한 묵상

1. 다니엘서 11 : 1~12 : 13은 다니엘서에 나타난 종말에 관한 계시의 절정이다. 이 계시는 계시의 형식, 위기의 종말 그리고 역사의 종말로 구성된다. 계시의 형식을 통하여 예언의 진정성을 보여주고, 위기의 종말은 당대가 경험하는 위기의 끝을 보여주고, 역사의 종말은 하나님의 나라가 임하기 전에 오되 위기의 종말과 함께 오지 않을 수도 있음을 보여준다.

2. 하나님은 하나님의 사람들을 통하여 종말에 관한 하나님의 계시를 보여주신다. 다니엘을 통하여 이 계시를 허락한 이유는 무엇인가? 다니엘은 포로 기간 동안에 하나님은 왜 포로를 시작하게 하셨는지, 포로의 끝은 어떻게 오는지, 그리고 포로 기간을 어떻게 보내야 하는지를 깨닫고 토라에 대한 순종으로 자신의 신앙을 표현한 사람이다. 그래서 포로에 관한 예언을 전하기 적합한 인물이라고 볼 수 있다. 하나님은 그렇게 주전 6세기에 포로를 경험한 다니엘을 통하여 주전 2세기에 신학적 포로를 경험하는 공동체를 위한 예언을 전하게 하신다. 그래서 특별히 예언의 진정성을 입증하기 위하여 보좌환상을 경험하게 하신다.

3. 하나님은 위기 가운데 있는 당신의 백성들을 위하여 위기를 견딜 수 있도록 위기의 종말이 어떻게 오는지를 보여주신다. 안티오쿠스는 지상에서 악을 행하는 유일한 존재가 아니라, 인간의 역사 가운데 반복되는 악의 본이 되는 인물이다. 하나님은 역사 속에서 반복되는 악한 왕을 폐위하심을 통하여 왕을 세우기도 하고 폐하기도 하시는 분이 하나님이심을 가르쳐 주신다. 그러므로 신앙인들은 악한 왕이 신앙인들을 위협하는 칠흑같이 어두운 밤이 온다할지라도 두려워할 필요가 없다. 악한 왕의 끝은 있기 때문이다. 신앙인들은 지금까지의 역사가 구속의 역사인 것을 살펴보고 동일한 일을 행하시는 분이 하나님임을 고백하고 믿음으로 핍박의 날을 이겨야 한다.

4. 하나님은 위기의 종말과 더불어 역사의 종말이 어떻게 올 것인지를 우리에게 보여주신다. 위기를 극복하기 위해서는 신앙인들이 자기의 생명을 걸고 신앙을 지켜야 하는 것이기에, 하나님은 신앙인들을 위하여 역사의 종말에 관한 계시를 보여주신다. 예기치 못한 어떠한 위기가 온다할지라도 신앙인이 지켜야 할 원칙은 변함이 없다. 배교하는 사람들이 아무리 많아질지라도 하나님을 향한 신앙을 포기하지 말

고 자신이 진리의 길에 설 뿐 아니라 많은 사람들을 옳은 데로 돌아오게 해야 한다. 그때가 되면 종말론적인 전쟁이 있고, 죽음이후 심판을 통해 영생과 영원한 수치로 나누일 것이다. 신앙인은 이 땅에서 신앙을 포기하지 말고 굳건히 하나님의 말씀을 지킴으로 신앙의 신실함을 표현해야 할 것이다.

다니엘서

부 록
묵시문학과 다니엘서 연구사

A. 유대 묵시문학과 다니엘서 연구동향

B. 유대 묵시문학 연구사 : 묵시문학의 기원과 형성

C. 다니엘서 연구사

| 부 록 |

묵시문학과 다니엘서 연구사

A. 유대 묵시문학과 다니엘서 연구동향[1)]

유대 묵시문학은 신구약 중간기(주전 200년 – 주후 100년)에 해당하는 기간 동안 독특한 장르의 형태로 나타난 문헌들이다. 기독교와 신약의 문헌들은 갑자기 태동한 것이 아니라 구약문헌들로부터 중간기를 거치는 기간 동안 일정한 사상적인 영향을 받아 나타났다. 구약의 말기에 시작된 유대 묵시문학은 예수의 가르침, 초기 팔레스타인 교회에 관한 관점, 바울의 가르침, 그리고 원시 헬레니즘 기독교의 신학에 영향을 주고 있기에 가치 있는 것으로

1) 이 글은 이전의 연구사를 목회자와 신학생들을 위해 쉽게 설명하고 그동안 진행된 연구를 보완하였다. 성서마당. 배정훈, "최근의 묵시록 연구의 동향과 방향," 「한국기독교신학논총」 23집(2002년), 7 – 43쪽.

평가된다. 신구약의 연구를 위하여 유대 묵시문학사를 추적하고, 그러한 배경 아래 다니엘서가 어떻게 형성되었는지를 살피려고 한다.

유대 묵시문학을 논할 때 제일 먼저 제기되는 용어의 정의는 다음과 같이 정리할 수 있다. 용어정의[J. J. Collins, "Apocalypse : The Morphology of a Genre." Semeia14(1979)] : 1) 아포캘립스(apocalypse)는 단지 문학적인 장르로서의 묵시문학을 말한다 ; 2) 한동안 묵시문학이라는 장르가 표현하는 묵시현상의 의미로 아포캘립틱(apocalyptic)이라는 용어를 사용하였지만, 더 이상은 묵시현상을 뜻하는 명사로 사용하지 않는다 ; 3) 최근에는 아포캘립틱이라는 용어 대신 묵시문학, 그리고 있는 묵시현상을 아포캘립티시즘(apocalypticism)이라고 표현하면서 그것을 "초자연적인 계시, 천상의 세계, 종말론적인 심판 등을 포함한 특별한 생각의 태도를 보여주는 가치관"이라고 정의하고 있다.

묵시문학의 장르에 관하여는 콜린스(J. J. Collins)가 묵시문학의 형태와 내용의 공통 특징에 기초하여 문학적으로 연구하였는바 아포캘립스를 "종말론적인 구원을 보여준다는 면에서 시간적이며, 또 다른 초자연적인 세계를 보여준다는 점에서 공간적인 초월적인 실재를 드러내면서, 계시가 저 세상의 존재에 의하여 수납자 인간에게 중재되는 설화 구조를 가진 계시 문헌의 장르"라고 정의한다.

B. 유대 묵시문학 연구사 : 묵시문학의 기원과 형성

그동안 유대 묵시문학을 논할 때는 주로 묵시문학의 기원은 무엇이며, 어떻게 형성되었는가에 초점이 맞추어졌다. 묵시문학의 기원을 논하기 위해서는 예언전승과 지혜전승의 영향을 추적하여야 하며, 정경인 다니엘서의 형성을 논하기 위해서는 다니엘서를 여러 묵시문학의 문맥(context) 위에서 살펴야 한다. 묵시문학에 대한 최초의 연구들은 묵시문학을 이스라엘의 전승과는 관계없이 단지 예언서의 영향을 받은 것으로 평가하였다. 벨하우젠은 포로이후 시대의 묵시주의자들을 기껏해야 예언서와 페르시아 문헌들로부터 빌려온 모방주의자인 에피고넨(E. pigonen)이라고 불렀다. 찰스(R. H. Charles)는 묵시문학이 유대교의 핵심요소이고, 율법에의 신실함이라는 면에서 유대교의 정신을 이어받을 뿐 아니라 기독교가 유대교의 묵시적인 측면에서 발생했다고 주장했다. 궁켈(H. Gunkel)은 양식비평을 사용하여 묵시문학에 나타나는 신화를 바벨론의 갈등 신화와 동일시했다. 나아가서 모빙켈은 묵시문학이 페르시아의 이원론에서 왔다고 보았다. 로울리는 묵시문학을 독창적인 작품이라기보다는 예언의 아들임을 강조하면서 예언서 안에서 원-묵시문서를 추적하려는 노력을 했을 뿐 아니라, 다니엘서의 연대를 안티오쿠스 4세 치하의 박해 시기인 주전 2세기로 보면서 다니엘서를 최초의 묵시문학이라고 강조하였다. 그러나 이 주장은 쿰란에서 발견된 에녹서의 아람어판의 발견으로 유효성을 잃게 되었다(H. H. Rowley, The Relevance of Apocalyptic.).

이후에 학자들의 관심은 묵시문학의 기원을 이방 종교의 영향으로부터 제2성전 시대 이스라엘의 사회적인 배경에서 보려는 것이었다. 프로스트(S. B. Frost)는 이스라엘의 묵시문학을 종말론과 신화의 조합으로 그리고 있다. 플뢰거(Otto PlÖger)와 핸슨(P. Hanson) 등은 사회학적인 모델을 사용하여 묵시문학의 기원을 예언전승에서 온 종말론과 연결하고 있다. 이들은 한결같이 포로후기 사독 제사직을 율법전승의 옹호자라고 이해하면서, 묵시문학의 기원을 종말론에 두고 있다. 플뢰거는 제2성전 시대를 안티오쿠스 에피파네스에 맞선 두 가지 다른 그룹들인, 하시딤(다니엘서)과 마카비 운동(제1마카비서)의 갈등으로 보면서 묵시문학의 기원을 설명한다. 그에 따르면, 신정체제를 옹호하는 자들은 현재 필요한 인간의 행동을 선택했고(제1마카비서), 종말론자들은 하나님의 개입을 기다렸다는 것이다(다니엘서). 또한 핸슨은 제2성전시대 성직제도(hierocratic institution)와 환상주의자(visionaries) 사이의 갈등으로 묵시문학의 기원을 설명한다. 핸슨은 사회학에서 유래한 박탈이론을 이용하여, 피지배계층인 환상주의자들이 지배계층인 제사장 계층에 대항하여 묵시문학을 만들거나 사용했다고 본다. 핸슨의 박탈이론에 반대하여 쿡(Cook)은 묵시문학이 반드시 소외계층에 의해서만이 아니라 유대 회복 시기에 제사장계열에 서있는 그룹들이 묵시문학을 만들었을 가능성을 제기하고 있다(겔 38－39, 슥 1－8, 요엘서). 데이비스(P. R. Davies)도 핸슨의 주장을 비판하는 가운데, 다니엘서가 더 이상 피지배 계층의 산물이 아님을 주장하면서 지배계층이 이념적인 제어를 통하여 그들의 신분을 정당화했을 가능성을 주장한다.

폰라드는 묵시문학의 기원을 예언전승에서 지혜전승으로 돌리는 시도를 하였다. 폰라드는 묵시문학과 예언의 연속성을 포기하면서, 묵시문학과 지혜의 연속성을 다음과 같이 강조한다 : 1) 묵시문헌에서의 영웅들은 다니엘, 에녹 그리고 에스라 같은 지혜자나 서기관이다 ; 2) 이 전승들은 역사와는 관계없고, 보편적인 역사에 관한 지식과 자연에 관한 지식 등을 포함한 지식과 관련 있는 것이다 ; 3) 두 전승들은 역사에 관한 염세적인 견해와 시간의 결정론을 포함하고 있다 ; 4) 두 전승들은 신정론과 관련 있다. 그러나 폰라드의 묵시문학 연구 방법론은 예언을 역사와 관련시키되, 묵시문학이 예언과는 불연속적으로 구분되고 예언자의 메시지로부터 분리된 역사에 관한 염세주의를 담고 있다는 전제에서 출발한다. 폰라드 이후에 학자들은 전통적인 잠언과는 다른 묵시적인 지혜에 관한 연구를 발전시킨다[뮐러(H. P. Müller), 스미스(J. Z. Smith), 콜린스(J. J. Collins), 존슨(E. E. Johnson), 퀘클러(Koechler), 밴더캄(J. C. VanderKam) 등]. 점차적으로 학자들은 묵시문학의 기원을 예언전승이나 지혜전승 중 어느 하나로 보지 않고, 두 전승의 조합으로 이루어진 묵시문학의 독특성을 강조하게 된다.

묵시문학의 형성, 특히 다니엘서의 형성을 말할 때 우리는 다니엘서만을 말할 수 없다. 다니엘서가 형성될 때 묵시문학적인 문맥이 어떻게 형성되었는지를 살펴야 하기 때문이다. 우선 살펴볼 수 있는 것은 묵시문학에서 차지하는 다니엘서의 위치이다. 최근의 묵시문학 연구는 다니엘서 중심의 연구와 에녹서 중심의 연구라는 두 가지 경향으로 흐르고 있다. 다니엘서 중심의 연구는 다니엘서가 묵시문학의 특징을 가장 잘 보여주는 최초의 묵시문학으로 보며, 이 묵시문학의 중요한 특징으로 임박한 종말과 박해라는 역사적인 상황이해를 제시하고 있다. 그런데 사해사본에서 나타난 에녹서의 아람어 사본의 발견을 통하여 다니엘서보다 더 오래된 묵시문학이 존재한다는 것을 알게 된다. 에녹서 1~36장에 해당되는 파수꾼의 책은 주전 200년 정도에 쓰였고, 다니엘서의 주요 부분은 주전 164년경인 안티오쿠스의 박해시기에 현재 상태로 편집된 것으로 보임으로 다니엘서는 파수꾼의 책보다 40년 정도 늦게 나타난 것을 알 수 있다(J. T. Milik, The Books of E. noch). 다니엘서가 임박한 종말론을 강조한 반면에, 파수꾼의 책은 제사장 문헌과 지혜문헌에서 나타난 우주론에 더 관심을 가지고 있다. 더욱이 다니엘서 전체가 묵시문학으로 이루어진 것이 아니라, 1~6장은 토라에 충실했던 디아스포라들의 이야기이며 7~12장만이 묵시문학이라는 특징을 어떻게 이해할 것인지에 대하여 주목하게 되었다. 학자들 중에는 다니엘서가 환상적인 묵시문학이 아니라, 오히려 토라의 권위에 도전하는 파수꾼의 책에 대하여 토라의 권위를 옹호하기 위하여 묵시문학의 장르를 이용한 것이라고 강조하는 자들도 있다. 그러므로 우리는 다니엘서의 형성을 설명하기 위하여 파수꾼의 책과의 상호 주고받은 영향을 검토해야 할 것이다.

C. 다니엘서 연구사

묵시문학 연구사에서 드러난 대로 다니엘서의 형성에 관한 입장이 정리되고 나면 이제 다니엘서 자체에 대한 연구를 어떻게 하였는지를 살펴보아야 할 것이다. 다니엘서의 형성에 관한 고전적인 연구 이외에도 최근 20여 년 동안에 다니엘서에 관한 연구가 계속 되었다. 현재 다니엘서가 어떻게 연구되는지 알기 위해서는 다양한 주제를 모은 모음집들이 다루고 있는 주제들을 살펴보면 된다(H. O. Thomson, The Book of Daniel : An Annotated Bibliography ; A. S. Van der Woude ed., The Book of Daniel in the Light of New Findings ; J. J. Collins and P. W. Flint eds, The Book of Daniel : Composition and Receptiom) : 아람어와 히브리어의 이중언어, 그리스어 편집본, 역사비평 문제(문헌비평, 양식비평, 전승비평 등), 다니엘서의 삶의 자리, 역사적 종교사적인 문제들, 고대근동 국가 배경에 비추어보는 다니엘서, 쿰란 문서를 포함한 문학적 문맥(context), 유대교와 기독교에서 다니엘서의 수납, 본문 문헌의 역사, 장르 문제, 그리고 다니엘서의 신학 등. 최근 20년 동안에도 다양한 주석류들이 발간되었다. 본 장에서는 학자들의 주장을 나열만 하지 않고 자료를 적절히 다루면서 방향을 제시하려고 한다.

제일 먼저, 한국교회 입장에서 궁금한 것은 다니엘서에 관한 보수적인 입장과 비평적인 입장의 차이를 어떻게 연결할 것인가 하는 것이다. 19세기까지 보수적인 입장에서 바라보는 다니엘서는 주전 6세기의 현자인 다니엘의 예언으로 여겨졌다. 보수적인 입장에서 다니엘서는 주전 2세기와는 상관없이 주전 6세기의 다니엘을 비롯한 디아스포라의 삶과 다니엘의 예언만을 담고 있다는 것이다. 그리하여 이 예언은 주전 2세기뿐 아니라 다가오는 종말에 관한 시간표를 제시하는 것으로까지 해석된다. 한편 18세기부터 시작된 비평적인 이해는 다니엘서의 저작권, 연대규명과 성격의 문제에 집중되었다. 학자들은 언어와 역사와 신학과 논리에 근거하여 다니엘서가 안티오쿠스 에피파네스의 박해에 저항하는 유대인들을 격려하기 위하여 마카비 시대에 쓰인 작품으로 여기게 되었다. 이 입장에서는 주전 2세기의 공동체가 종말에 관한 계시를 받을 만큼 토라에 순종한 다니엘의 이야기를 창작할 가능성을 열어 놓고 있다. 비평학적인 입장에서 보면 다니엘서 7~12장에 나타나는 다니엘의 예언은 사후예언이라는 형식으로 다니엘의 권위를 옹호하기 위하여 제시된 것으로 이해된다. 즉, 주전 2세기의 예언자가 마카비서의 저자들처럼 자신의 시대를 새로운 계시의 시대로 이해하지 않고 주전 6세기 다니엘의 예언이 성취되는 시대로 이해하면서 사후예언이라는 장르를 사용하고 있다. 따라서 다니엘서를 해석하는 자들은 주전 6세기의 역사적인 상황을 반영하는 1~6장의 이야기와 주전 2세기의 역사적인 상황을 반영하는 7~12장의 묵시문학을 교회 정경의 차원에서 어떻게 해석할 것인가의 문제와 이 해석이 장차 올 종말에 대하여 무엇을 말할 수 있는가의 문제를 해결하여야 한다.

둘째로, 오래전부터 논의된 이 책의 형성에 관한 가설들이다. 다니엘서의 형성에 관한 이론에는 두 가지가 있는데 하나는 로울리(H. H. Rowley)로 대표되는 통일 가설(한 저자의 작품이라고 보는 견해)과 긴스버그(H. L. Ginsberg)로 대표되는 단편가설(여러 저자의 작품으로 보는 견해)이다. 로울리는 마카비 시대에 한 저자가 이 책을 네 단계로 썼다고 말한다 : 1) 이야기의 아람어 편집(단 2-6장) ; 2) 아람어로 쓰인 종말론적인 환상(단 7장) ; 3) 히브리어로 쓰인 나머지 종말론적인 환상들(단 8-12장) ; 그리고 4) 히브리어로 쓰인 더 상세한 서론(단 1장). 반면 긴스버그는 로울리와는 달리 최종 편집자가 원래 독립적인 이야기와 묵시문학들을 편집하였다고 주장한다. 그에 따르면, 다니엘서는 두 가지 문서로 이루어졌는데, 첫째로 다니엘 1~6장은 한 개의 일반적인 묶음이고(주전 292-261년 또는 304년), 둘째로 최종 편집자인 다니엘서 9장의 저자는 다른 저자에 의하여 쓰인 네 층을 조합하였다는 것이다 : 다니엘서 7장(마카비 시대, 주전 175년과 167년 사이), 다니엘서 8장과 10~12장(주전 166-165년), 그리고 다니엘서 9장(최종 편집자), 그리고 최종 편집자가 다니엘서 7~12장을 1~6장에 연결함으로써 한 권의 전체 책을 만들었다. 최근에는 다니엘서의 형성에 관한 통시적인 논의에 머물지 않고, 다니엘서의 통일성을 전제로 하는 최종 본문의 공시적인 특성이 교회를 위하여 어떤 역할을 하는지에 관한 연구가 진행되고 있다.

셋째로, 다니엘서의 언어와 주제를 통한 단락 구분과 관련된 통찰들이다. 1) 다니엘서 1~6장에서는 다니엘을 환상(vision)을 해석하는 지혜자로 묘사하고, 7~12장에서는 다니엘을 하나님으로부터 직접 계시를 받는 사람으로 묘사한다 ; 2) 다니엘서는 히브리어 부분(1 : 1-2 : 4a 와 8 : 1-12 : 13)과 아람어 부분(2 : 4b-7 : 28)이라는 이중언어로 이루어졌다. 그러므로 다니엘서 1 : 1~2 : 4a는 주제적으로는 다니엘서 2~6장과 관련되지만, 언어적으로는 7~12장과 관련되어 있고, 7장은 주제적으로 8~12장과 관련되지만, 언어적으로는 2~6장과 관련 있다. 1~6장에서는 다니엘을 지혜의 해석자로 보고 삼인칭 서술을 하고 있는 반면에, 8~12장에서의 다니엘은 비록 박해 현장에 서 있지는 않지만 계시를 받는 자로 묘사되는 차이를 보이고 있다. 8~12장의 주제를 인도하는 7장은 2장에 나타난 네 왕국 주제를 발전시키면서 안티오쿠스 에피파네스의 박해에 대한 해법을 에녹1서에서 취한 인자 전승과 지극히 높으신 자의 성민의 주제를 통해 표현한다. 7장에서 인자의 기원과 기능에 대하여 논쟁이 이어진다. 다니엘서는 초기 편집에서 거룩한 자를 천사로 사용하는 초기 전승을 따르고 있지만(단 4 : 10, 14, 20 ; 8 : 13), 7장에 오면 그것을 이스라엘 백성으로 나타내고 있다.

다니엘서가 히브리어와 아람어로 쓰인 의도에 관하여는 최근에 더 많은 연구가 진행되었다. 여러 가지 가설 중에서, 한 저자가 두 개의 언어를 자유롭게 사용하였다는 주장과 오래전에 아람어로 쓰인 자료들이 히브리어로 쓰인 작품 안으로 들어왔다는 견해가 설득력이 있다. 또한 저자가 서로 다른 관점을 표현하기 위하여 의도적으로 히브리어와 아람어를 의도적으로 사용하였다고 주장하기도 한다. 즉, 아람어 부분은 이스라엘 포로와의 관계에서 이방국가와 관련된 창작물이고, 히브리어 부분은 안티오쿠스 4세 치하에서의 고난을 강조한다는 것이다. 히브리어는 지역적인 거룩한 어휘들을 제시하고, 아람어는 세속적인 국제적이고 정치적인 언어를 상징한다. 아람어가 살아있는 언어(living language)로서 대중적이라면, 히브리어는 사어로서 엘리트들의 언어로 민감한 정치적인 실재를 표현하기 위하여 사용되었다.

넷째 이슈는 다니엘서 1~6장과 7~12장의 관계에 관한 것으로 2~6장이 처음 전승이 이루어진 후에 안티오쿠스 시대에 7~12장의 신학에 맞게 재편집되었는지에 관한 것이다. 이 주제는 최근 대두되는 다니엘서의 최종 형태를 강조하는 입장과 관련이 된다. 다니엘서 2~6장과 7~12장과의 관계에 대하여서는 어떻게 후기 마카비 저자가 포로의 6세기의 옷을 입었는가라는 질문에 대하여 차일즈는 후기 저자(단 7-12장)가 자기 자신의 고유한 새로운 예언을 만들거나, 의식적으로 창조적이고 문학적인 장치를 고안하지도 않고 차라리 성경의 계속적인 계시라는 기준 아래 마카비 시대의 청중을 위하여 다니엘서 2장에 근거한 다니엘서의 비전을 확증하고 설명하는 방법을 택한 것이다. 다니엘서 7~12장은 예언의 진리 됨을 증명하고 이스라엘의 신실한 자들을 격려하려는 목표를 가지고 마카비 시대의 저자와 동시대로 2장의 환상을 확대한 것이다. 로울리는 다니엘서 2~6장의 이야기들이 주전 2세기에 문서의 모음으로 존재하다가 마카비 시대에 더 적절한 의미가 있도록 편집되어 마카비 시대의 편집자에 의하여 그의 작품 안으로 들어와 7~12장과 관련되었다고 결론 내리고 있다.

다섯째로, 역사비평의 남용으로 인하여 사용하기를 꺼려하면서도 양식비평에서 나온 장르와 삶의 자리 연구는 다니엘서에서 계속 되어 다니엘서 안에서의 장르인식, 삶의 자리 그리고 다른 문학적 이슈 연구에 적용되었다. 최근에 주목할 것은 다니엘서를 저항문학의 예로 제시하고 있다는 것이다. 다니엘서에서 바벨론식의 이름을 거절하거나 채식을 고집하는 것은 이방 제국에 대한 저항의 방법으로 이해하고 있다. 즉, 다니엘서는 적응보다는 저항을 요구한다는 것이다. 나아가서 이 책은 헬레니즘 치하에 유대인들의 정체성 상실 위기에 직면하여 위협에 대한 저항을 보여주고 있다고 이해한다. 그런데 이같이 다니엘서를 저항문학으로 이해하려면 왕에 대한 긍정적인 평가를 하는 1~6장과 왕에 대하여 부정적인 평가를 하는 7~12장의 관계를 논할 필요가 제기된다.

다니엘서가 쓰인 삶의 자리는 이방 제국의 권위가 전제되는 디아스포라이다. 디아스포라들은 이방 땅에서도 왕에 대한 충성을 통하여 적절한 보상을 기다린다. 다니엘 1~6장에서는 하나님을 향한 충성이 성공으로 이끄는 원리를 강조한다. 다니엘서를 쓴 계층인 마스길림에 관한 연구를 보면, 그들은 문헌을 다루는 서기관이요 교육을 받은 상류층의 가치를 가지고 있다. 이 가치는 지혜와 제의에 대해 관심을 보이고 있다. 그러나 본문에서 이 계층들은 기득권을 상실하여, 현재의 질서가 뒤바뀌는 종말론적인 소망을 가진 자들이다. 데이비스는 다니엘서를 쓴 마스길림은 디아스포라에 뿌리를 두고, 하스모니안 왕조에 저항하여 종파 운동에 참여하는 기득권을 상실한 사독 제사장 계층으로 대중들보다는 상류층의 관심을 표현하였다고 강조한다(P. R. Davies, "Reading Daniel Sociologically").

학자들은 다니엘이 나오는 이야기는 오랫동안 전승되어 온 대중적인 특성을 가지고 있다고 본다. 본문이 이방 왕과 관리와 관련된 이야기라고 해서 반드시 궁중이라는 삶의 자리를 가졌다기보다는 오히려 기득권을 상실한 비천한 계층의 상상력을 반영한 것으로 보기도 한다. 이 이야기는 디아스포라들에게 소망을 주기 위하여 유대 포로들의 국가적인 소망을 구현하는 모델을 제시하고, 풍자적인 저항을 고취하는 상황을 제시한다는 것이다. 최근에는 다니엘서의 기원에 관한 관심보다는 이 운동의 사회학적인 위치에 더 관심을 갖기도 한다. 즉, 1~6장에서 유머와 풍자를 사용한 것은 7~12장에 나타나는 왕과 제국에 대한 저항에 대한 암시를 보여주는 것이며, 이 부분의 궁극적인 목적은 제국에 대한 저항이고 이 이야기가 발생하였을 때 대중들이 사회에 대하여 무엇을 인식하고 있었는지를 보여준다는 것이다.

| 참고문헌 |

Anderson, Robert A. *Signs and Wonders.* Grand Rapids, MI : Eerdman, 1984.

Childs, Brevard S. *Introduction to the Old Testament as Scripture.* Philadelphia : Fortress, 1979.

Cohn, Norman. *Cosmos, Chaos and the World to Come : The Ancient Roots of Apocalyptic Faith.* London : Yale University Press, 1993.

Collins, John, J. "The Court Tales in Daniel and the Development of Apocalyptic." *JBL* 94(1975) : 218－234.

______. *The Apocalyptic Vision of the Book of Daniel.* HSM 16. Missoula, Mont. : Scholars Press, 1977.

______. "*Apocalypse : The Morphology of a Genre.*" Semeia 14(1979) : 1－20.

______. *Daniel, With an Introduction to Apocalyptic Literature.* FOTL 20. Grand Rapids : Eerdmans, 1984.

______. *The Apocalyptic Imagination.* New York : Crossroad, 1984.

______. "*Apocalyptic Literature.*" *In Early Judaism and Its Modern Interpreters,* eds. R. A. Kraft & G. E. Nickelsburg, 345－370. Atlanta : Scholars Press, 1986.

______. *"Daniel, Book of."*, ABD 2(1992).

______. *Daniel : A Commentary on the Book of Daniel.* Hermeneia. Minneapolis : Fortress, 1993.

David, Pablo S, *The Composition and Structure of the Book of Daniel : A Synchronic and Diachronic Reading.* Katholieke Universteit Leuven Dissertation, 1992.

Davies, Philip R. *"Daniel Chapter Two."* *JTS* 27(1976) : 392–401.

______. *Daniel.* Sheffield : JSOT Press, 1985.

______. "Reading Daniel Sociologically." In *The Book of Daniel : In the Light of New Finding*, ed. Van Der Woude, 346–361. Leuven : University Press, 1993.

______. "Eschatology in the Book of Daniel." In *Sects and Scrolls : Essays on Qumran and Related Topics*, ed. P. R. Davies, 23–44. Atlanta : Scholars Press, 1996.

Emerton, J. A. "The Origin of the Son of Man Imagery." *JTS* 9(1958) : 225–242

Ferch, Arther J. *The Son of Man in Daniel 7.* Berrien Springs, Mich. : Andrews University Press, 1979.

Flint, Peter W. "The Danielic Tradition at Qumran." *Eschatology, Messiah and the Dead Sea Scrolls*, eds. Craig A. Evans and Peter W. Flint, 41–60. Grand Rapids : Eerdmans, 1997.

Frost, Stanley B. *Old Testament Apocalyptic : Its Origins and Growth.* London : The Epworth Press, 1952.

Gammie, J. G. "The Classification, Stages of Growth and Changing Intentions in the Book of Daniel." *JBL* 95(1976) : 191–204.

Ginsberg, Harold Louis. *Studies in the Book of Daniel.* Texts and Studies of the Jewish Theological Seminary of America 14.

New York : Jewish Theological Seminary of America, 1948.

_______. "The Composition of the Book of Daniel." *VT* 4/3(1954) : 246 - 275.

Goldingay, John *E. Daniel.* WBC 30. Dallas, Tex. : Word Books, 1986.

Gooding, D. W. "The Literary Structure of the Book of Daniel and Its Implication." *Tyndale Bulletin* 32(1981) : 43 - 79.

Hanson, Paul D. *The Dawn of Apocalyptic.* Philadelphia : Fortress, 1975.

_______. "Apocalypticism." In *IDBS* : 28 - 34.

Hartman, L. & Di Lella, A. A. *The Book of Daniel.* AB 23. Garden City, N. Y. : Doubleday, 1978.

Heaton, E. W. *The Book of Daniel.* Torch Bible Commentary. London : SCM, 1956.

Jeffery, A. *The Book of Daniel.* IB 6. Nashville : Abingdon, 1956.

Jones, B. W. "The Prayer in Daniel IX." *VT* 18(1968) : 488 - 93.

Koch, K. *The Rediscovery of Apocalyptic.* Trans. Margaret Kohl. London : SCM, 1972.

Lacocque, Andre. *The Book of Daniel. Trans.* D. Pellauer. Atlanta : John Knox, 1979.

Lebram, J. C. H. "Apocalyptic und Hellenismus im Buche Daniel." *VT* 20(1970) : 503 - 524.

_______. *Das Buch Daniel. Zurich* : Theologischer Verlag Zurich, 1984.

Lucas, Earnest C. *Daniel.* Apollo Old Testament. Apollos : Leicester, England, 2002,

Montgomery, J. A. Daniel. ICC. New York : Edinburgh, 1927.

Murphy, F. J. "Apocalypses and Apocalypticism : the State of the Question." *CR : BS* 2(1994) : 147 - 179.

Noth, Martin. *Zur Composition des Buches Daniel.* TSK 98/99(1926) : 143 - 163.

Plöger, Otto. *Theocracy and Eschatology.* Trans. S. Rudman. Richmond : John Knox, 1968.

Porteous, Norman W. *Daniel. A Commentary.* Philadelphia : Westminster Press, 1965.

Rad, G. von. *Old Testament Theology,* I, II. Trans. D. M. G. Stalker. Edinburgh : Oliver and Boyd, 1962 - 65.

Rast, Walter E. *Daniel 9 : Its Form and Theological Significance.* University of Chicago Dissertation, 1967.

Redditt, Paul L. *Daniel.* The New Century Bible Commentary. Sheffield : Sheffield Press, 1999.

Rowley, H. H. *The Relevance of Apocalyptic.* 3[d] ed. New York : Association Press, 1963.

Russell, D. S. *The Method and Message of Jewish Apocalyptic.* Philadelphia : Westminster Press, 1964.

Sacchi, Paolo. *Jewish Apocalyptic and Its History.* Trans. W. J. Short, OFM. JSP Sup 20. Sheffield : Sheffield Academic Press, 1990.

Schmithals, Walter. *The Apocalyptic Movement : Introduction & Interpretation.* Trans. John E. Steely. New York : Abingdon Press, 1973.

Pace, Sharon. *Daniel.* Smyth & Helwys Bible Commentary. Macon, Georgia : Smyth & Helwys, 2008.

Seow, C. L. *Daniel.* Westminster John Knox Press : Louisville, Kentucky, 2003.

Smith - Christopher, Daniel L. "The Book of Daniel," In *The New Interpreter's Bible.* Vol. Ⅶ. Edited by E. Keck et al., 19 - 152.

Nashville : Abingdon, 1996.

Van der Woude, A. S. ed. *The Book of Daniel : In the Light of New Findings*. Leuven University Press, 1993.

Wills, Lawrence M. *The Jew in the Court of the Foreign King*. Minneapolis : Fortress, 1990.

Wilson, Gerald H. "The Prayer of Dan 9 : Reflection on Jeremiah 29." *JSOT* 48(1990) : 91-99.

Wilson, Robert R. "Wisdom in Daniel and the Origin of Apocalyptic." *Hebrew Annual Review 9*(1985) : 373-381.

Zevit, Ziony. "The Structure and Individual Elements of Daniel 7." *ZAW* 80(1968) : 385-396.

구덕관. "묵시문학의 정치, 사회적 배경 : 외경의 사회적 접근."「신학과 세계」 14(1987년 봄) : 182-200.

김진호. "묵시문학의 종말론."「신학사상」 74(1991년 가을) : 615-641.

박준서. "구약 묵시문학의 역사이해."「신학논단」 15(1982. 12) : 1-21.

배정훈. "최근의 묵시록 연구의 동향과 방향,"「한국기독교신학논총」 23집 (2002년), 7-43.

______. "정경해석 방법의 이해,"「신학과 문화」 제9집(2000년) : 71-90.

______. "다니엘서에 나타난 전승과 해석 : 다니엘서 2장과 7장을 중심으로,"「신학과 문화」 제10집(2001년) : 55-84.

______. "포로 칠십 년의 비밀 : 다니엘서 9장 연구,"「신학과 문화」 제14집 (2004) : 84-114.

______. "역사에 나타난 하나님의 계시 : 다니엘서 10-12장 연구."「신학과 문화」 제15집(2005) : 43-78.

______. "최종 본문으로 바라보는 다니엘서"「신학과 문화」 제16집(2007) : 241-266.

______.「다니엘서 : 설교를 위한 다니엘서 연구」. 서울 : 한국 성서학 연구

소, 2007.

______. 「정경해석방법으로 본 묵시문학」. 파주 : 한국학술정보, 2008.

______. “다니엘서 1-6장에 나타난 이방 왕(Gentile Monarch)의 고백.” 「신학과 문화」 17집(2008) : 47-62.

______. “다니엘서에 나타난 종말 : 네 왕국 사상.” 「신학과 문화」 제18집 (2009), 43-65.

______. “포로의 신학으로 읽는 다니엘서.” 「구약논단」 34(2009), 69-86.

왕대일. “구약 묵시문학 다니엘의 지혜정신.” 「지혜전승과 설교」. 구덕관 박사 회갑 기념 논문집. 서울 : 대한기독교서회, 162-207.

______. 「묵시문학과 종말론 : 다니엘의 묵시록, 새롭게 읽기」. 서울 : 대한기독교서회, 2004.

이경숙. “다니엘의 형성과 그 신학적 전통에 관한 연구.” 「목원대학논문집」 8집(1985)

장일선. “예언과 묵시문학.” 「히브리 예언서 연구」. 서울 : 대한기독교서회, 1991, 139-148.

최종진. “다니엘서를 중심한 파루시아를 향한 역사구도 : 다니엘서 2장과 7장을 중심한 종말론적 입장에서.” 「신학과 선교」 16(1991) : 73-102.